HISTORIA
DEL
ARTE ESPAÑOL

ANTONIO CALVO CASTELLON

HISTORIA
DEL
ARTE ESPAÑOL

Colección «Temas de Cultura Española»

EDI - 6, S. A.
General Oráa, 32
28006 MADRID

Colección «Temas de Cultura Española»
Dirigida por R. Fente y J. M. Roldán

ISBN 84-7711-002-6

Depósito legal: M. 6282-1987

Impreso en España - Printed in Spain

———————————————————————————————

Selecciones Gráficas. Carretera de Irún, km. 11,500. Madrid (1987)

A mis hijos Antonio y María del Coral

PROLOGO

En el marco de las características generales con las que nació la colección «Temas de Cultura Española», este volumen, dedicado al estudio de la Historia del Arte Español, pretende ser, ante todo, manual básico de consulta para alumnos extranjeros que, en muchos casos, se acercan por primera vez al complejo panorama del arte español.

Sin dejar de reflexionar sobre todos y cada uno de los grandes capítulos en los que se ordena nuestra historia del arte, he tenido como norma la supresión de problemas, la simplificación de conceptos, la claridad de ideas; a pesar de las exigencias impuestas por una apretada síntesis, en la que debe recogerse un rico bagaje artístico que tiene sus primeras manifestaciones en la época paleolítica, 30.000 años a. de C., y concluye en el último tercio del siglo XX, con la obra de maestros universales como Picasso, Miró o Dalí.

En esta obra he sacrificado tecnicismos, opiniones de afamados especialistas, anotaciones bibliográficas, notas a pie de página —que han quedado reducidas a sencillas aclaraciones— y deseados análisis personales, en favor de reflexiones en las que la ponderación y la claridad son la línea dominante. Epocas de brillante producción artística y maestros de universal valía han sido objeto de síntesis rigurosas sólo justificables en la disciplina de no desbordar los objetivos que tiene marcados la colección a la que este volumen pertenece.

Soy consciente de que en alguna ocasión el deseo de nitidez me ha guiado a una excesiva y rigurosa sistematización, a ordenaciones que se justificarían plenamente apoyadas en análisis y opciones matizadoras, que las especiales características de esta obra no permiten; sin embargo, he sacrificado cualquier concesión en esta línea en favor de la deseada claridad y una mayor posibilidad de comprensión.

Espero que este volumen no sólo sirva para ilustrar al estudiante extranjero sobre los momentos, corrientes o la personalidad y la obra de los maestros que conformaron el panorama de la historia del arte español, sino que también despierte en él la inquietud y el deseo de profundizar en un rico acervo cultural e histórico que, en definitiva, hizo posible en cada momento la gestación de ese arte.

A. CALVO CASTELLÓN

INDICE

1. Los primeros ensayos artísticos

Arte del Paleolítico

La pintura es, sin duda, la primera manifestación artística del «arte rupestre»*; aquellos cazadores nómadas* que buscaron en las cavernas la solución al frío intenso y a sus necesidades más primarias de habitación, dejaron en las paredes y techos de las estancias más profundas de las mismas interesantes pinturas alentadas por un pensamiento de sentido mágico-religioso.

Cronológicamente estas pinturas ven la luz en los estadios* finales del extenso período Paleolítico. Los vestigios más antiguos se producen durante el Auriñaciense, 30.000 años a. de C., para alcanzar su máximo esplendor en las etapas finales del Solutrense y Magdaleniense, hacia el 15000 a. de C.

La llamada pintura franco-cantábrica tiene sus principales ejemplos en las numerosas cuevas que se hallan en el ámbito geográfico bañado por el mar Cantábrico. Las primeras experiencias pictóricas, de acentuado carácter primario, se hallan junto a esquemáticas muestras de grabado inciso, geométrico o figurativo, hecho sobre materiales blandos con los dedos —destaquemos en esta línea los llamados macarrones— o con huesos u otros materiales aprovechados a manera de buril. Se trata, en muchos casos, de ideogramas confusos y de difícil interpretación.

La maduración de las experiencias pictóricas hará posible una pintura próxima al naturalismo* con matices de realismo*.

El arte pictórico del Paleolítico tiene un protagonista exclusivo, el animal; renos, ciervos, caballos, bisontes o mamut son, entre otros, objeto de atención preferente de estos primitivos pintores; el hombre, que se siente inferior al animal, no se representará en estas pinturas.

Un sentido mágico de posesión, unido a la creencia de una caza más propicia, llevaron a estos primitivos artistas a concebir esas pinturas llenas de realismo para cuya realización no sólo contaron con la experiencia que les brindaba el conocimiento del animal vivo; es muy probable que también, en muchos casos, contaran con la presencia —como modelo directo— del animal muerto. El sentido mágico de posesión se reforzará, en ocasiones, con el diseño de las manos del artista y cazador sobre el animal pintado, manos que hallamos, aisladas o sobre el animal, en muchas de las cuevas desde los estadios más antiguos.

Los utensilios pictóricos muestran una técnica muy rudimentaria desde los pinceles fabricados con el pelo de los animales, pasando por la utilización de la mano del artista para aplicar o extender el color, hasta la misma fabrica-

rupestre: hecho sobre roca.
nómadas: que no tienen asentamiento fijo.
estadios: épocas o etapas de tiempo.
naturalismo: que representa con fidelidad la naturaleza.
realismo: que representa la realidad con valoraciones e interpretaciones personales del artista.

ción de los materiales pictóricos a base de elementos naturales mezclados con tierra, grasa y sangre extraídas del animal. Colores terrosos, negros, ocres, amarillos o rojizos son los predominantes.

Bisonte de la Cueva de Altamira (Santander).   Pinturas de la Cueva del Castillo (Santander).

Cuevas como la de **Altamira** (Santander), considerada como la «Capilla Sixtina del arte paleolítico», con sus paredes y techos decorados con multitud de bisontes, **San Román de Cándamo** y **El Pindal** (Austrias), del **Castillo, La Pasiega** o la de **Hornos de la Peña** (Santander), son testimonios claramente representativos del arte pictórico del Paleolítico.

Si bien de menor importancia en cuanto al número de vestigios*, la pintura del Paleolítico cuenta con interesantes ejemplos fuera de la cornisa francocantábrica; la **Cueva de la Pileta** (Benaoján, Málaga), **Los Casares** (Guadalajara), **Parpalló** (Valencia) o **Morrón de Jimena** (Jaén), etc.

Arte del Mesolítico

En torno al décimo milenio a. de C. se produjo un importante cambio de los factores climáticos, nuevas condiciones de vida van a propiciar en la coyuntura postglacial un cambio de mentalidad en el hombre que tendrá también su reflejo en las manifestaciones artísticas. Si bien no se puede hablar de abandono del hábitat* anterior, ya que la arqueología testimonia la pervivencia de estos núcleos, es evidente que el ámbito geográfico mediterráneo adquiere ahora una pujanza* inusitada.

Aquí se desarrolla un tipo de pintura que aporta interesantes novedades; se trata de pinturas monocromas* —en rojizo o negro— conformadas por manchas de color, en las que el animal pierde el protagonismo ahora compartido con la figura humana tanto masculina como femenina.

Escenas de caza o de danza que nos sorprenden por su intencionalidad narrativa y un nuevo concepto de dinamismo que las impregna de una extraordinaria realidad.

vestigios: huella o resto de una cultura pasada.
hábitat: medio físico o geográfico en que vive un ser.
pujanza: fuerza.
monocroma: de un solo color.

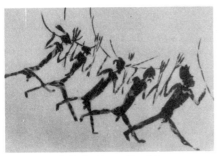

Danza ritual de la Cueva Remigia
(Ares de Mestre, Valencia).

Pinturas de la Cueva de Alpera (Albacete).

Las pinturas ya no se hallan en lo más profundo de las cuevas; ahora, un clima más benigno permite al hombre vivir en los abrigos rocosos en cuyas paredes pintará estos temas tan ligados a la vida cotidiana. Vestigios pictóricos como los de: **Valltorta, Cueva del Civil** y la del **Barranco de Gazulla** (Castellón); **Cogull** (Lérida); **Los Gascones** y **Navazo** (Teruel), o la **Cueva de la Araña** (Bicorp, Valencia), son, entre otros, testimonios de gran interés.

Arte del Neolítico

Con el Neolítico, que se extiende desde mediados del sexto milenio a. de C. hasta la mitad del tercero a. de C., se produce un profundo cambio en las formas de vida y subsistencia del hombre, es el momento en que surgen los primeros asentamientos estables, se construyen los más antiguos poblados, viviendas y circuitos defensivos. Los modelos de vida del recolector cazador dejan paso ahora al desarrollo de una incipiente agricultura que se completa con la actividad ganadera.

La llamada revolución neolítica tiene su apoyo más firme en los contactos, relaciones comerciales e intercambios de experiencias con núcleos culturales del Mediterráneo central, occidental y de la Europa central. El Neolítico se apoya en un profundo cambio de mentalidad que propició transformaciones de capital importancia.

La llamada cerámica cardial* se enraíza con las manifestaciones artísticas más antiguas del Neolítico, su importancia y difusión por toda Europa es innegable, siendo, posiblemente, uno de los antecedentes de la cerámica campaniforme*.

La pintura evolucionó con celeridad hacia el esquematismo simbólico, es en la nueva mentalidad neolítica donde hay que buscar las bases del fenómeno, se trata de figuraciones esquemáticas monocromas en las que las formas del hombre y el animal se simplifican extraordinariamente; unos pocos trazos, tan firmes como sencillos, evocan sus siluetas*. Nos hallamos ante ideogramas* cargados de un intenso carácter ideológico.

cerámica cardial: cerámica decorada por impresión con los bordes de una concha.
cerámica campaniforme: cerámica en forma de campana.
siluetas: contornos.
ideogramas: trazos, representaciones de carácter simbólico.

En las estribaciones* del sistema subbético se encuentran algunos de los más interesantes ejemplos de pintura equemática del Neolítico: la **Cueva de la Granja** (Jimena, Jaén), **El Canjorro** (Jaén), **Cueva de las Canteras** (Moclín, Granada), **Peña de los Letreros** (Velez Blanco, Almería), **Cueva de los Murciélagos** (Zuheros, Córdoba), son, entre otros, vestigios significativos. Fuera de este ámbito se hallan también algunos murales esquemáticos de gran interés, es el caso de las **pinturas de la Sierra de Nuestra Señora del Castillo** (Almadén, Ciudad Real), las del **Tajo de las Figuras** (Cádiz), **Doña Clotilde** (Teruel) o **El Torilejo** (Soria).

Arte del Cobre

La época del cobre —mitad del tercer milenio a. de C., comienzos del segundo— es fundamental en el desarrollo del arte rupestre en la Península Ibérica. En ella surge con fuerza el fenómeno megalítico*, que está enraizado en los últimos estadios del período neolítico. El megalitismo está directamente relacionado con el culto funerario, un ritual que propicia los enterramientos colectivos va a posibilitar la construcción de monumentales proyectos arquitectónicos empleando piedras de gran tamaño.

El dolmen es el monumento funerario por excelencia, tiene disposición de mesa y consta generalmente de tres grandes piedras clavadas en el suelo más una cuarta que le sirve de cubierta; una variante más compleja es el llamado dolmen de corredor. Su difusión en España y Europa es tan importante que se ha hablado de una cultura dolménica.

El más sencillo de los monumentos megalíticos, también emparentado con el ritual funerario, es el menhir o monolito elevado en el suelo. El alineamiento y el cromlech no son más que variantes derivadas de la disposición de los menhires; en líneas o hileras, el primero; en círculos concéntricos, el segundo.

Ejemplo típico de construcción dolménica es el **dolmen de Pedra Gentil** (Barcelona), importante muestra de un tipo de proyecto funerario que constituye un testimonio constantemente repetido en la región levantina y el sur de España; se hallan generalmente formando extensas necrópolis, los llamados campos dolménicos. Si Andalucía es rica en ejemplos, en el contexto de su marco geográfico es la provincia de Granada la que conserva los vestigios más abundantes y significativos; las **necrópolis de las Peñas de los Gitanos** (Illora), **Laborcillas, Gor, Gorafe, Baños de Alicún** o **Fonelas** son algunas de las más representativas.

La cueva megalítica es una variante del enterramiento colectivo dolménico, se trata de una construcción aún más monumental y compleja. Una galería sustentada por enormes soportes pétreos, de varias toneladas, conduce a la gran cámara funeraria; ejemplos característicos de este tipo de enterramientos son las **Cuevas de Menga** y **Viera** (Antequera, Málaga) o **la de Soto** (Trigueros, Huelva).

Otra interesante experiencia es la que nos ofrece la **Cueva del Romeral** (Antequera, Málaga); en ella, los muros son de sillarejo, cubriéndose las cámaras con falsa bóveda*. En esta línea de ensayo se encuentran también las **navetas**

---

estribaciones: zona baja de una cadena montañosa.
megalítica: con grandes piedras.
falsa bóveda: bóveda hecha por aproximación de piedras.

y **talayots** de las islas Baleares; las primeras, con su forma de quilla de nave truncada e invertida; los segundos, se asemejan a un torreón troncocónico que se cubre con falsa bóveda reforzada por un monolito que hace las veces de pilar.

Mención especial merece el núcleo de **Los Millares** (Santa Fe de Mondújar, Almería), allí el megalitismo español alcanza su máximo exponente, su carácter de hábitat fortificado, reforzado con foso; la multiplicidad de las formas de enterramiento —aquí se consagra el tipo de tumba cubierta con falsa bóveda—, que acentúan su interés por la variedad de sus ajuares*, y las viviendas circulares conformando un urbanismo disperso, hacen de este poblado un hito en el panorama megalítico de la Península Ibérica.

Desde el punto de vista de la cerámica cabe destacar el llamado vaso campaniforme, tal es su importancia que se ha hablado de una cultura del vaso campaniforme. Desde Centroeuropa hasta la Península Ibérica encontramos testimonios de esta faceta alfarera*, se halla en los ajuares funerarios junto a utillaje de cobre e incluso armas de este metal. El nombre de estas cerámicas deriva de su forma de campana y van decoradas con motivos geométricos incisos.

Arte del Bronce

La época del bronce tiene una cronología que oscila entre los comienzos del segundo milenio y el inicio del siglo VIII a. de C. El descubrimiento de la aleación* del cobre y el estaño no sólo va a revolucionar el panorama que define las formas de vida y subsistencia, sino que también genera importantes modificaciones en cuanto a la expresión artística. El fenómeno que se ha venido en llamar revolución urbana, clave en el devenir* de la humanidad, coincide con esta época en la que se sientan las bases más firmes de la industria metalúrgica.

Uno de los exponentes más significativos de la cultura del bronce hispano es la llamada argárica (El Argar, Almería); enriquecida por influjos emanados desde el Mediterráneo oriental, enraíza en el sudeste de la Península Ibérica proyectándose posteriormente hacia occidente.

En ella se detectan ya claros intentos de conformar entramados urbanos de casas rectangulares, un dominio de las técnicas de fundición; y, lo que es más significativo, una producción cerámica de gran finura y variedades tipológicas que se halla en tumbas individuales de ricos ajuares.

En cuanto a la pintura, fechable en su mayoría en los estadios primeros, basada en el trazo monocromo ha evolucionado desde un lenguaje esquemático y simbólico hacia la abstracción*; este proceso se justifica en el cambio de mentalidad que lleva consigo una época de importantes transformaciones, tanto desde el punto de vista de la subsistencia como de la tecnología derivada de la aleación cobre-estaño. Las pinturas de **Peña Tú** (Asturias), el conjunto de Fuencaliente —**Peña Escrita, Chorrera de los Batanes** y **Sola del Naranjo**— (Ciudad

ajuares: conjunto de utensilios del hogar.
alfarera: que fabrica objetos de barro.
aleación: metal obtenido por fusión de otros.
devenir: acaecer, suceder.
abstracción: no figurativo.

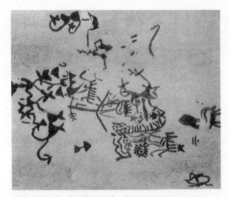

Pinturas de la Peña de los Letreros
(Almería).

Dolmen de Pedra Gentil (Barcelona).

Sección de una sepultura de la necrópolis
de los Millares (Almería).

Vasos campaniformes (colección privada).

Real), **El Prado de Santa María** y **Cueva Grande** (Pedrajas y Oteruelos, Soria), algunas pinturas de la **Cueva de la Pileta** (Benaoján, Málaga) y recientes hallazgos en la provincia de Cádiz son ejemplos significativos de esa corriente hacia el esquematismo abstracto.

CUESTIONES

1. ¿En qué etapa del Paleolítico se producen las más antiguas manifestaciones pictóricas? Citar algunos ejemplos representativos.
2. ¿Cuáles son los aspectos más característicos de la pintura del Mesolítico?
3. ¿En qué momento se produce el megalitismo? ¿Qué función tienen los monumentos megalíticos? Citar algunos de ellos.
4. ¿Con qué época se identifica la cerámica cardial? ¿Por qué se llama así? ¿De qué momento es la cultura del vaso campaniforme? ¿Cuáles son las características de esta manifestación alfarera?
5. ¿Qué razones justifican la evolución hacia el esquematismo pictórico? Citar conjuntos de pintura esquemática.
6. ¿De qué época es la llamada cultura argárica? ¿En qué ámbito geográfico ha de situarse?

2. Arte de la época de las colonizaciones, la era del hierro y la hegemonía de la metalurgia

Arte fenicio

En torno al año 1100 a. de C., los fenicios, comerciantes infatigables, buscaron establecer sus factorías en los puntos más occidentales del Mediterráneo; en el fondo de esta iniciativa estuvo el deseo de tutelar* el comercio de los metales, al tiempo que se buscaban nuevos yacimientos.

El sur de la Península Ibérica va a ser objetivo codiciado de estos avezados* navegantes; las colonias de Gadir (Cádiz), Malaxa (Málaga), Abdera (Adra) y Sexi (Almuñécar) son testimonio y ejemplo de colonia-factoría* fenicia, centros dedicados a las transformaciones industriales (metales, salazones, tejidos, etc.) y al comercio marítimo.

A través de los fenicios, la población autóctona* se pondrá en contacto con experiencias que hemos de calificar de novedosas en nuestro ámbito peninsular, que se enraízan en las antiguas culturas del Mediterráneo oriental; los ecos de esa influencia se harán notar no sólo en los aspectos culturales y artísticos o en las innovaciones técnicas, también incidirán en las costumbres, la religión o el ritual.

Uno de los más importantes vestigios fenicios es la necrópolis de Cádiz con sus tumbas rectangulares individuales hechas de sillares pétreos; una curiosa variante la constituyen los **enterramientos de la necrópolis de Puig d'es Molins** (Ibiza), con hipogeos excavados en un montículo. Llaman la atención algunos de los ajuares funerarios hallados en estas tumbas, en las que no falta una fina alfarería; muy especialmente cabe destacar las terracotas* Puig d'es Molins. Se trata de figurillas, masculinas y femeninas, de carácter votivo, con profusión de adornos y policromadas, que evocan tipologías orientalizantes. En la misma línea está la otra gran necrópolis ibicenca, la de **Cala d'Hort.**

Cuando en torno al 600 a. de C., Cartago, en el norte de Africa, asume la dirección de las colonias del Mediterráneo occidental, se produce un relanzamiento de las mismas además de nuevas fundaciones.

Mención especial merece el **sarcófago antropomorfo*** hallado en la necrópolis gaditana; se trata de un ejemplo tardío —posterior al 600 a. de C.—, del que llama la atención la cabeza masculina que lo corona en uno de sus extremos.

tutelar: guiar, proteger.
avezados: expertos.
colonia-factoría: establecimiento comercial.
autóctona: de un lugar.
terracotas: esculturas en barro.
antropomorfo: de formas cercanas al hombre.

Hipogeos púnicos (Cádiz).

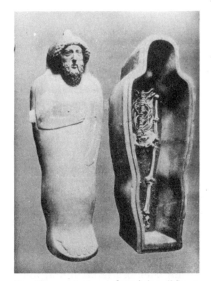

Sarcófago antropomorfo púnico (Museo Arqueológico Nacional).

Escultura procedente de Ampurias (Museo Arqueológico, Barcelona).

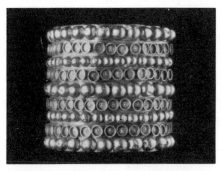

Joya tartéssica del tesoro de Carambolo (Sevilla).

Arte griego

El proceso colonizador griego en el Mediterráneo occidental no fue tan intenso como cabría esperar, especialmente en los límites más occidentales; quizá la causa que frenó una vocación expansiva, que dejó sus mejores frutos en la Magna Grecia, Sicilia y Massalia (Marsella), fue la hegemonía* cartaginesa sobre el ámbito mediterráneo de la Península Ibérica y norte de Africa. La colonización griega se inicia en torno al 600 a. de C.; de todos los colonos griegos fueron los focenses* los más importantes, así lo señala el historiador Herodoto. Los focenses fueron, como los demás colonos griegos, pieza clave en el comercio de los metales a través del Mediterráneo; la conquista de Focea por los persas el 540 a. de C. colapsa la presencia de los focenses.

De entre las factorías griegas en España cabe destacar las de Emporión (Ampurias, Gerona), Rhode (Rosas, Gerona), Hemeros Kopeion (Denia, Alicante), Alonis (costa alicantina) y Mainake (Málaga).

Sin duda, la más importante de estas factorías fue Ampurias; rodeada de un circuito defensivo amurallado, tuvo además un trazado urbano regular que se ordenaba teniendo como centro el ágora o plaza pública. Contaba además con templos y todos los componentes característicos de las ciudades griegas.

En cuanto a la escultura, son de sumo interés una abundante producción de **figurillas de bronce** halladas a lo largo de la cornisa mediterránea, desde la costa gerundense hasta la andaluza, y que revisten especial significación en las islas Baleares. Se trata de figurillas de carácter votivo* y de un modelado arcaizante, ejemplo característico es el **Heracles arquero** de Lluchmayor. También son dignas de mención las **terracotas ibicencas** de significado cultual.

De Ampurias proceden los más importantes ejemplos de escultura de ascendencia griega, de entre ellos merece destacarse la gigantesca figura de **Asklepios** —de más de dos metros de altura— hecha de mármol.

En cuanto a la cerámica, dejando a un lado la producción de los alfares de estas factorías, en la línea de las corrientes predominantes en el mundo griego, cabe destacar la importación de vasos áticos, muy importante en Ampurias; sobre todo, piezas cerámicas de figuras rojas que influirán en la cerámica de los pueblos autóctonos de la Península Ibérica.

Tartessos, la primera gran experiencia indígena

La de tartessos representa la primera gran experiencia cultural de un núcleo indígena* de la Península Ibérica; el país de los tartessos se localiza en la zona bañada por el bajo Guadalquivir. Aunque hoy es posible hablar de la proyección de tartessos hacia el Atlántico, serán las relaciones comerciales con fenicios y griegos —que sucesivamente dominaron la ruta de los metales en el Mediterráneo— las que influyeron de forma más clara en la conformación de la cultura tartéssica, que se nutre de muchos de los presupuestos —rituales, religiosos, técnicos, costumbres, escritura— aprendidos de los colonizadores.

hegemonía: dominio.
focenses: colonos griegos.
carácter votivo: carácter ritual.
indígena: habitante de un lugar.

La riqueza en metales de la región habitada por tartessos, fundamentalmente plata, cobre y estaño, despertó la apetencia* de los comerciantes; los textos nos ofrecen la noticia de las transacciones* basadas en el comercio de la plata que el rey Argantonio hizo con los colonos focenses en torno al 550 a. de C.

El arte de tartessos está fuertemente influenciado por los modelos orientalizantes, hecho que se acentúa de forma especial en las artes menores.

Las ciudades se planificaban siguiendo los modelos y normas urbanísticas ensayadas en las factorías de los colonizadores, e iban fortificadas.

De entre las manifestaciones artísticas cabe destacar las derivadas de la fundición y la manufactura* de los metales; **las armas** halladas en la zona de la ría de Huelva llaman la atención por su abundancia y variedad tipológica, en esta línea están las vasijas de bronce. De sumo interés son las **figurillas de animales hechas en metal** que muestran evidentes relaciones con modelos orientales.

De la orfebrería* y de su técnica depurada* nos quedan ricos testimonios en material noble; **los tesoros de Aliseda** (Cáceres), **Ebora** (Cádiz) o **El Carambolo** (Sevilla), con una variada tipología de diademas, amuletos, anillos, brazaletes, collares y pectorales, entre otras piezas, son muestra de un perfecto conocimiento de la elaboración del oro.

Partiendo de las experiencias derivadas del conocimiento de la cerámica importada, de la que se hallaron piezas significativas en El Carambolo, los alfares locales produjeron una cerámica técnicamente avanzada, elaborada a torno y decorada con pintura.

Arte de los pueblos íberos

El desarrollo que llevará a la categoría de cultura a los pueblos indígenas que conocemos como ibéricos es fruto del contacto y la asimilación del bagaje cultural* de dos importantes colonizadores mediterráneos: fenicios y griegos.

Los íberos nunca formaron una unidad política, ni un estado único y organizado; a lo largo de un amplio territorio situado en torno a la zona bañada por el Mediterráneo hallamos asentados, en núcleos de carácter urbano, a los distintos grupos étnicos* y tribus gobernados por un jefe tribal que ejercía el poder con título de rey.

La falta de unidad no sólo se detecta en lo político; también en otros aspectos como los étnicos, formas de vida o en el lenguaje existen diferencias y peculiaridades que deben valorarse; no obstante, es un hecho innegable que elaboraron una cultura desarrollada, con importantes manifestaciones artísticas, un sistema de escritura elaborado a partir del de los fenicios y griegos, e incluso acuñaron moneda.

Los poblados ibéricos se construyeron sobre lugares elevados de carácter defensivo y estratégico; las casas se hallan agrupadas en calles, son pequeñas y generalmente poseen una sola habitación, compartimentada para los distintos

apetencia: deseo.
transacciones: intercambios comerciales.
manufactura: elaborado a mano.
orfebrería: arte de labrar el oro y la plata.
depurada: perfecta.
bagaje cultural: conjunto de formas culturales.
étnico: relativo a la raza.

Dama de Elche (Alicante).

Dama de Baza (detalle) (Granada).

Bicha de Balazote (Alicante).

Daga íbera (Almedinilla, Córdoba).

servicios, presidida por el hogar*. Los poblados se defendían con importantes sistemas de fortificación que, en ocasiones, tenían más de una línea de muralla.

La escultura es una de las manifestaciones esenciales del arte ibérico; los distintos centros han proporcionado abundantes muestras de una escultura que, junto a rasgos característicos de la cultura indígena, está fuertemente matizada por los ecos artísticos del Mediterráneo oriental.

La piedra caliza es uno de los materiales preferidos por los escultores como se desprende de los numerosos hallazgos que nos ha deparado la arqueología. Muy interesantes son las obras encontradas en los santuarios del Cerro de los Santos y Llano de la Consolación (ambos en Montealegre, Alicante); se trata, fundamentalmente, de figuras femeninas de carácter ritual. De entre ellas destaquemos, a manera de ejemplo, la **Dama Oferente** (Cerro de los Santos) y la **Dama Sedente** (Llano de la Consolación). La afirmación tipológica de un tema clásico en las culturas íberas, el de la oferente*, la justifican obras de la importancia de la **Dama de Elche** (Elche, Alicante) o la **Dama de Baza** (Baza, Granada).

En cuanto a la figuración antropomorfa en piedra, característica también de la escultura ibérica, destaquemos como ejemplos: la llamada **Bicha de Balazote** (Albacete) y la **Esfinge de Agost** (Alicante).

El trabajo y manufactura de los metales es otra importante faceta del arte ibérico; quizá uno de sus máximos exponentes fue la amplia **producción de armas**, de diversa tipología, en las que los artesanos ibéricos mimaron, muy especialmente, la elaboración de las empuñaduras.

Los restos de tesoros ibéricos que conocemos nos desvelan una de las actividades artísticas menores que con más habilidad trabajaron los artífices ibéricos: la orfebrería. Apoyados en una notable imaginación y en un evidente dominio técnico, fueron capaces de conjugar labores como el granulado*, de antigua tradición, con el repujado* o la filigrana*, para crear esas joyas de gran belleza que vemos talladas en las figuras femeninas oferentes de su escultura o se hallan en los ajuares funerarios de los enterramientos.

El panorama de la cerámica ibérica es de una gran riqueza, de ahí que los especialistas distingan tipologías concretas entre la producción de los distintos centros regionales: **Turdetana** (Andalucía), **Elche-Archena** (Alicante), **Liria** (Valencia), **Azaila** (Bajo Aragón). De estos alfares surgió una cerámica de técnica y elaboración depuradas y una amplia gama de formas en los vasos cerámicos, que además se enriquecen con la variedad de los temas elegidos para su decoración pintada.

Arte de los celtas

La dispersión geográfica del asentamiento celta —norte de Aragón y Cataluña, franja norte de la Península Ibérica hasta Galicia, zona central y occidental de la Meseta y ámbito peninsular de lo que hoy es Portugal— es uno de los aspectos que dificultan más la sistematización del arte y la cultura de los pueblos celtas; si a este hecho agregamos la disparidad entre los distintos grupos étnicos

hogar: lugar donde se hace el fuego.
oferente: en actitud de ofrenda.
granulado: técnica que consiste en soldar pequeñas bolas de oro y plata.
repujado: técnica que consiste en golpear un metal para obtener un relieve en el anverso.
filigrana: técnica que consiste en soldar a un metal hilos de oro y plata.

que identificamos bajo el nombre de celtas —caretanos, iacetanos, vascones, cántabros, astures, galaicos, carpetanos, vettones, lusitanos, etc.—, la complejidad, en muchos casos, de las imbricaciones* culturales e influencias emanadas de Europa o de las conexiones a través del Atlántico; necesariamente, se acentúa la dificultad de establecer unas líneas generales de análisis.

Dejando a un lado matices y peculiaridades de cada uno de estos pueblos, podemos señalar que la faceta artística por excelencia de los celtas fue la orfebrería.

Los pueblos celtas del ámbito peninsular bañado por el Atlántico destacaron en el trabajo del oro; los tesoros hallados nos descubren objetos de gran valor en los que, entre otras técnicas, llama la atención la decoración incisa de carácter geométrico. Diademas, arracadas*, brazaletes y, especialmente, torques* son las piezas más características; de entre estos tesoros cabe destacar los de **Sagrajas y Bodonal** (Badajoz), **Berzocana** (Cáceres) o **Cintra y Evora** (Portugal).

En algunos de los objetos de orfebrería de los castros gallegos y de la cornisa cantábrica, especialmente en los brazaletes de forma estrecha de decoración incisa, se detectan paralelismos con piezas centroeuropeas de las mismas características, muestra inequívoca de imbricaciones de tipo étnico y cultural; junto a estos brazaletes y piezas se hallan otros de carácter estrictamente autóctono.

En los tesoros celtas gallegos, astures y cántabros —**Ribadeo** (Lugo), **Bedoya** (Pontevedra), **Cangas de Onís** (Asturias), entre otros— junto a joyas tan características como los torques, hallamos otras que en ellos tienen especial significación; es el caso de las diademas y arracadas. Mención especial merece la diadema de Ribadeo, con una finísima decoración de jinetes, y las arracadas de Bedoya, con tabiques de doble lámina y decoración trenzada*.

En el campo de la escultura debemos recordar las **figurillas,** hechas en piedra, **de guerreros armados,** halladas en la zona de Portugal, y algunas cabezas, de rasgos poco definidos, de carácter cultual, procedentes, especialmente, del noreste peninsular.

La forma de hábitat celta por excelencia es **el castro;** recinto defendido por un circuito defensivo en el que se disponen las viviendas sin seguir una norma definida de trazado urbano.

Arte celtíbero

Los celtíberos se asentaron en el ámbito geográfico castellano, en núcleos dispersos que se justifican, fundamentalmente, en divisiones de carácter étnico; tenían como fronteras el territorio ocupado por los pueblos íberos y el dominado por los celtas, y su economía, poco desarrollada, se basó en la agricultura y ganadería.

Desde el punto de vista de sus manifestaciones artísticas, lo que define el arte de los pueblos celtíberos es la habilidad y finura con que trabajaron las artes menores. Si su arquitectura no merece valoración artística —destacando sólo por su significado la ciudad de **Numancia** (próxima a Soria)— y su es-

---

imbricaciones: superposiciones, formas de arraigo.
arracadas: pendientes grandes.
torques: aro en forma de collar.
trenzada: en forma de trenza.

Reconstrucción del Castro de Coaña según García Bellido.

Restos de Numancia (Soria).

Toros de Guisando (Avila).

Vasos numantinos (Museo de Soria).

cultura se remite, casi exclusivamente, a la producción de los llamados «verracos» —figuras de animales labradas con tosquedad que evidencian un ritual ligado a la agricultura—, cuyo ejemplo más sobresaliente son los **Toros de Guisando** (Avila); en la orfebrería, la manufactura de los metales y la cerámica, su arte alcanzó cotas de verdadera perfección.

Su finura e imaginación como diseñadores orfebres se justifica plenamente en los vestigios que han llegado hasta nosotros: los **pendientes de oro de Paredes de Nava** (Palencia), **el gran tesoro de piezas de plata** —vasos, brazaletes, pulseras, pendientes— **de Salvacañete** (Cuenca), los **nueve brazaletes de plata hallados en el Cerro de Miranda** (Palencia) o los **broches de cinturón** hechos de bronce y damasquinados* con oro y plata.

En cuanto a la manufactura de los metales, es en la **elaboración de armas** —espadas y dagas especialmente— donde los celtíberos hallaron fórmulas que causarán admiración en pueblos tan desarrollados como el romano. Lograron una perfecta fundición y elaboración del hierro, con el que hacían las celebradas espadas y puñales de doble filo.

La cerámica de los pueblos celtíberos es otro de los más importantes capítulos de su arte, una alfarería hecha al torno de increíble finura y variada tipolo-

---

damasquinado: técnica que consiste en poner hilos de metales nobles en hendiduras hechas sobre superficie de metal.

27

gía. Los talleres cerámicos de Numancia y los de Teruela están entre los más prestigiosos por el acabado de sus vasos y la riqueza de la decoración pintada; a partir de su valoración, los especialistas han señalado tres períodos diferenciados que abarcan cronológicamente el paréntesis entre los siglos IV y finales del II a. de C. Destaca por su carácter ornamental la alfarería del tercer período, básicamente, de pinturas negras sobre fondo rojizo.

CUESTIONES

1. Citar las causas básicas que impulsaron a los colonizadores fenicios y griegos hacia el Mediterráneo Occidental.
2. ¿Cuáles son los vestigios más conocidos del arte fenicio en la Península Ibérica?
3. ¿Quiénes fueron los focenses? ¿Cuál era su origen?
4. Enumerar factorías griegas en España.
5. ¿Cuál fue el papel de Tartessos en los desarrollos culturales del sur de la Península Ibérica en torno al siglo VI?
6. Citar ejemplos de escultura ibera.
7. Turdetana, Elche-Archena, Liria, Azaila son tipologías cerámicas. ¿A qué cultura pertenecen?
8. ¿Qué es un castro? ¿Con qué cultura debe relacionarse?
9. ¿En qué momento y con qué cultura debe identificarse a la ciudad de Numancia?

3. Arte romano

El período de doce años que se sitúa entre el 218 a. de C. —desembarco de los romanos en Ampurias— y el 206 a. de C. —final del dominio cartaginés en España—, sienta las bases para la conquista romana de la Península Ibérica. La presencia de los romanos en España está íntimamente ligada a la lucha hegemónica* que mantuvieron con Cartago; el acontecimiento, que no sólo desencadenó la segunda guerra Púnica, sino que además incitó la presencia romana en España, fue el ataque cartaginés a la ciudad de Numancia, que era aliada de Roma.

El año 218 a. de C., los romanos desembarcaron en el estratégico puerto de Ampurias, y un año más tarde, 217 a. de C., mandados por Publio Cornelio Escipión, conquistaron otro puerto clave para el dominio cartaginés, Cartago Nova (Cartagena); once años más tarde, 206 a. de C., los cartagineses son arrojados de la Península Ibérica. A partir de esta fecha Roma inició la conquista sistemática de todo el territorio hispano, que concluye en época de Augusto, el 19 a. de C., después de numerosos avatares.

La presencia romana en España no se limita al hecho de la conquista, hay —prácticamente desde los primeros momentos— un proceso de imbricación en los pueblos indígenas de las formas de vida, la religión, la cultura y, también, del arte de los conquistadores; es lo que se ha venido en llamar la romanización*. Fue un proceso desigual, como distintas eran las características culturales y étnicas del mosaico de pueblos que conformaban la Península Ibérica; la romanización se hizo más intensa en los centros del Levante y el Sur, ámbito mediterráneo que ya había tenido fructíferos contactos con los colonos fenicios, griegos y, más recientemente, con Cartago.

Arquitectura y proyectos de ingeniería

La conquista y posterior asentamiento romano en España exigió una serie de esfuerzos de acondicionamiento del medio, de obras de infraestructura e ingeniería que suponen el primer gran criterio unificador, de entre ellas destacan: las vías, puentes, acueductos y puertos.

Los romanos establecieron una importante red de calzadas que favorecieron y potenciaron las comunicaciones entre los distintos centros de la hispania romana; su construcción era sólida y pasaba por un proceso previo de afianzamiento del terreno. La anchura de estas vías oscila entre los cinco y seis metros, junto a ellas iban las columnas miliarias, que señalaban distancias en millas. Una de las más importantes vías fue la que unió Mérida y Astorga, llamada Vía de la Plata; aún se conservan en España tramos de estas vías, hecho que no debe extrañar, ya que el trazado general de calzadas romanas permaneció casi intacto hasta el siglo XVI.

hegemónica: de dominio.
romanización: asimilar las formas políticas, sociales, económicas y culturales de Roma.

Los puentes son otro de los grandes proyectos de ingeniería romana, exigencia obligada para salvar el desnivel provocado, generalmente, por el hecho de un río; su anchura es semejante a la de las calzadas, se hacían de piedra labrada y emplean sistemáticamente el arco de medio punto; en cuanto a la altura, está en función del desnivel a salvar. De entre los más interesantes puentes que han llegado hasta nosotros cabe destacar el de **Alcántara** (sobre el río Tajo), el de **Mérida** (sobre el Guadiana), el de **Salamanca** (sobre el Tormes), el de **Córdoba** (sobre el Guadalquivir).

La construcción de acueductos está ligada a la necesidad de abastecer de agua a las ciudades, dentro del proyecto de acondicionamiento general de las mismas; y el hecho de su existencia exige otras obras que a primera vista pasan desapercibidas, pero que son estrictamente necesarias: depósitos de agua, diques, canalizaciones, etc.

El acueducto es una construcción tan monumental —debe salvar grandes depresiones del terreno— que contemplándola se olvida la función para la que se creó, conducir el agua por el canal que discurre por su coronación. Caracterizan a este monumento sus galerías de arcos de medio punto superpuestos, que, junto a la reciedumbre de los sillares de piedra, le confieren ese aire majestuoso. En España tenemos magníficos ejemplos de esta arquitectura, **el acueducto de Segovia**, el de **Las Ferreras** (Tarragona) y el de **Los Milagros** (Mérida) son, entre otros vestigios, los más característicos.

El comercio marítimo, base de ·la economía de la hispania romana, exigió un acondicionamiento portuario adecuado. En esta labor, los romanos manifiestan una vez más lo sólido y monumental de sus obras de ingeniería; así se ve, por ejemplo, en el puerto de Ampurias, que aún conserva parte de lo que fue el muelle romano. En general, los tradicionales centros portuarios del Mediterráneo fueron reforzados y perfeccionados por los romanos, que completaron su labor de ayuda a la navegación con la construcción de torres faro en lugares especialmente estratégicos.

Urbanismo y ciudad romana

Roma impuso en todos los núcleos urbanos de las zonas conquistadas un modelo de composición urbana que, en las ciudades de trazado antiguo, debió adaptarse, en cierta manera, a las imposiciones derivadas del mismo; es el caso de **Cartago Nova** (Cartagena) y **Gades** (Cádiz), entre otras. El típico modelo urbano se manifiesta plenamente en las de nueva fundación, es el diseño de ciudad que recuerda, por su plan rectangular, al tipo de campamento militar, ejemplo característico es el de **Caesaraugusta** (Zaragoza). En algunos de los más importantes núcleos urbanos no faltó el ensayo que evocaba los modelos helenísticos orientales, así ocurre en **Tarraco** (Tarragona).

A pesar del gran número de vestigios amurallados romanos, en torno a ciudades, que han llegado hasta nosotros, no se puede afirmar que la muralla sea un hecho consustancial con la ciudad romana. La historia demuestra que la presencia o no de murallas en las ciudades de la Hispania romana estaba en función del momento político en que se remodelaban los trazados antiguos o se fundaban los nuevos núcleos. No faltan ejemplos de ciudades construidas sin murallas, como **Barcelona,** a las que posteriormente se les dotó de circuito defensivo; o de las que crecieron extramuros, como **Mérida,** y posteriormente se debieron abandonar los núcleos fruto de la expansión o reforzar y ampliar el trazado amurallado. La forma y composición de la muralla también está en función de la época en que se erigió; de entre los más notables restos de murallas romanas de Hispania cabe destacar las de **Lucas** (Lugo), **Tarraco** (Tarragona) y **Astorga.**

Construcciones significativas en la ciudad: templos, foros, termas, teatros, anfiteatros, circos y arcos de triunfo

De los numerosos templos que se construyeron en la Hispania romana y de los que en mayor o menor grado tenemos noticias, no se ha conservado ninguno completo y, en muchos casos, los restos que nos quedan son poco significativos. A la Península se traslada el modelo más reiterado de templo romano de plan rectangular sobre plinto*, que es el que se repite con más asiduidad; de entre los templos más significativos merecen destacarse el de **Diana** (Mérida), el de **Calle Mármoles** (Sevilla), el de **Augusto** (Tarragona) y otros en Córdoba, Barcelona, Mérida, etc.

No obstante, existen vestigios de templos que rompen ese modelo tradicional en favor de proyectos novedosos; es el caso del **conjunto escalonado de Mulva** (Sevilla) o el **plan de triple cella de Itálica.** Por su evocación a la traza* del templo, aunque su carácter y función sean esencialmente conmemorativas, recordemos el bello **templete que Iulius Lacer dedica a Trajano en el Puente de Alcántara,** que aún se conserva en buen estado.

El foro fue el punto neurálgico y vital de la ciudad, procede del ágora griega y es el máximo centro de reunión que marca el pulso de la vida urbana; en algunas ciudades existieron varios foros, con idénticas funciones, cuya creación obedece al desarrollo urbano. En torno al foro surgen una serie de proyectos, los más comunes son los pórticos columnados; también, las basílicas y otros edificios públicos. Córdoba, Ampurias, Tarragona o Sevilla tuvieron importantes foros en época romana.

Las termas fueron algo más que un sencillo lugar de baño o relajación; gimnasio, centro de reunión, biblioteca, entre otros servicios, les confieren una notable complejidad de funciones que se refleja en su arquitectura. La terma primitiva, con sus tres salas: caldarium, tepidarium y frigidarium, pronto ve multiplicarse el número de sus dependencias en función de los nuevos usos que asume este espacio público. En España destacan por su interés los vestigios de las **Termas Mayores** y de los **Palacios y los Baños** en Itálica y los **restos de Alauge** (cerca de Mérida) con salas cubiertas por cúpulas que se abren en óculos.

El teatro romano parte del modelo griego, al que insertaron algunas innovaciones; éstas parten de la reducción a la mitad de la orchestra —coro— que se hace semicircular; esta modificación propició un mayor desarrollo de la escena, que a su vez modificaba la cavea —graderío— que en el teatro romano se une a la escena. La escena se enriquece con la inserción en ella de un proyecto arquitectónico a modo de fachada. En España destacan por su interés el **teatro de Mérida** y el de **Itálica.**

El anfiteatro, con su diseño de elipse, aprovecha para su construcción desniveles naturales que permitan un amplio y seguro despliegue de las gradas*. Los combates o las luchas con animales que se celebraban en él, convocaban gran

plinto: base cuadrada o rectangular de piedra.
traza: planta, proyecto.
gradas: escalón que sirve de asiento.

Puente romano (Mérida).

Acueducto (Segovia).

Templo de Marte (Mérida).

Teatro (Mérida).

Anfiteatro (Itálica).

Arco de Triunfo (Medinaceli).

cantidad de público, de ahí esta sabia solución. Significativos en España son los de Tarragona, Mérida, Itálica o Carmona.

A pesar de los escasos vestigios de circos romanos que se conservan en España, muchas ciudades contaron con este ámbito especialmente dedicado a las carreras de carros. Se trata de grandes proyectos con dos importantes graderíos laterales —construidos posiblemente aprovechando los desniveles del terreno— y un gran espacio central para la carrera dividido longitudinalmente por la spina*. Son dignos de mención los vestigios de Mérida, Sagunto y Tarragona.

El arco de triunfo, monumento de carácter conmemorativo por excelencia, escenificación y símbolo del éxito de los poderosos, no siempre se halla inserto en la trama urbana; si bien, dentro o fuera de ella, tiene el mismo significado. Proyecto de evidentes valores escénicos*, en él aúnan su lenguaje, arquitectura y escultura; aunque, como peculiaridad, en los arcos triunfales de España el protagonismo casi absoluto lo tiene la arquitectura. En la Península abundan los proyectos triunfales fuera de las ciudades, señalando lugares estratégicos de las vías o límites territoriales; en esta línea están los de **Bará** (Tarragona), **Cabanes** (Castellón) y **Medinaceli** (Soria). Modelo de arco inserto en el entramado urbano es el de **Trajano** (Mérida).

Monumentos funerarios

Sin entrar en consideraciones sobre las necrópolis comunes, de entre los monumentos funerarios destacan algunos en los que la arquitectura maduró refinados diseños. Estas tumbas —de planta diversa—, situadas a las afueras de las ciudades o próximas a las vías, son el símbolo más claro de la exaltación del difunto; significativas son: **El Mausoleo de Fabara** (Zaragoza) o **La torre de los Escipiones** (Tarragona).

Escultura romana

La escultura de la Hispania romana está fuertemente impregnada de la tradición griega, así ocurre en todo el ámbito del mundo romano. La proyección hacia Italia de las corrientes emanadas de los grandes centros helenísticos y, lo que es más importante, la llegada de escultores procedentes de ellos son los elementos a tener en cuenta en la consolidación de aspectos técnicos, iconográficos y tipológicos.

En España, junto a interesantes obras de importación, existen otras producidas por escultores griegos que vinieron a trabajar a los más significativos núcleos urbanos; su actividad fue de capital importancia en la transmisión de modelos y aspectos técnicos.

Se copian las grandes obras de la antigüedad clásica y helenística, favoreciendo así la difusión de modelos y el gusto por lo griego; el **Hércules** (Alcalá la Real, Jaén) y el **Anadúmeno** (Museo de Sevilla) se inspiran en Mirón; el **torso de Meleagro** y el de la **Artemisa de Versalles** (Itálica) evocan a Scopas y Leocares, respectivamente; la **cabeza de Alejandro** (Tarragona) copia modelos helenísticos.

Una labor más constante y de mayor difusión fue la realizada por los talleres abiertos en ciudades de especial significación; es el caso de Aurgi, Mérida,

---

spina: muro que divide la arena del circo.
escénicos: relativos al teatro.

Diana (Itálica).

Mercurio (Itálica).

Busto de Adriano (Itálica).

Trajano divinizado (Itálica).

Emérita o Itálica, entre otras. Desde muchos de ellos, los modelos importados por los maestros helenísticos alcanzaron gran difusión. Las canteras locales de mármoles: Alconera, Cabra o Macael, favorecerán, en gran medida, el desarrollo de estos talleres; y, en definitiva, el de la producción escultórica.

El arte del retrato, uno de los aspectos más importantes de la plástica romana, tiene en España obras de notable interés. El retrato de época republicana, que se prolongó durante el reinado de Augusto, se caracteriza por un gran rigor al modelo; el artista se detiene en los rasgos más característicos para así realzar los aspectos que individualizan al personaje. Una importante **cabeza,** hoy en el Museo de Córdoba; el **retrato de un anciano** —cuyo rostro está asombrosamente definido—, hallado en Mérida, o **el hombre calvo** —de serena expresión—, del Museo de Jerez, son obras representativas de este período.

El retrato imperial que pretende difundir la imagen del gobernante a todos los rincones del imperio, por su carácter oficial y contenido político, tiende a crear una imagen divinizada. De este tipo de retrato quedan en España abundantes vestigios: el de **Augusto,** de Itálica y Mérida —en este último, representado como «pontifex maximus»—, o los de **Adriano** y **Trajano,** hallados en Itálica, son ejemplos significativos. Muy interesante es el de **Livia** —esposa de Augusto y madre de Tiberio—, hallado en Baena (Córdoba), en el que la emperatriz aparece divinizada.

Son muy abundantes los retratos no oficiales; en su realización se mantuvo una fidelidad al modelo semejante a la de la época republicana; en Mérida se hallaron un gran número de ellos, muestra evidente de la pujanza de los talleres de la ciudad. De gran calidad son los de **dos personajes masculinos** hallados en Carmona y Barcelona; idéntica valoración merecen algunos retratos femeninos, fruto de la fidelidad al modelo y de una gran espontaneidad: la **joven de Mérida** —con un peculiar* peinado de fleco sobre el rostro— o **la de Munigua** (Sevilla), con un bellísimo cabello largo, que cae sobre sus hombros, tienen personalidad y un poderoso atractivo.

La escultura religiosa acusa, de forma importante, la influencia de los modelos griegos de finales del clasicismo y del helenismo; así se desprende del análisis de algunas estatuas y restos de otras hallados en Itálica, Tarragona o Mérida. El **Mercurio,** de Itálica, se inspira en el Apolo de Belvedere, de Leocares; la **Afrodita desnuda,** en la de Cnido, de Praxiteles; el **Baco,** de Tarragona, también sigue el modelo praxiteliano.

En la producción de estatuas de culto debe establecerse una distinción entre las destinadas a la veneración doméstica y las reservadas al ritual público y oficial; las primeras, de menor tamaño, no rebasan las proporciones de la figura humana; las reservadas a los templos y edificios públicos, se realizaron de proporciones mayores, con acentuado deseo de monumentalidad.

En la mayoría de los casos, estas obras responden a calidades artísticas muy distintas; salvo excepciones, las estatuas domésticas suelen ser de poco valor escultórico, respondiendo a una elaboración poco cuidada. Por el contrario, las esculpidas para el culto público son fruto de los más refinados procesos técnicos.

Itálica ha proporcionado abundantes muestras de escultura religiosa monumental, que son justificación de un glorioso pasado. La **figura** y el **torso de Diana cazadora,** dos copias de **Artemis Laphria,** las **cabezas correspondientes a una estatua de Cibeles y otra de Afrodita de Cnido** o las interesantes figuras

peculiar: característico.

de **Mercurio** y de **Afrodita desnuda** están entre los más importantes restos de un rico legado escultórico enraizado en la tradición griega.

El Museo de Tarragona guarda algunos significativos hallazgos, **el Baco** recuerda las características formas de la obra de Praxiteles y la **cabeza de Afrodita** plantea también paralelismos con la que creara el maestro ateniense.

Mérida, además de la escultura de **Mercurio,** ha conservado —procedentes del teatro— algunas de las más representativas estatuas de dioses que produjeron los escultores de la ciudad: **Ceres** —patrona de la escena—, **Proserpina, Plutón, Júpiter** y **Venus.**

Los sarcófagos* decorados con relieves mitológicos forman un capítulo importante dentro de la plástica de la Hispania romana; algunos sobresalen por su calidad técnica y singular belleza. **El de Palencia** —decorado con la tragedia de Orestes—, hoy en el Museo Arqueológico Nacional, y **el de Tarragona** —con la historia de Hipólito— son piezas destacadas. Atención especial merece el hallado en Córdoba hace sólo unos años, 1958; obra de espléndida ejecución, su proyecto decorativo se desarrolla en torno a las figuras de los difuntos que el escultor representa, aún en vida, en una época de plenitud.

La pintura mural

A pesar de que no son muy abundantes los restos de pintura mural que se conocen, en España, con matices, la decoración pictórica sigue las líneas generales de la normativa estética* y estilística que caracteriza a los grandes ciclos de Pompeya y Herculano.

En relación con el estilo de decoración, a manera de mármoles, destacan las pinturas de la **Casa de Teatro** y **Casa del Anfiteatro** (Mérida) o las de algunas casas de Ampurias. Una interesante variedad de este estilo imita los mármoles en formas geométricas diversas; de él quedan algunos vestigios en Itálica.

· No se conocen ejemplos característicos del segundo estilo, llamado arquitectónico, si bien se hallan en algunas pinturas —no identificables con este estilo— elementos de arquitectura que cumplen una función ordenadora de los motivos pintados, así ocurre en la **Silla de las Tiendas** (Mérida).

Del de los candelabros, tercer estilo, existen numerosas muestras; muy importantes son las pinturas de la **Casa de Mitreo** (Mérida). Con la maduración del estilo de los candelabros se inicia una evolución, no plenamente identificable con el cuarto estilo; comienzan a insertarse en la pintura escenas mitológicas, religiosas, lúdicas*, de animales, etc., que enriquecen, de forma importante, el programa decorativo.

El mosaico

El mosaico* es una de las manifestaciones ligadas a las artes decorativas que con más fuerza y variedad arraigó en la Hispania romana; muestra de ello son los numerosos testimonios que se conocen, enriqueciendo tanto los pavimentos como las paredes de las estancias de casas y villas. Su amplia gama tipológica

sarcófagos: sepulcros.
estética: ciencia que estudia la teoría de la belleza.
lúdicas: festivas.
mosaico: decoración que resulta de disponer pequeñas piedras sobre un elemento aditivo, suele ser cemento.

Mosaico con el *Sacrificio de Ifigenia* (Ampurias).

e iconográfica es el testimonio vivo de la aceptación que el mosaico tuvo como elemento ornamental*.

Aunque en España predominan los grandes ciclos de mosaicos policromos a la manera de oriente: **Sacrificio de Ifigenia** (Ampurias), **Mosaico Cósmico** (Mérida), **Polifemo y Galatea** (Córdoba) o **Mosaico de los peces** (Ampurias), entre otros; la Península no fue ajena a las experiencias del mosaico en blanco y negro —generalmente fondo blanco y teselas* negras—, típico de Roma y algunos otros centros italianos. Característicos de este estilo son una gran parte de **los mosaicos de la Casa de Mitreo** o los de la **Casa del Teatro** (Mérida) y los abundantes vestigios hallados en Ampurias.

La cerámica

Después de un período de importación de vasos de ascendencia griega (helenística) y posteriormente de sigillata* aretina y gálica, hacia el 50 d. de C. se inicia en España la producción de **alfarería sigillata,** modalidad cerámica tan característica del mundo romano. No se trata de grandes centros de elaboración ceramista, sino de sencillos talleres que produjeron un tipo de sigillata que técnicamente sigue la tradición, aunque con algunas peculiaridades que se remiten, casi exclusivamente, a lo decorativo. Algunos de estos alfares hispanos se hallaron en **Abella** (Lérida), **Bronchales** (Teruel), **Mérida** (Badajoz), **Andújar** (Jaén) y **Granada.**

ornamental: decorativo.
teselas: pequeñas piedras que componen el mosaico.
sigillata: tipo de cerámica romana.

1. Enumerar algunos de los más importantes proyectos de ingeniería romana en España.

2. ¿Cuáles son las más significativas construcciones romanas en la ciudad? ¿Qué función cumple cada una de ellas?

3. ¿De qué modelos parte la experiencia plástica romana? ¿Qué papel tiene el retrato en su contexto? Citar algunas obras escultóricas de la Hispania romana.

4. ¿Cuántos y cuáles son los estilos de la pintura decorativa entre los romanos? ¿Qué características identifican a cada uno de ellos?

5. ¿Qué es un mosaico? ¿Cuál es su función? Enumerar algunos de los mosaicos que se conservan en España.

6. Características de la cerámica sigillata. Enumerar alfares españoles que la produjeron.

4. Arte visigodo

El arte visigodo, además de peculiaridades y características propias, se nutre del aprendizaje adquirido en contacto con el arte romano; la admiración que el pueblo visigodo —como los demás que invadieron el imperio— sintió por la importantísima cultura romana, fue de capital importancia para la elaboración de sus futuras manifestaciones culturales y, de entre ellas, las artísticas. El encuentro visigodo con la Hispania romana reforzó —aún más— la ya importante influencia que recibió de Roma.

Arquitectura visigoda

Los visigodos construyeron, fundamentalmente, con aparejo* de piedra labrada; la columna y el pilar son los típicos elementos de soporte, y el arco de herradura visigodo* es el más característico de sus elementos arquitectónicos. Los vestigios de la arquitectura visigoda que nos quedan son de carácter religioso, de plantas poco complicadas, dominadas por la forma de cruz griega*. De la primera etapa, principios del siglo V hasta 587 —fecha de la adjuración de Recaredo—, el monumento más representativo es la **iglesia basilical de Cabeza de Griego** (Cuenca). Es en la etapa segunda —desde el 587 al 711— donde la arquitectura visigoda alcanza su plenitud y, fundamentalmente, en el siglo VII. Iglesias como la de **San Juan de Baños** (Palencia), en la que destaca la cabecera* con tres ábsides* aislados de forma rectangular, origen de la típica cabecera asturiana; **San Pedro de la Nave** (Zamora), bella conjunción de cruz griega y plan basilical*, con interesante decoración escultórica; **Santa María** (Quintanilla de las Viñas, Burgos), destacable igualmente por su programa decorativo, o **Santa Comba de Bande** (Orense), equilibrada planta de cruz griega en la que se conjugan hábilmente la piedra y el ladrillo, son ejemplos representativos de la más genuina arquitectura visigoda del siglo VII.

Escultura

El relieve inserto en la arquitectura es la faceta más destacada; en los **capiteles histórico-narrativos de San Pedro de la Nave** —con una técnica aún poco desarrollada— se esculpen escenas típicamente religiosas y perfectamente identificables con pasajes del Antiguo Testamento; sirva de ejemplo el de **Daniel entre los leones.** Muy interesante es el **busto de Cristo,** dentro de mandorla llevada por ángeles, de Santa María en Quintanilla de las Viñas, a pesar de su primitivismo y sencillez, será base iconológica* para el románico. Característica

---

aparejo: forma de disponer los sillares de piedra.
arco de herradura visigodo: aquel que tiene de peralte 1/3 del radio.
cruz griega: que tiene los brazos de igual longitud.
cabecera: parte de la iglesia donde está el altar.
ábsides: parte de la cabecera de la iglesia, generalmente de forma semicircular.
basilical: en forma de basílica.
iconológica: ciencia que estudia el sentido de la imagen y su interpretación.

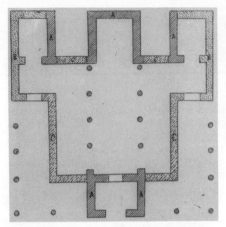

Planta de la iglesia de San Juan de Baños (Palencia).

Iglesia de San Juan de Baños (Palencia).

Interior de San Juan de Baños (detalle) (Palencia).

Capitel de San Pedro de la Nave (Zamora).

Relieve de la iglesia de Santa María, en Quintanilla de las Viñas (Burgos).

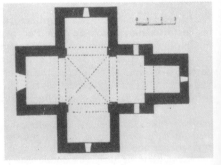

Planta de la iglesia de Santa Comba de Bande (Orense).

Interior de Santa Comba de Bande (Orense).

Coronas y cruces procedentes del tesoro de Guarrazar (Toledo).

de estos edificios visigodos es la decoración en la que en formas circulares continuadas se insertan elementos vegetales con figuras antropomorfas y de animales.

Orfebrería

Los visigodos fueron hábiles orfebres, dominaron técnicas como el esmalte*, el cincelado*, la filigrana, etc.; con ellas decoraron armas, fíbulas, armaduras, brazaletes, broches y otros objetos. De entre los tesoros visigodos hallados en España destaca el de **Guarrazar** (Toledo), con hermosas coronas labradas en oro, ricamente decoradas.

CUESTIONES

1. ¿De qué fuentes se nutre el arte visigodo? ¿Cuál es su cronología?
2. ¿Por qué es tan importante la fecha del 587 en el marco de la historia y la cultura visigodas? ¿Qué reflejo tiene en el campo artístico?
3. ¿Qué especial trascendencia tuvo la traza de la cabecera de la iglesia de San Juan de Baños?
4. Citar dos iglesias visigodas que destaquen por la importancia de su programa decorativo.
5. ¿En qué faceta de las llamadas artes menores destacaron los visigodos? Señalar algún ejemplo representativo.

esmalte: pasta vítrea que se obtiene por fusión al calor.
cincelado: técnica que consiste en golpear el cincel para que al incidir sobre la superficie de una plancha logre efectos decorativos.

5. Primer arte musulmán: el califal

Introducción al arte musulmán en España

El arte musulmán en España tiene un amplio desarrollo, ya que se produjo en el paréntesis de más de setecientos años, los que discurren entre el 711, fecha de la llegada de los árabes a la Península, y 1492, año en que los Reyes Católicos conquistan Granada, último baluarte* de la dinastía nazarita.

Bien es cierto que las primeras manifestaciones artísticas de importancia llegarían en época del Emirato* cordobés, en los años en que gobernó Abderramán I, pero aun así desde 756 hasta 1492 transcurrieron 736 años.

En estos más de siete siglos se pueden establecer cuatro períodos artísticos fundamentales: califal, de los reinos taifas, de las dinastías africanas —almorávides y almohades— y nazarí.

El arte musulmán español se enraíza en la tipología general y en las formas que caracterizan al arte islámico; un arte que se elabora partiendo, en los momentos de su gestación, de las experiencias de las grandes culturas orientales, a las que los árabes infunden su especialísima sensibilidad, concepto de la abstracción y estilización; en definitiva, una poderosa imaginación que se justifica plenamente en la creación de unos programas decorativos que, por prescripción religiosa, deben alejarse de la figuración de carácter naturalista.

Arquitectura califal

Se caracteriza por el empleo del sillar labrado como base del proyecto arquitectónico; la columna es el soporte por excelencia y el arco de herradura califal* el elemento estructural característico en la dinámica de sus construcciones. En las cubiertas se emplea generalmente la madera y la bóveda de crucería, llamada califal, para destacar ámbitos de especial significado.

En cuanto al programa decorativo, además de la típica decoración vegetal de ataurique o la derivada de los ritmos geométricos, se emplea la leyenda epigráfica y el mosaico.

La mezquita de Córdoba es el más importante monumento califal, no es obra de un reinado, sino el fruto del esfuerzo constructivo de una dinastía, la de los emires y califas cordobeses.

En lo fundamental, la sucesiva evolución del proyecto arquitectónico se debe a la actuación de los emires Abderramán I y Abderramán II y a la de los califas Al-Hakam II y Almanzor. El primer proyecto, de época de Abderramán I, fue una mezquita de once naves —perpendiculares a la quibla*— con el muro

---

baluarte: elemento defensivo.
emirato: forma de organización política musulmana.
arco de herradura califal: aquel cuyo trazado es mayor que media circunferencia; peralte 1/2 del radio.
quibla: muro al final de la sala de oración orientado hacia la Meca.

Arqueta de marfil procedente de Leire (Museo
de Navarra, Pamplona).

Bote de Zamora (Museo Arqueológico Nacional).

de quibla orientado hacia el sur y un patio a los pies que tenía la misma anchura
que la que daban las naves al haram o sala de oración. Al quedarse la mezquita
pequeña para las necesidades del culto, Abderramán II derriba la quibla y
aumenta las primitivas naves en ocho tramos hacia el sur, estableciendo como
coronación a ellas el muro de quibla.

La reforma más interesante es la que se hizo en época del califa Al-Hakam II,
que llevó el muro de quibla hasta la margen del río Guadalquivir y construyó
inserto en él un bellísimo mihrab* cubierto con una hermosa cúpula de crucería*, igual que las de la macsura y la capilla de Villaviciosa.

La última gran ampliación es de época de Almanzor, que, al no poder pro-
longar la mezquita hacia el sur, la aumentó ocho naves hacia el este; lo que
exigió también aumentar la extensión del patio. A causa de esta última ampliación quedó desplazado del eje de la mezquita el mihrab que construyó Al-
Hakam II. Del reinado de Abderramán III es el alminar y de época del emir
Muhammad I una de las más bellas puertas de la mezquita, la de San Esteban.

También de época califal, obra de Abderramán III y su hijo Al-Hakam II,
es la ciudad palatina de Medina Azzahra, muy cercana a Córdoba; ahora sólo
contemplamos sus ruinas, ya que fue arrasada y saqueada por los bereberes*
(1009-1010). Al-Hakam II fue el verdadero artífice; en Medina Azzahra se
muestra su espíritu culto y refinado; la ciudad es el símbolo de la grandeza del
califato. La piedra de cantería, las más ricas maderas, variados mármoles ricamente tallados, mosaicos, yeserías*, lozas de reflejos metálicos, aúnan sus mejores posibilidades para conformar un conjunto de inigualable belleza; que se
completa con ricos elementos ornamentales, marfil, oro, piedras preciosas, lámparas de bronce, telas, tapices, etc.

Otros vestigios de época califal son algunos restos de circuitos de carácter
defensivo, es el caso de los de **San Esteban de Gormaz** (Soria), **Tarifa** (Cádiz),
Baños de la Encina (Jaén) y **Alcazaba de Mérida** (Cáceres).

mihrab: nicho inserto en el muro de quibla.
cúpula de crucería: cúpula de nervios cruzados.
bereberes: pueblo del norte de Africa.
yeserías: decoración hecha sobre yeso.

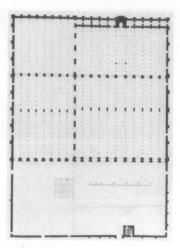

Planta de la Mezquita
de Córdoba.

Mihrab de la Mezquita de Córdoba.

Cúpula de la capilla de Villaviciosa
(Mezquita de Córdoba).

Mezquita de Córdoba, detalle
del interior, época de Abderramán I.

Escultura, pintura y artes menores

Los restos de escultura de época califal son poco abundantes; sólo los **relieves de algunas pilas** como la de Sevilla —decorada con grandes figuras de águilas con animales entre sus garras— y la elaboración de carácter escultórico de algunos mármoles de Medina Azzahra pueden ser significativos. De más interés es la plástica sobre marfil, que alcanzó gran difusión; arquetas, estuches y botes, utilizados como joyeros, muestran una fina decoración de escenas esculpidas que acentúan su belleza por el concurso de la policromía. **El Bote de Zamora o el de Ziyed,** de los talleres de Medina Azzahra, o **Caja de Leyre** (Pamplona) son ejemplos significativos.

La pintura tiene poco interés en el período califal; si se emplea es siempre con un carácter decorativo. Más importante fue la producción de los **alfares cerámicos califales a la cuerda seca*** y las **lozas de reflejos metálicos.**

CUESTIONES

1. ¿Cuáles son las cubiertas más características de la arquitectura califal?
2. Enumerar los emires y califas que hicieron posible la construcción de la mezquita de Córdoba.
3. El haram, muro de quibla, mihrab y alminar son partes de la mezquita. ¿En qué ámbito de la misma se sitúan? ¿Cuál es su función?
4. ¿Cómo se llamó la ciudad palatina que Abderramán III y su hijo Al-Hakam II levantaron cerca de Córdoba?
5. ¿En cuántas etapas se construyó la mezquita de Córdoba? ¿Cuál es la ampliación más espectacular por su extensión?
6. Las labores en marfil constituyen una de las más refinadas expresiones del arte califal. Citar alguna obra significativa.
7. ¿Qué es la cerámica a la cuerda seca?

cerámica a la cuerda seca: cerámica de colores adosados separados por una línea.

6. Arte de los reinos taifas

Con la desintegración del califato de Córdoba en 1031, surgen un conjunto de reinos políticamente independientes, son los llamados taifas. Cultural y artísticamente, los taifas parten de los modelos y experiencias del período califal; sin embargo, los reinos taifas quedaron aislados al romperse los contactos que el califato mantenía con Oriente. Las principales taifas fueron: Granada, Málaga, Almería, Sevilla, Zaragoza y Toledo.

Arquitectura taifa

Posiblemente por motivos económicos, en la arquitectura taifa se produce un empobrecimiento de los materiales de base, la piedra da paso a la mampostería y el ladrillo. Para tratar de paliar este hecho, la decoración se hace más abundante, el panel decorativo adquiere ahora un protagonismo inusitado, las yeserías sustituyen a los ricos revestimientos de mármoles. El proyecto decorativo domina a la estructura arquitectónica en un deseo de riqueza ficticia; los arcos se hacen más complicados y complejos en sus formas.

De gran importancia son los restos que aún quedan del antiguo circuito defensivo de Granada, la llamada **Alcazaba Cadima** —lienzos de muralla, torres cuadradas y circulares y algunas puertas—, baluarte defensivo modélico, en muchas de sus experiencias, para proyectos posteriores. De entre sus puertas destacan: la de **las Pesas, Elvira** y **Monaita.**

Del **palacio de Badis,** uno de los más importantes reyes de la dinastía zirí granadina, nada queda, ya que sobre sus ruinas se construyó el palacio de la Daralhorra, de época nazarita. Los vestigios del estratégico **puente del Cadí,** que unió el Albaicín con la Alhambra, se remiten casi exclusivamente al arranque del arco de herradura de la puerta que lo protegía. De ahí que el más importante resto taifa en Granada sea **El Bañuelo.** Se trata del más interesante baño público musulmán que se conoce en España; su planta es rectangular, los muros de hormigón* y las bóvedas de ladrillo que cubren sus estancias tienen tragaluces* estrellados y poligonales para regular el vapor en el interior.

Almería y Málaga muestran aún, a pesar de remodelaciones posteriores, dos interesantes ejemplos de alcazaba taifal. Circuitos defensivos, con un núcleo palaciego en su interior, se elevan sobre montículos que dominan tanto las ciudades como los puertos respectivos; son dos experiencias modélicas que madurarán definitivamente en la construcción nazarita de la Alhambra. Si el baluarte defensivo de Almería es el mejor conservado, en la alcazaba* malagueña aún quedan algunos rincones que sugieren la belleza de su palacio, los llamados Cuartos de Granada.

hormigón: mezcla de arena, piedras y cemento con agua.
tragaluces: aberturas, generalmente en forma poligonal o de estrella, en una bóveda.
alcazaba: baluarte defensivo fortificado.

Interior del Bañuelo (Granada).

Exterior de la Alcazaba de Málaga
(detalle).

Puerta Monaita (Granada).

Estancia del palacio de la Aljafería
(Zaragoza).

El palacio de la Aljafería en Zaragoza es el único palacio musulmán español diseñado siguiendo el modelo oriental de fortificación en llano, evoca modelos como los de Ukaidir, Samarra o Maxata (Siria, Mesopotamia); se trata de un circuito amurallado con torres circulares y una cuadrada, la del Homenaje. En sus estancias destacan, fundamentalmente, la riqueza de los restos de yeserías y las complicadas formas de los numerosos arcos de trazo mixtilíneo*. El oratorio, bien conservado, es el testimonio más significativo de la riqueza ornamental del palacio.

La llamada **Iglesia del Cristo de la Luz** (Toledo), antigua mezquita de Bab Al-Mardún, es un pequeño oratorio urbano de planta cuadrada construido en 999, período de transición entre lo califal y lo taifa. Edificado con sillares romanos reaprovechados, mampostería y ladrillo; al interior, destacan sus cúpulas de crucería califal. De notable interés es también su fachada, dominada por el ritmo de la decoración de los arcos ciegos* de ladrillo.

Otros restos taifas en España son: los **Baños** (Jaén), **Baños de la Judería** (Baza, Granada) o los **Baños** (Palma de Mallorca).

Escultura y artes menores

Apenas nada se conoce de la plástica de época taifa, algunos relieves muy planos en **pilas como la de Játiva** o **la del rey Badis** son el testimonio de continuidad de una técnica califal. Significativo es también el interés mantenido por el trabajo del marfil que se emplea en la construcción de arquetas decoradas con relieves. Aunque con indicios de decadencia, se mantienen las normas y técnicas emanadas de los talleres de la Córdoba califal, especialmente de los de Medina Azzahra; la **Arqueta de Silos** y **la de la catedral de Pamplona** son representativas de este período.

CUESTIONES

1. Un trascendente hecho político dio origen a la formación de los reinos taifas. ¿Cuál fue ese acontecimiento? Citar su cronología y enumerar las principales taifas.
2. ¿En qué taifa reinó la dinastía de los ziríes?
3. Enumerar las características esenciales de la arquitectura taifa.
4. ¿Qué diferencias existen entre las Alcazabas de Almería o Málaga y el Palacio de la Aljafería de Zaragoza?
5. El Bañuelo es un importante vestigio taifal. ¿Dónde se halla? ¿Cuál fue su función? Citar algunos otros monumentos taifas de carácter semejante.

mixtilíneo: formado por líneas rectas y curvas.
arco ciego: que no tiene abertura o luz.

7. Arte de la dinastía africana de los almorávides

Llamados como tropa de apoyo por el rey taifa de Sevilla, los almorávides llegan a España en 1090 al mando de Yusuf ibn Tasufin; lo que en principio debía ser una estancia temporal, se convirtió en conquista real, que sólo concluye con la invasión de otro pueblo norteafricano, los almohades.

La presencia almorávide reforzó los contactos con el norte de Africa; desde el punto de vista artístico, supone para la Península la llegada de experiencias renovadoras. De entre ellas, merece valoración especial el contacto con las corrientes orientales que los almorávides habían recibido a través de los fatimíes de Túnez.

Arquitectura almorávide

La mampostería y el ladrillo son la base de la construcción almorávide, de ahí la importancia que asume el programa decorativo. El elemento de soporte es el pilar de ladrillo; la columna, ahora adosada al pilar, queda relegada a funciones decorativas.

El arco apuntado* es el más característico, si bien para ámbitos de especial significación utilizaron el polilobulado* y el de cortina almorávide*. La bóveda de mocárabes es una de las más significativas aportaciones almorávides; sin embargo, su innovación se justifica, casi exclusivamente, en la búsqueda de efectos decorativos. Una arquitectura elaborada con materiales pobres concede una gran importancia a la decoración, así sucede en la almorávide; al ataurique*, la decoración epigráfica* o la de lazo* se suman ahora dos peculiares sistemas decorativos, la sebka* y el mocárabe*.

Lo perecedero de los materiales y las reutilizaciones de época almohade hacen que sean muy pocos los restos de arquitectura almorávide en España; no quedó ninguna mezquita que fuera referencia para comparar con las que edificaron en el norte de Africa —Tremecén, Argel o **Al-Qarawiyin** (Fez)—. No ocurre así con los circuitos defensivos; aunque remodelados posteriormente, **los restos de murallas en Sevilla, Niebla** (Huelva), **Arrabal de la Ajarquía** (Córdoba) y **Jerez de la Frontera** (Cádiz) son elementos de juicio importantes para establecer paralelismos con las que edificaron en Marrakech. Torres rectan-

arco apuntado: cuando forma ángulo en la clave siendo al exterior convexo.
arco polilobulado: el formado por lóbulos continuados.
arco de cortina almorávide: arco en forma de cortina, polilobulado, con los ejes de los lóbulos perpendiculares al suelo; fue perfeccionado por los almohades.
ataurique: forma de decoración vegetal característico del arte musulmán.
decoración epigráfica: decoración con epígrafes, inscripciones.
lazo: motivo decorativo geométrico, característico del arte musulmán, que forma paneles decorativos continuados.
sebka: decoración almohade formada por el entrecruzamiento de arcos lobulados.
mocárabe: decoración de elementos prismáticos de yeso que se yuxtaponen y superponen en bóvedas, cúpulas y arcos; es típica del arte musulmán.

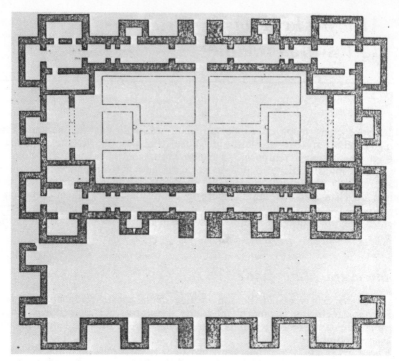

Planta del palacio-fortaleza de Monteagudo (Murcia).

Pinturas de lazo en los zócalos del palacio de Monteagudo (Murcia).

gulares y puertas en recodo son las soluciones más significativas; aunque estas últimas ya se ven en la taifal* Alcazaba Cadima (Granada).

Muy interesante es el **palacio-fortaleza de Monteagudo** (Murcia), que se ha señalado como antecedente del Palacio de los Leones de la Alhambra (Granada); su organización en torno a un patio rectangular con galerías alrededor y dos templetes en los lados menores, la decoración de lazo pintada en sus muros y la abundancia de yeserías acentúan los paralelismos. Murcia conserva también los vestigios de un baño público de gran interés por la variedad de sus bóvedas y, muy especialmente, por lo que supone de afirmación de un modelo establecido ya en época califal.

Artes menores

En este apartado hay una carencia casi absoluta de testimonios ciertos; sólo son posibles algunas atribuciones siempre refutables por la ausencia de una cronología exacta; es el caso de una de las más bellas obras que produjeran los artesanos de la madera en el arte musulmán: el **almimbar* de la mezquita de la Kutubiyya** (Marrakech), fabricado en talleres cordobeses hacia mitad del siglo XII.

CUESTIONES

1. ¿Cuándo y por qué llegan los almorávides a España? ¿Quién los manda?
2. Características esenciales de la arquitectura almorávide.
3. ¿Qué motivos decorativos emplearon los almorávides en sus construcciones?
4. Enumerar circuitos defensivos levantados o remodelados por los almorávides.
5. El palacio-fortaleza de Monteagudo es un importante resto almorávide. ¿Cuál es su estructura palaciega? ¿De qué otro gran monumento musulmán se le considera precedente?
6. ¿Qué es un almimbar? Citar un bello almimbar que salió de los talleres cordobeses en época almorávide.

taifal: de época taifa.
almimbar: especie de púlpito de madera que se sitúa en la macsura.

8. Arte de la dinastía almohade

En 1153, una nueva dinastía africana —la almohade— llega a la Península, eclipsa* el poder almorávide y se erige en dominadora de la España musulmana; cincuenta y nueve años más tarde, 1212, la derrota de las Navas de Tolosa significó el comienzo de su declive.

El dominio almohade favorece las relaciones de España con el norte de Africa, que en estos años sigue siendo una referencia importante, también en lo cultural y artístico.

Arquitectura almohade

Un acentuado rigor religioso hace a los almohades rechazar la riqueza decorativa que caracterizó a la arquitectura almorávide. Sin embargo, con ligeras matizaciones, los elementos básicos de la arquitectura son los mismos: muros de mampostería*, de ladrillo o alternando ambas técnicas; pilar de ladrillo; arcos: apuntado, lobulado y cortina almorávide.

Los almohades rechazan la bóveda de mocárabes, en exceso ornamental, para utilizar aquellas cuya belleza deriva sólo de su arquitectura: crucería, arista*, esquifada*, medio cañón*.

El programa decorativo sufre una severa revisión, se suprimen los motivos más ornamentales, como el mocárabe; los demás no sólo se emplean menos, sino que también evolucionan hacia la esquematización. Por su carácter geométrico, la decoración en sebka gozó de gran aceptación.

A pesar de haberse perdido, conocemos con exactitud cómo fue la mezquita mayor de Sevilla; con sus diecisiete naves —orientadas Norte-Sur— perpendiculares a la quibla, el patio rodeado de naves y la tradicional forma de T, podía parangonarse a algunas de las mejores mezquitas almohades del norte de Africa, valga como ejemplo la de la **Kutubiyya** en Marrakech.

De **la mezquita sevillana** sólo quedan algunas arcuaciones* del patio y el alminar conocido universalmente como la **Giralda**. Está en la línea de otros alminares almohades del norte de Africa, aunque el de Sevilla destaca por su singular belleza apoyada en la dinámica de los vanos*, que decoran cada uno de sus cuatro frentes, y la armonía de la decoración en sebka. Entre 1560 y 1568, el arquitecto Hernán Ruiz II agregó un cuerpo a manera de campanario.

eclipsa: apaga, oculta.
mampostería: construcción de piedras irregulares.
bóveda de arista: resulta del cruce de dos bóvedas de medio cañón perpendiculares y de idéntica flecha.
bóveda esquifada: la formada al incidir dos bóvedas de medio cañón, el vértice de unión de las aristas es una línea o una superficie plana.
bóveda de medio cañón: la que resulta de la prolongación longitudinal de un arco de medio punto.
arcuaciones: galerías de arcos.
vanos: huecos, ventanas, puertas.

Alminar de la mezquita almohade
de Sevilla, conocido como *La Giralda*.

Torre del Oro (Sevilla).

Torre de las murallas almohades
de Sevilla.

Capilla de las Claustrillas (Monasterio
de las Huelgas, Burgos).

En el aljarafe* sevillano, cerca del pueblo de Bollullos de la Mitación, se conserva una pequeña mezquita rural almohade, la de **Cuatrohabitan;** en ella, a pesar de sus reducidas proporciones, se trata de reproducir el modelo de la de Sevilla.

Tres grandes **circuitos defensivos,** perfeccionados por los almohades, dan la imagen exacta de la importancia que concedieron a la arquitectura de carácter militar: los de Sevilla, Cáceres y Badajoz. Las puertas, lienzos de muralla almenada, la inserción de torres —circulares, cuadradas o poligonales— barbacanas* y albarranas*, muestran la sabia disposición estratégica de estos complejos defensivos. De entre las torres deben destacarse **la del Oro** (Sevilla), de planta dodecagonal, y **la de Espantaperros** (Badajoz).

La más bella obra almohade en territorio cristiano es la **Capilla de las Claustrillas** (Monasterio de las Huelgas, Burgos). Construida por artistas musulmanes —llamados por Alfonso VIII— dentro de un conjunto monástico cisterciense*, es testimonio de la admiración que algunos monarcas cristianos sintieron hacia el arte musulmán.

Artes menores

La técnica de la taracea, cultivada ya desde época taifa, alcanza ahora un gran auge; muy especialmente, en los talleres andaluces. De ellos surgen abundantes piezas, las más características son las arquetas; en sus programas decorativos, la epigrafía ocupa un lugar importante junto a la historia. Por su belleza deben significarse las **arquetas de la catedral de Tortosa.**

La realización de bellas labores sobre las telas fue una de las cualidades más ponderadas por los cristianos a los artífices musulmanes; era parte importante en ese ritual de boato* testimoniado especialmente en el vestir, pero que alcanza a una gran parte de la producción de los telares. Interesantísimo ejemplo de las posibilidades ornamentales sobre tela es el **Pendón* de las Navas de Tolosa** (Monasterio de las Huelgas, Burgos).

CUESTIONES

1. Enumerar los aspectos más significativos de la arquitectura almohade.
2. ¿Qué es un muro de mampostería?
3. ¿Cuáles son los matices que identifican a las mezquitas almohades? Citar alguna de las que este pueblo norteafricano construyó en España.
4. ¿Qué función cumple la sebka en los edificios? ¿Cuál es la actitud almohade ante la decoración?
5. Los circuitos defensivos son una de las grandes aportaciones de la arquitectura almohade. Citar algunos de ellos destacando sus elementos principales.
6. En un monasterio castellano se conserva un importante vestigio almohade. ¿Cuál es ese monasterio? ¿A qué obra nos referimos?
7. ¿En qué facetas de las artes menores destacaron los artífices almohades?

aljarafe: campiña sevillana.
barbacanas: elemento fortificado que defiende la entrada de lugares estratégicos.
albarranas: elemento defensivo que se dispone fuera de la zona amurallada.
cisterciense: de la orden religiosa del Cister.
boato: lujo.
pendón: bandera.

9. Arte nazarí

El arte nazarí fue la última gran experiencia del arte musulmán en España; se elabora en el reducido ámbito geográfico que dominó la dinastía nazarita de Granada, en un momento en el que ya el resto de Al-Andalus había dejado de pertenecer a los árabes. Apoyándose en el rico bagaje cultural y artístico del pasado hispano musulmán, en el período de algo más de dos siglos y medio —que se inicia en 1238, con la instauración de la monarquía nazarita, y concluye en 1492, con la toma de Granada por los Reyes Católicos—, el arte nazarí, a través de sus obras, escribió uno de los más importantes capítulos de la historia del arte musulmán.

Arquitectura nazarita

La arquitectura nazarita se caracteriza por el predominio de los programas decorativos, de tal manera que el proyecto arquitectónico queda enmascarado por una decoración que no sólo lo invade todo, sino que además es capaz de transformar la realidad de la arquitectura misma.

La base de la construcción nazarita, siguiendo la tradición desde la época taifa, es de materiales pobres: mampostería y ladrillo, fundamentalmente. Posiblemente, este hecho no pueda justificarse en problemas de índole económica; conocida es la riqueza de los monarcas granadinos; igual que tampoco fue la pobreza del material de base la que potenció el «barroquismo»*, la arquitectura almohade lo emplea y es la menos decorativa de todo el arte hispano musulmán.

Fue un carácter especial, culto y refinado, no exento de una poderosísima fantasía lo que lleva a los nazaritas no sólo a decorar, sino, aún más, a crear sobre lo arquitectónico un hermoso y desbordante mundo de ficción*. El empleo del arco y la bóveda de mocárabes acentuará los valores decorativos, igual que las ricas cubiertas de madera decoradas con la técnica de lacería. Las esbeltas columnas coronadas por el típico capitel nazarita, los zócalos de finos alicatados, el concurso de la decoración epigráfica y la refinada habilidad con que los alarifes* elaboran la menuda decoración de atauriques, refuerzan ese sentimiento de delicada fantasía.

La Alhambra (Granada), obra en la que se aúnan los esfuerzos de una dinastía, es fiel reflejo de la esencia cultural y artística del mundo nazarita; construida sobre la colina de la al-Sabika, es la maduración definitiva del concepto de fortaleza-palacio. Hay en ella, por tanto, dos núcleos perfectamente diferenciados; la alcazaba, a la que por su carácter debe unirse el circuito defensivo con las numerosas torres que lo refuerzan, y el ámbito palaciego que acoge dos importantes palacios: el de Comares y el de los Leones.

barroquismo: exceso de decoración.
ficción: imaginario, irreal.
alarifes: artesanos musulmanes dedicados a la construcción y decoración.

Vista general de la Alhambra (Granada).

El Mexuar, palacio de Comares (Alhambra, Granada).

Patio de los Arrayanes, palacio de Comares (Alhambra, Granada).

Patio de los Leones, palacio de los Leones (Alhambra, Granada).

La alcazaba es la parte más antigua, se organiza en torno al llamado patio de armas, destacan en su conjunto torres como las de la Vela, Quebrada y del Homenaje. De la alcazaba parten las líneas de muralla que siguen el perfil de la colina; en ellas se insertan numerosas torres de planta cuadrada o rectangular. En época de Yusuf I (1333-1353) se reforzó el primitivo circuito defensivo de la Alhambra; de este momento es la llamada Puerta de la Justicia, que puede considerarse como la maduración definitiva de la puerta musulmana inserta en el volumen de una torre; su entrada en recodo y el sistema de matacán la hacen modélica en cuanto a su intencionalidad defensiva.

Tanto el **palacio de Comares,** del reinado de Yusuf I, como **el de los Leones,** de época de su hijo Mohammad V (1353-1391), responden al concepto de proyecto palaciego en torno a un patio central. Si del primero hay que destacar el gran Salón de Embajadores, del segundo, además del patio con templetes adelantados sobre los lados menores y forma claustral —posiblemente de inspiración cristiana—, en cuyo centro se halla la fuente de los Leones, deben recordarse algunas estancias de extraordinaria belleza como la de los Abencerrajes y dos Hermanas, cubiertas con interesantes bóvedas en estrella de mocárabes.

En **el palacio de los Leones,** la arquitectura nazarí alcanzó el cénit* de sus posibilidades arquitectónicas y decorativas; en él maduran, definitivamente, las más genuinas experiencias del arte nazarí.

Los palacios nazaríes en Granada fueron muchos, aunque de alguno de ellos queden sólo pequeños vestigios; **el del Generalife** —en las estribaciones del Cerro del Sol—, palacio de verano de los monarcas nazaríes, **el de la Daralhorra** —en el Albaicín—, **Alcázar Genil** o **el de la Almanxarra** conservan en mayor o menor grado parte de su antigua estructura. Del de **los Alixares** y **Madray al-Sabika,** cerca de la Alhambra, sólo tenemos los vestigios de su emplazamiento. Además de los palacios deben recordarse algunas otras construcciones de época nazarita: el llamado **Corral del Carbón,** antigua alhóndiga* yidida, depósito de mercancías —bien conservado—; **el Maristán,** hospital —desaparecido—, o **la Madraza,** centro de estudios alcoránicos*, muy remodelado y conservado sólo en parte.

Escultura, pintura y artes menores

La prohibición religiosa de imitar la naturaleza deja imposibilitada la expresión plástica* en el arte musulmán, de ahí que las doce figuras de leones que sostienen la taza de la fuente en el palacio de la Alhambra que lleva su nombre, que son musulmanas, aunque no nazaritas, adquieran un inusitado interés. Sin embargo, a pesar de la contradicción que surge a primera vista, su representación no está en la línea del natural, los leones no son modelos reales, se trata más bien de una figuración simbólica que evoca la fuerza y el poder, encarnada en figuras desconectadas de cualquier intencionalidad naturalista.

Aunque se hallan en las dependencias de un palacio nazarí, **las tres pinturas sobre cuero que decoran las bóvedas de tres estancias de la Sala de los Reyes** (Alhambra) no se deben a un artista musulmán, sino a un artista cristiano, posiblemente de ascendencia italiana. La técnica y, especialmente, el análisis de las escenas caballerescas en las bóvedas laterales así lo revelan.

Los alfares nazaritas fueron muy importantes, perfeccionaron técnicas en la elaboración cerámica que provenían de época califal, así sucede con la vidriada de brillos metálicos o la de cuerda seca; de estos talleres salió una cerámica de alta calidad que nutrió la demanda propia y fue objeto importante de comercio. En la línea de estos trabajos está la producción de alicatados* y azulejos* que se emplean con carácter ornamental.

cénit: máxima altura.
alhóndiga: lugar destinado al comercio.
alcoránico: relativo al Corán.
plástica: escultórica.
alicatados: decoración de azulejos.
azulejos: elemento de cerámica vidriada.

Sala de los Abencerrajes, palacio de los Leones (Granada).

Arcadas del Patio de los Leones, palacio de los Leones (Alhambra, Granada).

Jardines del Partal (Alhambra, Granada).

Patio de la Acequia (palacio del Generalife, Granada).

La orfebrería, en cuya elaboración se emplearon técnicas como el esmalte, cincelado, filigrana o damasquinado, entre otras; los trabajos derivados de la elaboración de la madera, especialmente la taracea*; el tejido y decoración de las telas o la preparación de la seda, son nuevas referencias para valorar la especial sensibilidad y finura de los artesanos nazaritas.

CUESTIONES

1. ¿Qué cronología y localización tiene el arte nazarí?
2. ¿Cuáles son los aspectos esenciales del programa decorativo nazarita?
3. ¿Cuántos palacios tiene la Alhambra? ¿Qué monarcas los construyeron?
4. Enumerar algunos otros monumentos nazaríes fuera de la Alhambra.
5. ¿Por qué son tan excepcionales las pinturas de la Sala de los Reyes de la Alhambra? ¿De dónde procedía el artista que las realizó?
6. ¿Qué características tiene la cerámica nazarita?

taracea: técnica de labrar la madera con incrustaciones de otros materiales.

10. Arte mudéjar

Debe llamarse arte mudéjar o morisco al producido en territorio cristiano a la manera musulmana; no se trata de un arte musulmán puro, ya que una de sus características es la de conjuntar la tradición musulmana con las experiencias más significativas del arte cristiano. Surge en el siglo XII y se prolonga hasta el XVI; su éxito radica en esa admiración que produjo el arte musulmán ya desde las primeras manifestaciones califales. Al fundirse con el arte medieval cristiano durante el románico y el gótico ha posibilitado el que se hable de un románico y un gótico mudéjar. Aunque el mudéjar tuvo una gran difusión, los tres núcleos representativos son: Andalucía, Aragón y Toledo.

Arquitectura mudéjar

Si el mudéjar es arte cristiano con matizaciones musulmanas, las características esenciales de la arquitectura mudéjar serán las de la arquitectura cristiana de la época en que se produce, enriquecida por las peculiaridades emanadas del arte árabe. Estas no modifican el proyecto general de la construcción; sin embargo, le dan una fisonomía característica.

Se ha señalado como típico de la arquitectura mudéjar el empleo del ladrillo; aunque su utilización no se puede considerar como específicamente musulmana, puede aceptarse esta propuesta. Las torres de planta cuadrada que en su configuración y aspectos decorativos evocan a los alminares; las arcuaciones ornamentales de ascendencia musulmana, de herradura, apuntadas y polilobuladas; las portadas enmarcadas en alfiz*; las decoraciones geométricas o de lazo son motivos que se hallan, con relativa frecuencia, en edificios mudéjares. Sin embargo, a partir del siglo XIV, si hay un elemento que ineludiblemente identifica a la construcción mudéjar es la armadura de madera o artesonado*; variedad tipológica y una belleza apoyada en cálculos matemáticos y ritmos geométricos son sus cualidades más destacadas.

De entre las iglesias románicas mudéjares destacan: **San Román** (Toledo), **San Esteban** (Cuéllar, Segovia), **La Lugareja** (Arévalo, Avila) y las de **San Lorenzo** y **San Tirso** (Sahagún, León).

El gótico mudéjar cuenta con abundantes vestigios religiosos y de carácter civil; iglesias como la de **Lebrija** (Sevilla), **San Miguel** (Córdoba), **La Magdalena** (Zaragoza) o la de **Santa María** (Maluenda, Zaragoza), y sinagogas como la de **Santa María la Blanca** o **Nuestra Señora del Tránsito** (Toledo) evocan el esplendor del mudéjar religioso. **El Alcázar** y **la Casa de Pilatos** (Sevilla), el **Palacio de Tordesillas,** ahora convento (Toledo), la **Puerta del Sol,** el **Palacio de Pedro el Cruel** o el **Taller del Moro** (Toledo) recuerdan el auge alcanzado por la arquitectura civil.

alfiz: boceles o moldura que enmarcan el arco musulmán.
artesonado: armadura de madera.

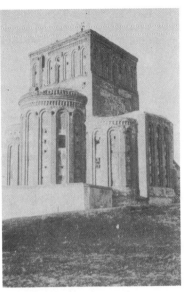

San Tirso (Sahagún, León).

La Lugareja (Arévalo, Avila).

Sinagoga de Santa María la Blanca
(Toledo).

Torre de San Martín (Teruel).

Recuerdo individualizado merecen algunas de las más bellas torres mudéjares de época gótica: las de **Santo Tomé** y **Santa Leocadia** (Toledo), o las de Teruel, con atractiva decoración de cerámica esmaltada, como la de **San Salvador** y **San Martín.**

Artes menores

La cerámica mudéjar se apoya en una interesante evolución de las tradicionales técnicas iniciadas en época califal; el mudejarismo logró en el campo de la alfarería una de las más bellas formas de expresión artística, que adquiere carácter propio en cada uno de los grandes centros. En Valencia destacan **la cerámica de Paterna** y **la de Manises;** la primera elabora sus figuraciones empleando como base los colores verde y morado sobre blanco, en la segunda se empleará el dorado sobre blanco en un primer momento y rojizo y azul sobre blanco posteriormente. Otros alfares importantes fueron los de Málaga, Sevilla y Toledo.

La fabricación de alfombras, el proceso de elaboración y decoración de telas y la industria derivada del cuero son actividades en las que también destacaron los artesanos mudéjares.

CUESTIONES

1. ¿Qué se entiende por arte mudéjar?
2. Citar los más significativos núcleos geográficos del mudéjar hispano.
3. Enumerar las características esenciales de la arquitectura mudéjar.
4. ¿Cuáles son los monumentos más representativos del románico mudéjar?
5. Citar torres mudéjares de la época gótica.
6. ¿Qué alfares mudéjares destacaría? ¿Cómo se denominan algunas de sus variedades cerámicas?

11. Arte prerrománico: asturiano

Se remite únicamente al pequeño ámbito geográfico que ocupa la región asturiana, desbordándolo con proyección hacia Galicia; sus mecenas son, casi exclusivamente, los monarcas de la dinastía asturiana: Silo, Alfonso II «el Casto», Ramiro I y Alfonso III «el Magno». Es por lo que las etapas fundamentales de este arte se identifican con sus reinados, que se suceden entre los siglos VIII y X. En su gestación, además de la base romana, son de gran importancia las experiencias indígenas de la zona, que se hacen más evidentes en los aspectos ornamentales.

Arquitectura asturiana

Se apoya en las aportaciones y experiencias de romanos y visigodos, reaprovechando, en muchos casos, elementos arquitectónicos de acarreo sacados de edificios construidos por ellos.

El elemento de soporte más empleado es el pilar, aunque en ocasiones se utilice la columna; el arco de medio punto es el más característico y para los muros se utiliza junto al sillar la obra de mampostería. El edificio religioso asturiano no es complicado, responde a una planta del tipo basilical; lo más característico es su cabecera con tres capillas juntas de forma rectangular, evolución de la cabecera de la iglesia visigoda de San Juan de Baños.

La iglesia asturiana más antigua es la de **Santianes de Pravia;** sin embargo, es la de **San Julián de los Prados** —construida en época de Alfonso II y su arquitecto Tioda—, con una interesante decoración pictórica de estirpe* romana, la que arquitectónicamente madura un ejemplo a seguir. De la misma época es también la primitiva Cámara Santa, en la que se emplea con pleno rigor arquitectónico la bóveda de medio cañón.

De época ramirense, además de la iglesia de **San Miguel de Lillo,** es de gran interés el conjunto de **Santa María del Naranco;** sus dos pisos obedecen a una doble utilización: capilla, el inferior; salón de recepciones, el superior. En ambos se empleó con acierto la bóveda de medio cañón con arcos fajones*; destaca también la típica ornamentación de sogueado*, especialmente en las columnas de los miradores* del salón de recepciones.

Una etapa importante en el desarrollo de la arquitectura asturiana es la que corresponde al reinado de Alfonso III; a él se deben **la primitiva basílica de Santiago de Compostela,** sobre la que se levantó la actual catedral románica,

---

estirpe: ascendencia, origen.
arcos fajones: arcos que abrazan a la bóveda y descargan parte de la presión ejercida por ella.
sogueado: en forma de soga —cuerda gruesa de esparto—.
miradores: balconadas.

Cabecera de la iglesia de San Julián de los Prados (Oviedo).

Santa María del Naranco (Oviedo).

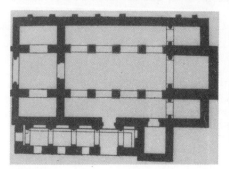

Planta de la iglesia de San Salvador de Valdediós.

Iglesia de San Salvador de Valdediós.

y la iglesia de San Salvador de Valdediós, maduración definitiva del modelo asturiano a la que se añade un interesante pórtico* lateral.

Escultura y pintura

Algunos restos escultóricos en bajo relieve son los únicos testimonios que conocemos de la plástica asturiana; los que adornan **las jambas* de la entrada a la iglesia de San Miguel de Lillo,** inspirados en los motivos de los llamados dípticos consulares*, y los relieves, de estirpe oriental, que adornan **los medallones de la sala de recepción de Santa María del Naranco.**

En cuanto a la pintura, destaca el conjunto de **frescos** —mal conservados— **que decoran la iglesia de San Julián de los Prados;** de ascendencia romana, los

pórtico: estancia abierta por galerías de vanos o vano simple, que se adosa a un edificio.
jamba: perfil lateral del vano de una puerta o ventana.
dípticos consulares: piezas esculpidas en relieve, generalmente de marfil, que se hacían con carácter conmemorativo.

64

más abundantes son los que evocan perspectivas arquitectónicas. De menor importancia son los **restos pictóricos de San Miguel de Lillo y San Salvador de Valdediós.**

CUESTIONES

1. Enumerar los reinados bajo los cuales se desarrolló el arte asturiano.
2. ¿Qué es el sogueado?
3. El conjunto de Santa María del Naranco es uno de los más representativos de la arquitectura asturiana. ¿Cuál fue su función? ¿Qué partes lo componen? ¿A qué período pertenecen?
4. ¿Cómo es la cabecera de la iglesia asturiana? ¿De dónde procede el modelo?
5. Cítense iglesias asturianas que tengan restos de decoración pictórica.

12. Arte prerrománico: mozárabe

Se entiende por arte mozárabe el producido por los cristianos sometidos a los musulmanes; también se califica como mozárabe el arte elaborado por los cristianos que, desligándose de los musulmanes, emigraron hacia el territorio no dominado por ellos; este último es el más importante y el que tradicionalmente se identifica como mozárabe. Fue el cambio de actitud de los dominadores el que provocó las emigraciones; de la comprensión que caracterizó a los años posteriores a la conquista, se pasó a los enfrentamientos y persecuciones. La cronología del mozárabe se remite, esencialmente, al siglo X.

Arquitectura mozárabe

Las bases que conformaron la arquitectura mozárabe son múltiples y surgen de la conjunción de un abundante número de experiencias: las derivadas de la tradición romana, paleocristiana, bizantina, visigoda, asturiana y, muy especialmente, las que provienen de la arquitectura musulmana; apuntándose incluso la posibilidad de que recibiera influencias merovingias y carolingias.

El edificio mozárabe se construye de sillares, ladrillo o mampostería; aunque, en ocasiones, se conjugan estos elementos; el soporte fundamental es la columna, siendo el elemento más característico de su arquitectura el arco de herradura de tipo califal.

Las cubiertas oscilan desde la sencillez de las hechas en madera, a dos aguas, hasta el empleo de bóvedas de medio cañón o arista y de cúpulas de nervios de estirpe musulmana o gallonadas* de ascendencia oriental.

Las plantas* de los edificios mozárabes son de gran variedad, fruto del gran número de experiencias que conforman su arquitectura; típico de la construcción mozárabe es el alero* volado que apoya en característicos modillones de rollos*.

A las experiencias más antiguas, como las de **Santa María de Melque** (Toledo) o la curiosa iglesia rupestre de **Bobastro** (Málaga), símbolo de la sublevación mozárabe contra Abderramán III, sigue un importante número de iglesias que se construyeron, fundamentalmente, dentro del territorio de los antiguos reinos de Castilla y de León.

De entre las iglesias castellanas destacan: **San Cebrián de Mazote** (Valladolid), **Santa María de Lebeña** (Santander), **San Millán de la Cogolla** (Logroño) y **San Baudelio de Berlanga** (Soria). Muy interesante, por la proyección que posteriormente tuvo, es la solución ideada por el arquitecto de esta iglesia para la cubierta; de un gran pilar central surgen radialmente nervios de estirpe musulmana que sustentan la bóveda.

cúpula gallonada: en forma de gallones «gajos de naranja».
planta: traza que refleja la configuración de un edificio.
alero: parte volada del tejado.
modillón de rollos: elemento volado de sustento o de ornato con rollos escalonados.

Iglesia rupestre de Bobastro (Málaga).

Iglesia de San Miguel de la Escalada (León).

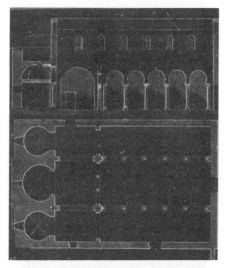

Sección y planta de la iglesia de San Miguel de la Escalada (León).

Interior de San Miguel de la Escalada (León).

Del ámbito leonés cabe destacar, además de **Santiago de Peñalba,** la iglesia de **San Miguel de la Escalada;** su pórtico lateral, compuesto por doce bellos arcos de herradura, es, junto con el pórtico de la iglesia asturiana de San Salvador de Valdediós, el antecedente de las iglesias porticadas del románico castellano.

Muy interesantes son también las iglesias de **San Miguel de Celanova,** en Orense, la aragonesa de **San Juan de la Peña** o la catalana de **San Quirce de Pedret.**

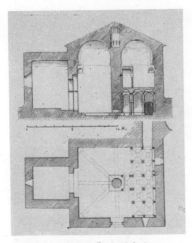

Sección y planta de la iglesia
de San Baudelio de Berlanga (Soria).

Detalle del gran pilar-columna central
con el arranque de los nervios que sirven
de soporte a la plementería de la bóveda.
Iglesia de San Baudelio de Berlanga
(Soria).

Interior de la iglesia de San Cebrián
de Mazote (Valladolid).

Victoria del Cordero. Del Beato de Burgo
de Osma.

Escultura y pintura

De la plástica mozárabe quedan pocos vestigios, remitidos, casi exclusivamente, a los sencillos relieves de carácter ornamental hallados en algunas iglesias; es el caso de San Miguel de la Escalada, o a sencillos testimonios elaborados en marfil.

La pintura mozárabe halló en la técnica de la miniatura una de las más bellas formas de expresión artística. Los libros conocidos con el nombre de beatos son el testimonio más claro de la fina sensibilidad de los artífices mozárabes; en sus páginas se unen en estrecha sinfonía de colores y símbolos lecciones de moral, la esencia de la fe cristiana, con elementos ornamentales y figuraciones de ascendencia musulmana. De entre los **beatos*** cabe destacar **el de Gerona** o **el de Burgo de Osma;** se conocen los nombres de algunos de los artistas que destacaron en esta técnica; es el caso de Magio o Emérito. Libros miniados de interés son también: la llamada **Biblia Hispalense** o **la de la catedral de León.**

CUESTIONES

1. ¿Quiénes eran los mozárabes? ¿Cuál es la cronología del arte mozárabe?
2. Enumerar los rasgos más significativos de la arquitectura mozárabe.
3. ¿Qué es un modillón de rollos? ¿De dónde procede este elemento arquitectónico?
4. Citar algunas iglesias mozárabes del ámbito castellano.
5. ¿Qué es un beato? Cítense ejemplos de beatos mozárabes.

beatos: libros de carácter religioso con comentarios del Apocalipsis y decorado con miniaturas.

13. Arte románico

Recibe el nombre de románico el arte cristiano que se desarrolló durante los siglos XI y XII en el territorio no dominado por los musulmanes; no se trata de una manifestación artística exclusivamente española, el arte románico es común a todo el occidente de Europa. Surge en Francia extendiéndose rápidamente a los demás núcleos europeos; en los planteamientos generales, el románico tiene una gran uniformidad; aunque, posteriormente, en cada uno de los centros adquiera peculiaridades específicas.

El románico español se enraíza en el rico panorama de corrientes artísticas que le precedieron: romana, visigoda, mozárabe, asturiana, incluyendo también la musulmana califal, ya recogida —en parte— por el arte mozárabe. De la elaboración de estas experiencias surgió ese arte románico específicamente hispano.

Se trata de un arte esencialmente cristiano favorecido por el afianzamiento y desarrollo del cristianismo. Su crecimiento y expansión están ligados a fenómenos de carácter religioso: las peregrinaciones*, el culto a los Santos y la veneración de las reliquias son los más significativos.

Arquitectura románica

La bóveda de medio cañón es el elemento clave de la arquitectura románica, todo el proyecto arquitectónico gira en torno a ella y a los problemas derivados de su sustentación. Su empleo exige una serie de soluciones basadas en la prudencia arquitectónica, encaminadas, en lo esencial, a garantizar la estabilidad de la construcción; la adopción del pilar como elemento base de soporte, el aumento en anchura de los muros, que además no levantan excesivamente, o la supresión —en lo posible— de los vanos —ventanas y puertas— son medidas prioritarias, aunque no suficientes.

La utilización de contrafuertes* sobre los muros exteriores, el diseño de las naves laterales del templo como apoyo y contrarresto de los empujes de la nave central y el empleo de los arcos fajones —que abrazan a la bóveda y descargan parte de la presión ejercida por ella— pueden considerarse como algunos de los más importantes recursos ideados por el arquitecto románico. La tribuna, elemento característico de algunas iglesias románicas —especialmente de las del tipo de peregrinación—, además de favorecer la asistencia de un mayor número de fieles a los actos religiosos, también fue utilizada —por su situación sobre la nave lateral— como apoyo y contrarresto de la estructura arquitectónica de la nave central. Los ejemplos más tardíos del románico español del siglo XI se hallan en Cataluña, Aragón y Navarra; también Castilla y León cuentan con experiencias constructivas de esta centuria, aunque menos antiguas

---

peregrinación: fenómeno religioso que lleva al fiel a visitar lugares significativos para su religión.
contrafuerte: pilastra que se adosa al muro.

Cabecera de la iglesia del Monasterio de Santa María de Ripoll (Gerona).

Planta de la cripta de San Miguel de Cuixá (Rosellón).

Iglesia de San Clemente de Tahull (Lérida).

Interior de la iglesia de San Pedro de la Roda (Gerona).

y en menor número. El románico catalán del XI tiene un importante número de monumentos; los más antiguos son la iglesia del monasterio de **San Pedro de la Roda** (Gerona) —en la que se ensaya un deambulatorio* inserto en un profundo ábside parabólico— y la cripta* e iglesia del conjunto monástico de **San Martín de Canigó** (Rosellón).

En la primera mitad del siglo XI se deja sentir con fuerza la influencia lombarda, de este momento es la gran **reforma del monasterio de Ripoll** (Gerona), llevada a cabo por el abad Oliva —con cinco naves y crucero* con siete ábsides—; la **cripta de Cuixá** (Rosellón), con una importantísima rotonda* de casi nueve metros de diámetro, o iglesias más sencillas como la de **San Jaime de Frontanyá** (Gerona). En la segunda mitad del XI hay una reacción a lo lombardo, volviendo a modelos propios; de este momento son iglesias como la de **San Pedro de Besalú** (Gerona) —de profundo ábside con deambulatorio— o **San Juan de las Abadesas** (Gerona) —con un primitivo deambulatorio con capillas radiales*—; en todas las iglesias de este segundo período abunda la decoración escultórica.

La cripta y la iglesia edificada sobre ella en **San Salvador de Leyre** pueden considerarse como las experiencias más interesantes del románico navarro del siglo XI. Sobre una cripta de cuatro naves se levanta una iglesia de tres, cubiertas por bóveda de medio cañón; una posterior ampliación de la iglesia hacia el oeste simplifica su traza, se pasa de las tres naves a una sola cubierta con bóveda de crucería ojival.

La catedral de Jaca, consagrada en 1063, época de Ramiro I, además de ser el proyecto románico más importante de Aragón, fue también modelo en el que se inspiraron muchas de las iglesias que se construyeron posteriormente en la zona castellano-leonesa; su planta y algunas de sus soluciones decorativas hallaron una importante proyección. Planta de tres naves con tres ábsides, destaca en ella la cúpula sobre el crucero, que es de crucería, de inspiración califal. Posee bellos capiteles historiados; de su decoración cabe destacar el ajedrezado* —motivo repetido desde Jaca, casi sin excepción, en toda la arquitectura románica española— y la especial disposición decorativa de sus ábsides —de los que sólo se conserva uno—, coronada por un bello tejaroz*.

En el ámbito castellano-leonés la experiencia románica más antigua es la **Antecripta de San Antolín** (Palencia), comenzada en 1034; en ella se ensaya con notable acierto una cubierta con bóveda de medio cañón y arcos fajones.

El primer proyecto importante es la iglesia de **San Isidoro** (León), trazada por Pedro Deustamben, que en planta sigue con fidelidad el modelo de Jaca; son notables algunas influencias musulmanas no por aisladas carentes de significación; de bella traza son los arcos formeros polilobulados construidos en el crucero. Junto a la iglesia se alza el antiguo Panteón Real o Pórtico de los Reyes, decorado con un importante ciclo de pinturas.

La iglesia de **San Martín de Frómista** (Palencia), fundada en 1066, es la más perfecta y equilibrada de las iglesias románicas castellanas; concebida según el modelo jaqués, todo es armonía arquitectónica en su proyecto; posee

---

deambulatorio: nave de forma circular que rodea la cabecera de la iglesia.
cripta: espacio bajo el templo empleado como lugar de veneración a las reliquias o restos de un Santo o Mártir.
crucero: nave que cruza la disposición basilical del templo.
rotonda: de forma circular.
capillas radiales: las que se disponen alrededor de la cabecera.
ajedrezado: decoración en forma de tablero de ajedrez.
tejaroz: pequeño alero volado.

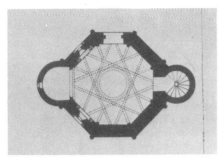

Planta de la iglesia de Torres del Río (Navarra).

Bóveda de la iglesia de Torres del Río (Navarra).

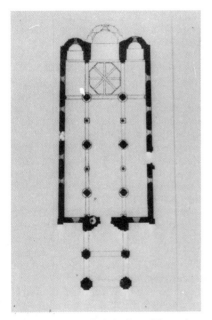

Planta de la catedral de Jaca (Huesca).

Cúpula sobre el crucero de la catedral de Jaca (Huesca).

también un excelente conjunto de capiteles historiados. A los pies de la iglesia, dos torres circulares dan al edificio una personalidad única.

En Galicia, en torno al año 1072, se comienza la que será la más importante de las iglesias románicas españolas, la catedral de **Santiago de Compostela**. Se trata de un característico proyecto de peregrinación concebido a la manera de los franceses —**San Martín** (Tours), **San Saturnino** (Toulouse), **San Marcial** (Limoges), **Santa Fe** (Conques)—; hecho que se justifica en la capital importancia que Santiago de Compostela tuvo en el fenómeno religioso de las peregrinaciones. La planta es de tres naves, con importante crucero, tribuna y deambulatorio con capillas radiales; la nave central se cubre con bóveda de medio cañón con arcos fajones, las laterales con bóveda de arista. Es la única iglesia de este tipo en España y se concluyó en torno a 1140.

El románico catalán del XII pierde la fuerza creativa de la centuria precedente, abundando en la repetición de modelos. La persistencia de las creaciones lombardas se mantiene viva en el valle de Bohí; significativo es el ejemplo de la Iglesia de **San Clemente de Tahull** (Lérida). El valle de Arán (Lérida) es otro foco importante donde se produce un tipo de románico rural en la línea de las grandes experiencias de la segunda mitad del XI. De entre los proyectos catalanes del XII destaca por su monumentalidad la **Seo de Urgel** (Lérida).

Del románico navarro del siglo XII sobresalen dos proyectos de plan central poligonal: la iglesia de **Eunate** (Muruzábal, Navarra) y la del **Santo Sepulcro** (Torres del Río, Navarra). La de Eunate perteneció a los caballeros templarios, de ahí su planta central, que recuerda los edificios de los Santos Lugares. La de Torres del Río, en la misma línea por su proyecto, posee una bellísima cúpula de nervios cruzados enraizada en la experiencia califal cordobesa.

Durante todo el siglo XI, Castilla fue un gran laboratorio de experimentación para la arquitectura románica, tanto es así que en una centuria todo el ámbito castellano se llenó de iglesias como fruto de avidez* constructiva inusitada. Dentro de este rico panorama pueden señalarse dos tendencias o escuelas predominantes: el románico de los cimborrios* y el de los pórticos.

El de los cimborrios se define en torno a tres monumentos característicos: **la catedral de Zamora, la catedral vieja de Salamanca** y la **Colegiata de Toro** (Zamora). Las tres tienen como denominador común una planta inspirada en la tradición jaquesa, y cubiertas que ya anuncian el nacimiento del gótico —estas catedrales se terminaron en fecha tardía: 1174, 1208 y 1124, respectivamente—; pero, sobre todo, es el cimborrio el elemento más característico. Esta solución arquitectónica procede de las experiencias bizantinas que se plantearon reiteradamente el problema de la cúpula, y más concretamente del arte bizantino en Grecia y de sus iglesias con cúpula y tambor sobre el crucero. En lo decorativo, fundamentalmente en esa cubierta en forma de escamas, los cimborrios castellanos se inspiran en las iglesias francesas del Poitou.

Las iglesias románicas de los pórticos adoptaron también para su planta el modelo de Jaca; por tanto, la característica que las identifica es el pórtico —generalmente orientado al sur—, que en alguna ocasión se proyectó a los dos lados del templo. Su función fue diversa, lugar de enterramiento de personas principales, punto de celebración de actos litúrgicos. Los antecedentes de esta solución se hallan en la arquitectura prerrománica española: la iglesia mozárabe de **San Miguel de la Escalada** (León) y la asturiana de **San Salvador de Valdediós**. Es la región segoviana la que más ejemplos de iglesias porticadas posee, de ahí

avidez: deseo.
cimborrio: cuerpo sobre el crucero de la iglesia.

la identificación de este tipo de iglesia con su románico; características de este estilo son las de **San Millán** —con dos pórticos—, **San Martín, San Esteban** o **San Lorenzo,** todas en Segovia. Fuera del ámbito segoviano se hallan también iglesias porticadas, es el caso de la de **San Esteban de Gormaz** (Soria) —muy sencilla, de una sola nave— o la de **San Vicente** (Avila), de construcción tardía.

Las fachadas de las iglesias de Soria acusan una importante influencia francesa; significativa en esta línea es la iglesia de **Santo Domingo,** inspirada en la de **Nuestra Señora la Grande** (Poitiers). Por su ascendencia oriental y carácter único debe recordarse el bello claustro del monasterio soriano de **San Juan de Duero.**

En Avila, además de la ya citada iglesia de **San Vicente,** destacan sus murallas, un circuito defensivo del siglo XII perfectamente conservado, con ochenta y ocho torres que refuerzan la línea de muralla.

Escultura románica

Con el arte románico la escultura adquiere un auge importante no como manifestación artística independiente, sino en estrecha simbiosis con la arquitectura. Se trata de una plástica de carácter religioso y de intencionalidad didáctica* y moralizadora dirigida a un amplio grupo social que, por su carencia de formación cultural, sólo a través de imágenes podía llegar a conocer los aspectos fundamentales de la religión. Esta lección esculpida ocupa lugares estratégicos dentro del proyecto arquitectónico: la portada —arquivoltas* y tímpano*— y los capiteles.

Es todavía una escultura falta de recursos técnicos, carácter que se acentúa por un esquematismo simbólico muy cercano a lo geométrico. Con una temática religiosa que aún no ha madurado desde el punto de vista iconológico, el escultor se ve obligado a la creación de las imágenes para un determinado tema o a la elección de repetidos modelos. Si a todo ello se une la idea del símbolo que se aparta de toda representación cercana al natural —tomada de la figuración bizantina—, se entenderá mejor esa frialdad y sensación de esquematismo casi abstracto que produce la escultura románica.

Las manifestaciones más antiguas de la plástica románica española se relacionan con técnicas y modelos visigodos y mozárabes; ejemplo característico de este momento es el **dintel de San Genis les Fonts.** Ya en la segunda mitad del XI, la escultura catalana progresa hacia formas plásticas más evolucionadas, muy interesante es el **tímpano de Santa María de Besalú.**

En Aragón se desarrolló una importante escuela escultórica, si la portada occidental de la catedral de Jaca —con el Crismón entre dos leones— es de gran importancia desde el punto de vista escultórico e iconográfico; el ciclo de capiteles historiados de este templo muestran la extraordinaria calidad de un maestro que volvería a dar testimonio de su talento en los de **San Martín de Frómista.**

De finales del siglo XI, **el claustro de Santo Domingo de Silos** (Burgos) es un conjunto escultórico de capital importancia; si sus capiteles se enraízan

didáctica: que enseña.
arquivoltas: arcos que, abocinándose en forma creciente o decreciente, forman la portada.
tímpano: espacio entre el dintel y la arquivolta.

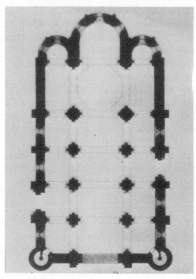

Iglesia de San Martín de Frómista (Palencia).

Planta de la iglesia de San Martín de Frómista (Palencia).

Cimborrio de la catedral de Zamora.

Cimborrio de la catedral vieja de Salamanca, *Torre del Gallo*.

en la experiencia de la tradición española, los relieves de los pilares —de gran belleza plástica y perfección técnica— hay que relacionarlos con los talleres de Moissac.

En los relieves de las **portadas de San Isidoro de León, la del Cordero y la del Perdón,** no sólo se observa la obra de dos maestros, también son evidentes dos formas de concebir la escultura. **La del Cordero,** posiblemente realizada por el escultor de la portada del Crismón de Jaca es más sencilla, con un relieve más menudo; **la del Perdón,** realizada por el maestro Esteban —que posteriormente esculpirá la de Platerías en Santiago de Compostela—, se caracteriza por un relieve más definido y perfecto, tanto en la configuración anatómica* de los personajes como en los plegados.

La gran obra de la plástica del XI y del maestro Esteban fue la **Portada de Platerías.** A pesar de actuaciones posteriores que han roto la uniformidad del proyecto general —remodelaciones después del incendio que sufrió la catedral en el segundo decenio del XII y la inserción de relieves procedentes de la Portada del Paraíso— y la colaboración de discípulos junto al maestro Esteban; en el conjunto y, muy especialmente, en temas como la alegoría de la lujuria, se observa la maduración definitiva de un escultor que ya en San Isidoro de León había dejado constancia de su buen hacer. Sus relieves destacan, muy especialmente, por la fuerza expresiva de los rostros y la bella definición corpórea de los personajes.

También del maestro Esteban —conocido como maestro de Platerías— es la **Portada de la Azabachería** (Santiago de Compostela), que fue desmontada cuando en 1738 se hizo la gran portada barroca, algunos de sus más bellos relieves pueden contemplarse ahora en la **Portada de Platerías,** es el caso de la Creación de Adán o el Rey David.

En el panorama de la escultura románica en Cataluña durante el siglo XII, la **portada de Ripoll** (Gerona) es una de las más importantes; un ambicioso proyecto escultórico que inunda de motivos toda la fachada, evocando en su disposición experiencias italianas. Frente a este ensayo, los **capiteles del claustro de San Juan de las Abadesas** (Gerona) se identifican con la tradición de la plástica catalana.

Su monumental traza y un programa escultórico inspirado en las experiencias de uno de los grandes centros franceses, Autun, dan a la portada de **Santa María la Real** (Sangüesa, Navarra) un especial interés; su autor fue el escultor llamado Leodegario, posiblemente de ascendencia* borgoñona.

La decoración escultórica de la Cámara Santa (Oviedo), San Vicente (Avila) y el Pórtico de la Gloria (Santiago de Compostela), no sólo son tres grandes experiencias con las que culmina la plástica románica; son, además, ensayo avanzado que ya plantea la problemática técnica y figurativa que va a caracterizar a la escultura gótica. No se conoce la identidad del maestro de Oviedo; **el ciclo de San Vicente,** o parte de él, puede atribuirse al maestro Fruchel; el **Pórtico de la Gloria** es la obra cumbre del maestro Mateo.

La obra del maestro Mateo concluida en 1188 es la más significativa; diseña un pórtico con una solución de tres portadas que recuerda al de la **Magdalena** (Vézelay), presidido por una gran figura de Cristo rodeado del Tetramorfos*. Un amplio programa figurativo con numerosísimas figuras inunda el espacio, destacan las de los apóstoles y las de los veinticuatro ancianos.

anatómica: referente a la anatomía, configuración del cuerpo.
ascendencia: originario de.
tetramorfos: símbolos de los Evangelistas.

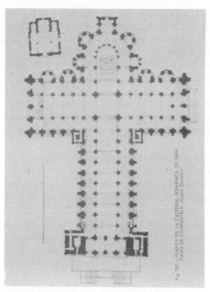

Iglesia de San Millán (Segovia).

Planta de la catedral de Santiago
de Compostela.

Relieve con la *Duda de Santo Tomás*.
Claustro de Santo Domingo de Silos
(Burgos).

Tímpano en la portada sur del crucero
de la iglesia de San Isidoro (detalle)
(León).

Portada de Platerías (Santiago
de Compostela).

Maestro Mateo: *Pórtico de la Gloria*
(detalle). Catedral de Santiago
de Compostela.

Cristo en majestad, ábside
de San Clemente de Tahull.

Cruz de don Fernando y doña Sancha
(Museo Arqueológico, Madrid).

Los personajes, de gran volumen, rompiendo el esquematismo y el hieratismo* románicos, se comunican entre sí, se mueven; e incluso alguno de ellos esboza una amplia sonrisa. El avance que el maestro Mateo logra en las soluciones escultóricas se confirma también en la bóveda de crucería ojival que cubre el pórtico.

Pintura románica y artes menores

La pintura románica, igual que la escultura, está en dependencia directa de la arquitectura. Los grandes frescos —principal manifestación pictórica del románico— decoran paredes, bóvedas, ábsides; completando un discurso simbólico-religioso que tiene su principal exponente en el templo y que se continúa a través de los programas escultórico y pictórico.

Es una pintura esencialmente esquemática, simbólica y totalmente ajena a cualquier conexión con el natural; un dibujo de trazo firme acentúa, aún más, el esquematismo y la planitud de la representación pictórica.

Técnicamente, está muy lejos de haber conseguido los recursos básicos de una pintura desarrollada; se trata de un diseño plano —lo más opuesto a los efectos corpóreos—, bidimensional*, ya que no logra la ilusión de la tridimensionalidad*. Ningún recurso perspectivo libera a la figuración pictórica de la fijación al primer término; cuando el pintor busca la creación de ámbitos debe recurrir a las líneas de color o a la disposición de esquemáticos elementos que sólo logran aislar escenas o figuras. El concepto de composición* no existe, por lo que el artista debe recurrir a ordenaciones que, con dispar habilidad, buscan una disposición idónea de los personajes y demás elementos de la pintura.

Se trata de una figuración de carácter esencialmente religioso, con una intencionalidad didáctica; los modelos iconológicos los toma del mundo bizantino, siendo los más característicos el Pantocrator rodeado del Tetramorfos y la Virgen que, a manera de trono, tiene al Niño bendiciendo sentado en sus rodillas.

La pintura románica española tiene dos importantes focos con características y peculiaridades específicas: el catalán y el castellano-leonés.

La pintura románica catalana tiene sus obras más significativas en algunas de las iglesias del valle de Bohí (Lérida), construidas en el siglo XII. **El ábside de San Clemente de Tahull,** con su majestuoso **Pantocrator** —del que no se conoce autor—, evoca la influencia que en Cataluña tuvieron las corrientes bizantinas.

En **Santa María de Tahull,** la Virgen-trono con el Niño bendiciendo que adorna su ábside, pudo ser pintada por un artista de procedencia italiana.

Este maestro pasó posteriormente a Castilla, donde dejó constancia de su formación y cualidades artísticas. Diseñó un importante programa pictórico para la **iglesia de Santa Cruz de Maderuelo** (Segovia), con temas como el **Pantocrator, Caín y Abel, la Creación de Adán** o el **Pecado Original.** También pinta las escenas religiosas del ciclo románico para la iglesia mozárabe de **San Baudelio de Berlanga** (Soria). Las pinturas con motivos profanos —animales y escenas de caza— fueron realizadas por otro maestro.

hieratismo: inmovilidad, actitud hermética, cerrada.
bidimensional: de dos dimensiones.
tridimensional: de tres dimensiones.
composición: forma de distribuir los componentes de una pintura.

El más importante ciclo pictórico del románico castellano-leonés es el que decora el **Panteón Real de San Isidoro** (León). Obra de gran perfección, fue realizada posiblemente por un maestro francés; el tema elegido fue el anuncio a los pastores. Uno de los aspectos más destacados del fresco es la habilidad del pintor para crear ámbitos valiéndose del recurso de las líneas de color y de los arbustos y demás elementos del paisaje.

La pintura sobre tabla, que se ocupó, casi exclusivamente, de la decoración de los frontales de altar, y la miniatura son también notables experiencias para el artista románico. En la región catalana hubo importantes centros dedicados a la pintura sobre madera, que estilísticamente reciben las mismas influencias que hicieron posible la realización de los grandes frescos; de entre ellos cabe destacar los de **Vich y Ripoll.**

El arte de la miniatura, partiendo de la rica tradición mozárabe, produjo obras de gran mérito; beatos, biblias y otros libros miniados muestran una especial sensibilidad del pintor ante estas pequeñas creaciones de fino diseño y fluidos colores. **El beato de Fernando I,** de hacia mitad del siglo XI, es una de las obras cumbres de este género.

En el panorama de las artes menores del románico español ocupan un lugar destacado los trabajos en marfil dedicados, en gran medida, a la producción de arquetas que se enraízan en la tradición musulmana. Se conocen, además, otras obras de singular belleza; de entre ellas, el llamado **Cristo de don Fernando y doña Sancha** —fechable hacia 1063— es la más perfecta.

La técnica del esmalte —a la manera francesa de Limoges— tuvo entre los orfebres románicos una gran aceptación, fruto de ella es el bello **frontal de Santo Domingo de Silos** (Burgos).

CUESTIONES

1. ¿Qué papel juega la bóveda de medio cañón en la dinámica general del proyecto románico?
2. Enumérense otras características representativas de la arquitectura románica.
3. ¿Qué se entiende por influencia lombarda en la arquitectura románica? ¿Cuál es su geografía?
4. ¿Cuáles son las aportaciones de la catedral de Jaca a la arquitectura románica española posterior a su construcción?
5. ¿Qué aspectos identifican a una iglesia de peregrinación?
6. ¿Qué es un cimborrio? Enumerar las llamadas iglesias castellanas de los cimborrios. ¿De dónde proviene el pórtico que tienen muchas iglesias segovianas y del ámbito castellano del siglo XII? ¿Cuál era su función?
7. Enumerar las características más importantes de la escultura románica. ¿Cuáles son sus funciones específicas?
8. Cítense los ejemplos más representativos de la plástica románica teniendo en cuenta criterios cronológicos y estéticos.
9. ¿Qué características identifican a la pintura románica? Citar los grandes conjuntos catalanes y castellanos especificando cuáles son los temas iconográficos centrales representados en ellos.

14. Arte gótico

Se define como gótico el arte que se produjo en España y en todo el occidente europeo en torno a finales del siglo XII; si la fecha que marca su comienzo no es la misma para los distintos países, todavía oscila más la de su terminación. España es uno de los centros en donde más se prolonga la pervivencia del gótico que llega a ocupar parte del siglo XVI; así, la catedral nueva de Salamanca se comenzó en 1513 y la de Segovia en 1525.

Es un arte urbano, que responde al esfuerzo de toda la colectividad; unido íntimamente al desarrollo de las ciudades de los gremios artesanales, de una burguesía que apoya su auge en el comercio.

La denominación de gótico, para este período artístico, surge en el siglo XVIII y tiene un sentido descalificador, sinónimo de bárbaro, de arte venido del norte, opuesto a la normativa que caracteriza al arte clásico; es fruto de la mentalidad de la ilustración que rechaza todo lo que no sea estrictamente clásico.

Arquitectura gótica

El elemento arquitectónico más característico del gótico es la bóveda de crucería ojival, formada por dos o más nervios que se cruzan; esta estructura es la base sobre la que descansa la plementería de la bóveda. La nueva solución arquitectónica es más flexible, gana en seguridad y forma y, además, tiene una gran independencia estructural, ya que las distintas partes que componen cada uno de los tramos de bóveda actúan sin dependencia de los demás; también son independientes entre sí los distintos tramos que forman el conjunto.

Frente al concepto de arquitectura basada en la masa, con empujes uniformes que actúan sobre todo el muro, que impone la bóveda de medio cañón, la crucería ojival permite concentrar los soportes que recibirán la presión ejercida por la bóveda, sólo en los puntos desde los que arrancan los nervios. El resto del muro, libre de su primitiva función de soporte, reduce la anchura, que ahora ya no viene impuesta por necesidades arquitectónicas, y permite —sin ningún riesgo para la solidez del proyecto— situar en él un importante cuerpo de ventanas.

Es en esta dinámica arquitectónica donde se justifica la importancia que adquiere la vidriera que, en el gótico pleno, llega prácticamente a sustituir a la pared; también el protagonismo que la luz tiene en la catedral gótica, no sólo ya como factor de iluminación, sino también como medio de valoración espacial.

En una arquitectura que basa su dinámica en concentrar el empuje y contrarresto en puntos concretos, el arbotante —arco de descarga— halla plena justificación. La gótica es una arquitectura de descarga aérea, ya que los arbotantes, volados sobre las naves laterales, reciben los empujes de la estructura abovedada en la zona de la que arrancan los nervios para transmitirlos directamente hacia los contrafuertes exteriores.

El elemento de soporte característico del gótico es el pilar, la columna no se emplea, si bien en alguna ocasión se utiliza el pilar-columna en edificios de la época de formación del gótico; en España, la utilización de este tipo de sustento es prácticamente de carácter excepcional.

Otro de los elementos que identifica a la arquitectura gótica es el arco apuntado; si bien no es una invención del gótico, ya que su origen está en el Oriente antiguo, su adopción por este arte ha hecho que se le reconozca como característico.

Pináculos*, agujas*, rosetones* y gabletes*, junto con el perfil de las galerías de arbotantes sobre las naves laterales, son, entre otros, elementos decorativos que identifican a los exteriores góticos, en los que la norma predominante es siempre la búsqueda de la ascensionalidad.

Arquitectura cisterciense

La arquitectura cisterciense tuvo en España, como en otros países, un significativo papel en el nacimiento del gótico. La orden religiosa que fundara en Borgoña Roberto de Molesme, hacia 1098, y vitalizó la excepcional figura de San Bernardo; apoyada en una regla austera, que también aplica a su arquitectura ese rigor, empleó para sus iglesias y monasterios elementos y estructuras arquitectónicas que son ya precedentes del gótico o de carácter gótico. Se trata de proyectos que buscan la mayor pureza en la construcción, utilizando elementos que son estrictamente necesarios, negando cualquier concesión a lo decorativo.

Cataluña, Aragón, Castilla y Galicia vieron surgir en su territorio un importante número de estos monasterios: **Poblet y Santas Creus** (Tarragona), **Rueda y Veruela** (Zaragoza), **Santa María de la Huerta** (Soria), **Las Huelgas** (Burgos), **Oya** (Pontevedra) y **Osera** (Orense) son algunos de los más significativos.

Uno de los aspectos más atractivos de la arquitectura cisterciense española es la solución que se da a la estructura de la bóveda de nervios en las salas capitulares. La columna, a la altura del capitel, se ramifica en nervios que se abren en forma de palmera para sustentar la plementería de la bóveda. El antecedente de este recurso está en la iglesia mozárabe˜de San Baudelio de Berlanga (Soria).

Primeros ensayos arquitectónicos, el gótico primitivo

Algunas iglesias del románico tardío guardan en sus cubiertas las primeras experiencias de la bóveda de crucería ojival; se trata, generalmente, de proyectos totalmente románicos que tienen cubierta la nave central con crucería gótica, aunque no participan todavía de las ventajas que se derivan de su utilización. Así ocurre en catedrales como la de **Orense, Zamora, la vieja de Salamanca,** en la **Colegiata de Tudela** (Navarra) o en la **iglesia de San Vicente** (Avila). Muy significativas de este período de transición son las **catedrales de Lérida** y

---

pináculo: remate apuntado de un chapitel gótico.
aguja: chapitel más delgado y puntiagudo.
rosetón: ventana o vano circular.
gablete: ángulo apuntado, terminado en aguja, sobre las ecuaciones de la portada gótica.

Tarragona; su estructura más avanzada y las cubiertas de nervios las acercan a los proyectos del gótico primitivo.

El más antiguo proyecto dentro del período que ha sido llamado gótico primitivo es la **catedral de Avila;** con importantes influencias francesas, su cabecera se adentra en uno de los bastiones* que defienden la muralla. La parte más antigua e importante de la catedral es la cabecera; un desarrollado presbiterio —diseñado para acoger el coro— está rodeado de un doble deambulatorio que aporta la novedad de utilizar la columna como soporte. En el presbiterio, el arquitecto —posiblemente el maestro Fruchel— empleó bóveda sexpartita en los tramos y de siete paños para cubrir la forma poligonal con que termina. El resto de la catedral se concluyó en época más tardía.

La catedral de Cuenca es la primera experiencia plena del gótico primitivo español, sus soluciones arquitectónicas están en la línea de los grandes proyectos franceses del primer gótico; más concretamente, hay significativos paralelismos con la catedral de Laón.

La utilización del pilar-columna como elemento de soporte, arcos formeros apuntados, tribuna, claristorio* y bóveda sexpartita*, justifica la semejanza con el modelo francés. La decoración geométrica en dientes de sierra —típica del románico normando en Inglaterra— es importante elemento ornamental en Cuenca; estableciéndose un curioso paralelismo, en el gusto por ese tipo de decoración, con catedrales como la de Durham. Este trasvase de elementos arquitectónicos y ornamentales encuentra justificación plena en la gran influencia que el románico normando ejerció sobre el gótico primitivo de Francia, por cuya influencia llegan a España.

Las grandes catedrales del XIII

Las de Burgos, Toledo y León son las catedrales españolas del XIII consideradas como prototipos del gótico; de tal manera que algunos especialistas no dudan en calificarlas como «clásicas», ya que en su arquitectura se justifican plenamente las peculiaridades que identifican el estilo.

La bóveda sexpartita cede paso a la cuatripartita, los arcos formeros* —más esbeltos— apoyan en pilares, la tribuna cede su lugar al triforio*, que, a su vez, permite ampliar el cuerpo de ventanas o claristorio.

La catedral de Burgos tiene tres naves, crucero y deambulatorio con capillas radiales, fue comenzada hacia 1221 y se consagró en 1260. Su planta evoca los modelos franceses; el triforio se inspira en el de la catedral de Bourges. La fachada, el cimborrio y la llamada Capilla del Condestable —construida en la cabecera— son obras tardías fechables dentro del siglo XV.

La catedral de Toledo, comenzada en torno a 1226, tiene planta de salón; su proyecto se inspira en la de Notre Dame de París. Tiene cinco naves y una importante cabecera con doble deambulatorio y capillas radiales. Sólo tiene triforio en la cabecera; en su diseño, el arquitecto Petrus Petri da una nota de mudejarismo al utilizar arcos polilobulados de procedencia musulmana.

bastión: elemento defensivo.
claristorio: cuerpo de ventanas.
bóveda sexpartita: bóveda gótica formada por tres nervios que se cruzan en el centro.
arcos formeros: paralelos al eje longitudinal del templo, permiten el paso entre naves.
triforio: cuerpo de ventanas de carácter decorativo que, generalmente, se sitúa a ambos lados de la nave mayor del templo.

Sala Capitular del Monasterio de las Huelgas (Burgos).

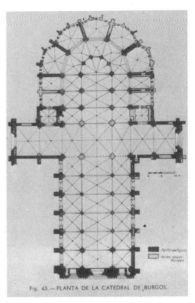

Fig. 45.— PLANTA DE LA CATEDRAL DE BURGOS.

Planta de la catedral de Burgos.

Fachada de la catedral de Burgos.

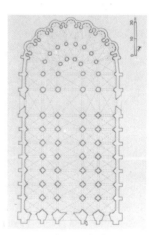

Planta de la catedral de Toledo.

Catedral de Palma de Mallorca.

Catedral de Sevilla.

Fachada de San Pablo (Valladolid).

Virgen Blanca. Portada principal de la catedral de León.

Tímpano de la portada principal
de la catedral de León.

Tímpano de la portada del Sarmental,
de la catedral de Burgos.

Pedro Johan: *Medallón con San Jorge*
(Palacio de la Diputación, Barcelona).

Sepulcro de don Martín Vázquez de Arce,
«el Doncel». Catedral de Sigüenza
(Guadalajara).

De entre las grandes catedrales góticas españolas, la de León, comenzada hacia 1250, además de identificarse con los modelos franceses del gótico clásico, supone la maduración definitiva del estilo. La planta —tres naves, crucero de cinco naves, dos tramos de coro y cabecera con deambulatorio y capillas radiales— está inspirada en la de Reims; el alzado recuerda el de Amiens; la fachada evoca a la de Chartres.

León es también la catedral gótica española en la que mejor se cumple el principio de estructura diáfana; las paredes ceden su lugar a las vidrieras que inundan de luz la catedral haciendo realidad una de las grandes aspiraciones del gótico, el protagonismo de la luz.

Arquitectura gótica española del siglo XIV

Cataluña, que durante el siglo XIII no recibe la influencia de Francia, permaneció durante esta centuria sin producir obras dignas de mención; mientras que Castilla llevaba la arquitectura gótica española a la plena madurez.

Con el siglo XIV comienza para Cataluña un período de esplendor político y económico que le llevan a ser una auténtica potencia marítima dentro del Mediterráneo; con la conquista de Valencia y de Baleares se afirma su dominio sobre la cornisa levantina. Surge una floreciente burguesía que apoya su poder en el comercio; las ciudades toman conciencia de su entidad urbana, se crean gremios* y asociaciones a la vez que se organizan los poderes públicos dentro de las comunidades urbanas.

Estas son las bases en las que se apoya el gran desarrollo que la arquitectura gótica tuvo, durante el siglo XIV, en este ámbito español bañado por el Mediterráneo.

Como sucedió en las ciudades de los Países Bajos, el gótico deja ahora de ser un arte exclusivamente religioso para abrir sus posibilidades a una arquitectura civil que dentro de la ciudad rivalizó —en cierta manera— con el edificio religioso. La lonja, el ayuntamiento, la casa del consejo o el palacete del burgués son nuevos puntos de referencia dentro de un contexto urbano hasta ahora dominado sólo por la silueta de la catedral.

El edificio público es ahora un bien comunal*, como lo es el templo; la lonja o el ayuntamiento simbolizan a la ciudad igual que su catedral. Fue este sentimiento de conciencia urbana, unido al auge económico, lo que favoreció las nuevas construcciones.

El arte gótico del ámbito catalán y levantino es una personalísima elaboración de las tradicionales formas del gótico; partiendo de planteamientos arquitectónicos semejantes y de la utilización de los mismos elementos estructurales, surge un lenguaje arquitectónico de una gran originalidad que es fruto de un espíritu creador distinto.

La nueva arquitectura se caracteriza por un marcado acento de sencillez. Al exterior, la ausencia casi total de decoración —que lleva incluso a reducir considerablemente el número de pináculos—, el predominio de las formas prismáticas o cúbicas, el ritmo plano de los muros —que no sólo evita el juego dinámico de volúmenes, sino que aminora el número de vanos— o el ritmo geométrico de la cabecera —con el dominio del trazado poligonal— son cualidades que acentúan un nuevo carácter del gótico basado en la sencillez. Los interiores mantienen idéntica línea de sobriedad; se suprime el crucero para favorecer la

gremios: corporaciones ciudadanas.
bien comunal: de toda la comunidad.

unidad espacial, las bóvedas de nervios simplifican su traza, los pilares siguen la pureza derivada de lo geométrico. Muy característico de estas iglesias son las capillas entre los contrafuertes*.

En los distintos núcleos urbanos abundan las iglesias pequeñas, de una sola nave, que, igual que los proyectos monumentales, son fruto de ese nuevo espíritu del gótico; ejemplo significativo de este tipo de construcción es la **Iglesia de Santa María del Pino** (Barcelona).

Las ciudades importantes no renunciaron a la construcción de catedrales que por su monumentalidad fueran símbolo del auge económico de sus gentes; así ocurre en Palma de Mallorca, Barcelona y Gerona.

La catedral de Palma de Mallorca es fruto de un amplio período de construcción; comenzada a principios del siglo XIV, no se concluye hasta bien entrado el XVI; la parte más antigua y original de su traza es la cabecera. La planta es un proyecto de tres naves, con capillas entre los contrafuertes y una cabecera escalonada de forma piramidal; la **Capilla de la Santísima Trinidad** —con dos pisos— y la **Capilla Real** —entre capillas laterales— confirman la original cabecera.

La más absoluta sobriedad es la nota que caracteriza el exterior de esta catedral; una cierta frialdad derivada de los perfiles de carácter geométrico, la monotonía de los muros, sólo rota por el ritmo de abundantes contrafuertes, y la ausencia de elementos de carácter ornamental, acentúan la austeridad de su exterior.

De las grandes catedrales del XIV, **la de Barcelona** es la que hace más concesiones a la tradición arquitectónica del gótico; a pesar de ello, no se aparta de las normas esenciales que caracterizan al gótico del XIV en la zona. Tiene tres naves, capillas con doble tramo entre los contrafuertes, un pequeño triforio y amplio deambulatorio con capillas radiales.

Si exceptuamos la fachada principal, que en su traza recuerda a las del gótico castellano, el exterior de la catedral de Barcelona sigue las normas características del gótico levantino en cuanto a sobriedad y desinterés por lo decorativo; mesura y racionalidad a las que tampoco es ajena la fachada principal, a pesar de las evocaciones a diseños típicos del XIII.

La catedral de Gerona se proyecta inspirándose en la de Barcelona, posteriormente surgen modificaciones al diseño original, aunque no se perdió totalmente la fidelidad al modelo. Un profundo presbiterio, rodeado de un deambulatorio con capillas radiales, posibilitaba un templo con tres naves que seguiría más de cerca la planta de Barcelona; en la alteración de esta norma radica la peculiaridad de la catedral de Gerona, que optó por una nave única con capillas entre los contrafuertes.

Arquitectura civil

Como sucedió en las ciudades del ámbito de los Países Bajos, junto a la arquitectura religiosa se dio un importante desarrollo de la arquitectura civil: casas del consejo, lonjas, atarazanas, edificios públicos que acogen instituciones ciudadanas, palacetes burgueses, dan a la ciudad una configuración nueva y distinta.

De la **lonja de Barcelona,** construida por Pedro Arvey, queda el gran salón de Contrataciones, fechable hacia 1392. Su estructura es de tres naves con pilares que soportan amplios arcos de medio punto; este tipo de solución arquitectónica

contrafuertes: soporte, en forma de pilastra, que refuerza el muro.

y espacial es la que se ha llamado construcción de espacios diáfanos, que fue característica de los edificios públicos catalanes.

Idéntico recurso se empleó en la construcción del gran salón de la **Casa del Consejo de Ciento,** órgano de gobierno de la ciudad de Barcelona, obra de Pedro Llobet, terminada en 1373, de una sola nave y cubierta de madera sostenida por importantes arcos de medio punto.

Las atarazanas de Barcelona, de época de Pedro el Ceremonioso, fueron construidas por Arnau Ferrer y Joan Janer inspirándose en modelos musulmanes tomados de Italia. Su diseño es a la vez sencillo y monumental, grandes naves con pilares simples, como soporte, y amplios arcos de medio punto.

Unico por su planta y de inspiración probablemente italiana es el **Castillo de Bellver** (Palma de Mallorca); concluido hacia 1314, es de planta circular en torno a un patio de la misma traza. El cuerpo inferior lleva arcos de medio punto; el superior, apuntados.

A lo largo del siglo XV, la arquitectura civil del ámbito catalán y levantino continúa produciendo importantes edificios; uno de los más significativos es el **Palacio de la Generalidad** (Barcelona). Comenzado en 1416, es obra de Marc Çafout. Ordenado en torno a un patio con tres tramos —bajo, medio y alto— de ritmos arquitectónicos distintos, posee una sobria pero bien ordenada fachada. De una gran belleza ornamental, como corresponde a la época tardía en que se construye, es la **Capilla de San Jorge** de este palacio.

Con soluciones arquitectónicas semejantes, las **lonjas de Palma de Mallorca** y de **Valencia** —comenzadas en 1426 y 1483, respectivamente— muestran la proyección que los edificios dedicados al comercio tienen en la zona de influencia de Cataluña. Obras de Guillermo Sagrera y Pedro de Compte, lo más significativo de su traza es la estructura de la Sala de contratación. Siguiendo la experiencia iniciada en la iglesia mozárabe de San Baudelio de Berlanga (Soria), que posteriormente se empleó en las salas capitulares de los monasterios cistercienses, el espacio rectangular queda ordenado en naves formadas por columnas —aquí de fuste con estrías* en espiral— que a la altura del capitel abren un haz de nervios en forma de palmera.

El diseño y ordenación de las fachadas se caracteriza por la sobriedad basada en los ritmos geométricos y en lo mesurado de la decoración; muy significativas son las pequeñas torres octogonales de la de Palma de Mallorca y su coronación almenada.

Catedrales de la primera mitad del siglo XV

Siguiendo una línea arquitectónica y ornamental semejante a la del siglo XIII, en la primera mitad del XV se construyeron un gran número de catedrales; las más importantes son las de **Oviedo, Pamplona, Murcia, Astorga, Ciudad Real** y **Sevilla.** En todos los casos, la construcción se prolongó hasta el siglo XVI, y algunas tienen fachadas más tardías.

Por su monumentalidad y la originalidad de la planta, la **catedral de Sevilla** está entre las más destacadas. Levantada sobre el solar que ocupó la mezquita almohade, tiene planta de salón y estructura de cinco naves; fue consagrada en 1519. De gran belleza es la bóveda de crucería que Juan Gil de Hontañón ideó para cubrir el espacio del crucero ocupado por el primitivo cimborrio, que se hundió en 1511.

---

estrías: moldura o canal que se emplea para decorar, fundamentalmente, el fuste de las columnas.

El gótico flamígero o isabelino

El flamígero o isabelino, también llamado gótico de la época de los Reyes Católicos, por identificarse con su reinado; fue una interesante experiencia que surgió en la línea del gótico decorativo de algunos centros europeos, evolucionando posteriormente —al incorporar elementos de la tradición hispana, como lo mudéjar— hacia un estilo más propio.

La arquitectura cede ahora el protagonismo a una abundante decoración que llega a ocultarla entre ritmos ornamentales de gran vigor, fruto de una poderosa imaginación. Escudos y otros motivos heráldicos, esculturas, elementos vegetales, pináculos, galerías caladas, decoración de bolas, cairelados y angrelados*, son elementos característicos de un abundante programa ornamental que, en muchos casos, recuerda más una labor sobre madera que en piedra. La adopción de arcos como el carpanel o el tudor, y muy especialmente los de trazado mixtilíneo, acentúa aún más la intencionalidad decorativa.

El flamígero es un arte de carácter cortesano patrocinado por los Reyes, de ahí el gran número de fundaciones reales; realizado también bajo el mecenazgo de la más alta nobleza: los Mendoza o los Velasco, entre otras significativas familias nobiliarias. Las construcciones no se caracterizan por la monumentalidad —entendida como gran proyecto—; son edificios pequeños en el trazado, pero muy atractivos por el brillante lenguaje de su decoración.

De entre las fundaciones reales destacan: **San Juan de los Reyes** (Toledo) y la **Capilla Real** (Granada), que unen a su importancia el ser obras modélicas del estilo isabelino.

El conjunto de **San Juan de los Reyes** es obra de Juan Guas, fundado por Isabel la Católica y dedicado a San Juan Evangelista, es una ofrenda de la Reina al Santo por la victoria de Toro. La iglesia es de una sola nave con capillas entre los contrafuertes, tiene crucero —aunque no sobresale de la anchura de la nave— cubierto por un bello cimborrio; la cabecera es de traza poligonal. El interior de la iglesia posee un rico proyecto ornamental que se acentúa por el complejo diseño de nervios en estrella que muestran sus bóvedas. Adosado al templo hay un hermoso claustro, en dos plantas, obra también de Juan Guas.

La **Capilla Real de Granada** se funda por voluntad de Isabel la Católica el mismo año de su muerte, 1504; la obra fue proyectada por Enrique Egas y está en la línea de San Juan de los Reyes. Proyectada como panteón real, también por deseo de la Reina, la iglesia está ya prácticamente concluida en 1517; cuatro años más tarde ya descansaban en ella los cuerpos de los Reyes Católicos. La planta es una cruz latina, con el crucero poco desarrollado, una nave, capillas entre los contrafuertes, cabecera poligonal y coro a los pies. Menos decorada interiormente que San Juan de los Reyes, posee interesantes soluciones de bóvedas con nervios en estrella.

Muy significativas del tipo de fachada isabelina son las del **Colegio de San Gregorio** —que posee además un bellísimo patio de dos plantas— y la del **Monasterio de San Pablo**, ambas en Valladolid. Destacan también entre las fundaciones de esta época: los **monasterios del Parral** y la **Santa Cruz** (Segovia), la **Cartuja de Miraflores** (Burgos) y **Santa María** (Aranda de Duero, Burgos).

---

cairelados y angrelados: arco decorado en el intradós con lóbulos que se cruzan formando una crestería de picos.

Arquitectura gótica tardía, el siglo XVI

La muestra más evidente del gran carisma* y aceptación que la arquitectura gótica tuvo en España son las grandes catedrales del XVI: la de **Plasencia,** la **nueva de Salamanca** y la de **Segovia.** Después del flamígero, donde el protagonismo de la decoración había eclipsado la práctica pura de la arquitectura gótica, no parecía posible que ésta volviera a surgir con la fuerza de antaño. La construcción de estos tres importantes proyectos demuestra que la decadencia no ha llegado y que el afán creativo se mantenía vivo en los años que marcan la transición del siglo XV al XVI.

La **catedral nueva de Salamanca** y la de **Plasencia** se fundaron en esa época de transición, aunque se construyen en los primeros decenios del XVI; la de **Segovia,** muy tardía —las obras se iniciaron en 1525—, es el más claro ejemplo del fuerte atractivo que la arquitectura gótica ejerce en una época en la que han surgido los primeros monumentos del Renacimiento.

Los tres proyectos siguen, en líneas generales, la normativa emanada de Francia e impuesta por el gótico clásico español, con modificaciones justificables por la fecha en que se construyen; muy significativo es el uso de bóvedas con nervios en estrella que caracteriza a los edificios góticos tardíos.

Escultura gótica

Con el gótico, la plástica comienza a abandonar el esquematismo y simbolismo que habían caracterizado a la escultura románica, evolucionando hacia unas representaciones que, cada vez más, se acercan al naturalismo.

Esta vuelta al natural se observa en la anatomía humana, en los pliegues de los mantos y en todos y cada uno de los detalles de las composiciones escultóricas. El rostro de los personajes es objeto de especial atención para el escultor que, al modelarlo, busca definir facciones e imprimirle vitalidad a través de la mirada y la expresión. Progresivamente asistimos a un proceso de individualización de las figuras que enriquece las composiciones escultóricas. Los personajes se hacen más flexibles, abandonan la rigidez anterior y adoptan actitudes y gestos naturales; pierden el aislamiento a que estaban sometidos en la plástica románica para relacionarse entre sí a través de la mirada o del gesto. El escultor lleva a los rostros la alegría, la pena o cualquier otro sentimiento anímico, acercando así la representación escultórica al plano de lo real.

Escultura del siglo XIII

Burgos y León son los dos grandes centros de elaboración plástica durante el siglo XIII, las portadas de sus respectivas catedrales acaparan la atención y el trabajo de los más importantes maestros.

En la catedral de Burgos destacan las dos portadas que ocupan los brazos del crucero. **La del Sarmental,** la más temprana, que debió realizarse hacia 1240, ocupa el lado sur del crucero. De su programa escultórico destaca el tímpano con el Pantocrator y el Tetramorfos; el dintel*, que acoge las imágenes de los

---

carisma: poder de atracción.
dintel: soporte horizontal.

Apóstoles y la figura del obispo don Mauricio en el parteluz*. El conjunto es obra de tres maestros; el más importante, que trabajó en el tímpano, acusa su formación francesa.

Como en arquitectura, la escultura española del siglo XIII está dominada por las influencias procedentes de las corrientes francesas; de tal forma que los talleres hispanos encontraron en sus experiencias técnicas e iconográficas un importante medio de inspiración.

La de la Coronería, en el lado norte del crucero, es algo más tardía, debió realizarse en torno a 1245. En el tímpano se halla el Cristo Juez rodeado de las imágenes de la Virgen y San Juan; en el dintel, completando el ciclo del Juicio, que comienza en el tímpano, los bienaventurados y los condenados. En las jambas se distribuyen las figuras de los Apóstoles. También en esta portada el escultor que realizó el tímpano está relacionado con las grandes escuelas francesas.

El conjunto escultórico de la catedral de León está entre los más importantes de la plástica gótica española, las seis portadas decoradas con un gran número de figuras son un importante taller de experiencias; los especialistas señalan la participación de tres grandes escultores que dirigieron el ambicioso proyecto.

En portadas como la del **Juicio Final,** la de **San Francisco** o la de **San Juan** se pone de manifiesto el avance de los recursos técnicos y la riqueza y variedad de los programas iconográficos. Uno de los aspectos más sugestivos del conjunto escultórico de León es el poder valorar la evolución de la plástica bajo la óptica personal de maestros, de distinta personalidad artística, comprometidos en la elaboración de un gran proyecto, que se convierte en un auténtico laboratorio de experimentación.

El escultor conocido como maestro de Burgos, por sus trabajos en la portada de la Coronería, autor en León de algunas de las más importantes figuras de la portada del Juicio Final, es el creador de una de las más hermosas esculturas del gótico español: la **Virgen Blanca** del parteluz de esta portada. La imagen, elaborada con admirable perfección técnica —que se pone de manifiesto desde la sabia disposición del plegado del manto al más pequeño detalle del rostro, el cabello o el tocado— es poderosamente atractiva por la bondad que adorna su expresión y la delicadeza de un rostro iluminado por la sonrisa.

Otros programas decorativos completan el rico panorama de la escultura española del siglo XIII: la **portada norte de la catedral de Avila, la del Reloj** de la catedral de Toledo, **la principal de la catedral de Tarragona** o el sugestivo **Pórtico del Paraíso** de la catedral de Orense —en el que se mantiene vivo el recuerdo a la obra del maestro Mateo— están entre las más sugestivas experiencias a destacar fuera de los grandes centros.

Escultura del siglo XIV

El siglo XIV aporta innovaciones significativas en cuanto a los desarrollos de la plástica; los ecos de la experiencia francesa —que habían sido determinantes en la escultura española de la centuria precedente— no se pierden por completo, pero son fuertemente matizados por influencias internas.

Uno de los más importantes proyectos de este siglo es la decoración de la **Portada del Perdón** de la catedral de Toledo; obra de un maestro de calidad, puede considerarse como una de las más sugestivas experiencias del siglo XIV.

parteluz: columna o pilar que divide un vano, puerta o ventana.

El tema del tímpano, **la Imposición de la Casulla a San Ildefonso por la Virgen,** sorprende por su hábil composición, la elegante movilidad de las figuras y una vitalidad acentuada por el lenguaje del gesto. El **Cristo** del parteluz y demás figuras de la portada se deben a otro maestro, aunque mantienen una aceptable calidad.

La portada del Perdón contrasta con la tendencia de algunas portadas del XIV hacia un proyecto con esculturas de menor tamaño, lo que permite aumentar el número de personajes. Este hecho es muy significativo en los tímpanos que ordenan los temas religiosos en espacios superpuestos, enriqueciendo así el lenguaje narrativo de la figuración escultórica. Este tipo de portada, que acusa la influencia mudéjar, tiene en la llamada **del Reloj** de la catedral de Toledo un bellísimo antecedente.

A la catedral de Toledo pertenecen otras obras de notables interés, como: los **relieves de la capilla de San Ildefonso** o los de la **Cerca del Coro;** de entre las esculturas de bulto redondo deben destacarse: el **Crucificado** que corona la reja del altar mayor y la bellísima figura de alabastro* policromado de la **Virgen Blanca.**

La escultura gótica navarra es de un gran interés, si la **fachada principal de la Iglesia de Santa María la Real** (Olite) o la de la **Iglesia del Santo Sepulcro** (Estella) muestran una plástica madura, elaborada con una depurada técnica, la escultura navarra logró su cénit en la llamada **Puerta Preciosa** del claustro de la catedral de Pamplona, con escenas de la vida de la Virgen, destacando las dedicadas a su tránsito. Riqueza iconográfica y fuerza narrativa, flexibles composiciones, perfección, rigor técnico, distinción y atractivo naturalismo son algunas de las cualidades que hacen de esta portada una obra maestra.

En el País Vasco destacan los programas decorativos de algunas iglesias de Vitoria. **Las tres portadas de la catedral vieja,** con tímpanos de indudable interés, quedan eclipsadas ante la belleza y perfección de la **portada de la Iglesia de Santa María de los Reyes** (La Guardia). Un magnífico proyecto con escenas de la vida de la Virgen —que se reparten en los tres ámbitos en que se divide el tímpano— culmina con la hermosa figura de María con el Niño que decora el parteluz.

Cataluña produjo un importante número de retablos en piedra de trazado muy diverso y gran originalidad, Gerona y Lérida conservan un abundante número de ellos; el de la **Virgen Blanca** (San Juan de las Abadesas, Gerona), presidido por una bella figura de la Virgen con el Niño; el de **Cornellá Conflent** (Pirineos), obra de Jaime Casalls, o el retablo mayor de la **Iglesia de San Lorenzo** (Lérida), del maestro Bartolomé Rubió, están entre los más significativos. La talla en madera tiene en la **sillería episcopal del coro de la catedral de Gerona,** obra del maestro Aloy, su ejemplo más importante.

Escultura del siglo XV y transición al XVI

El panorama de la escultura española del XV es de gran riqueza e interés, la ya importante experiencia española se vio enriquecida por la llegada de influencias flamencas y, muy especialmente, de la importante escuela formada en Borgoña en torno a la figura del maestro Claus Sluter.

La escultura catalano-aragonesa tiene a su máximo representante en el escultor Pedro Johan, uno de los maestros más importantes de la plástica europea de su tiempo. Su poderosa creatividad y una rigurosa perfección técnica dan

alabastro: mineral blanco o amarillento de fácil elaboración escultórica.

a su producción un singularísimo atractivo; el **Medallón de San Jorge,** alto relieve que decora la Portada del Jardín (Diputación, Barcelona); el **Retablo de la Catedral de Tarragona** —de piedra blanca y alabastro—, realizado entre 1426-1433, y su participación en el **Retablo de la Seo** (Zaragoza), muestra de una importante evolución en su estilo, recogen lo más significativo de la producción del gran maestro.

En Palma de Mallorca la escultura del XV tiene sus ejemplos de mayor interés en la obra de Pedro y Guillermo Sagrera. En la **Portada del Mirador** de la Catedral, obra que ya recoge la labor de maestros del siglo anterior, dejó Pedro Sagrera algunas importantes figuras. La actividad de Guillermo se centró, fundamentalmente, en la **decoración de la lonja de la ciudad;** muy bella es la figura del ángel de su portada.

Castilla fue centro de una extraordinaria escuela de escultura; Toledo, Burgos y Valladolid, entre otras ciudades, guardan importantes trabajos que justifican la relevante personalidad de los escultores que los produjeron, figuras como las de Juan Alemán, Egas Cueman, Felipe Vigarny, Gil de Siloe, Diego de la Cruz o Simón de Colonia hicieron posible tan valiosas obras.

Toledo conserva un rico legado escultórico que se caracteriza por una poderosa influencia flamenca; así se desprende de los trabajos de Juan Alemán en la **Puerta de los Leones** de la catedral, de la que cabe destacar el tímpano con el árbol de Jessé, y de las figuras labradas por Egas Cueman para la misma puerta. La **cerca del altar de la catedral,** obra de varios maestros, es también un ejemplo definitivo del estilo que se ha llamado hispano-flamenco.

Obra cumbre de la escultura en madera policromada del gótico final es el **retablo mayor de la catedral de Toledo,** iniciado en 1498 se concluye hacia 1504. Un rico programa iconográfico con escenas de la vida de Cristo fue esculpido con extraordinaria perfección por Diego Copín, Cristiano y Felipe Vigarny —los dos primeros, holandeses; el tercero, natural de Borgoña—; la policromía es obra de Juan de Borgoña.

En la Cartuja de Miraflores (Burgos) se conservan algunas de las más significativas obras de Gil de Siloe; el **Retablo Mayor,** realizado entre 1496-1499, con la colaboración de Diego de la Cruz, es la más importante. De gran originalidad, todo el diseño del retablo gira en torno al medallón central con una magnífica figura de Cristo crucificado. De sus trabajos en el campo del retablo merece destacarse también el de **Santa Ana** en la Capilla del Condestable (Catedral de Burgos).

Gil de Siloe fundó una importante escuela escultórica; a sus discípulos se debe la extraordinaria **fachada del Colegio de Santa Cruz** (Valladolid), en donde el mudejarismo del gótico isabelino se manifiesta con toda plenitud.

En Burgos trabajaron también dos escultores de la familia Colonia, Simón y Francisco, hijo y nieto del arquitecto Juan de Colonia, artista de origen alemán. La obra cumbre de Simón fue la **Capilla del Condestable Pedro Fernández Velasco** (Catedral de Burgos); la de Francisco, el **Retablo Mayor de la Iglesia de San Nicolás** (Burgos). La influencia de los Colonia llega a Valladolid, a ellos y a sus discípulos se debe la bella **fachada de San Pablo** de esta ciudad.

En Andalucía, la ciudad de Sevilla acoge la obra de un significativo maestro: Lorenzo Mercadante de Bretaña; en su arte se unen las experiencias borgoñona y flamenca. Su trabajo más importante fue la decoración de la **Portada del Nacimiento** (Catedral de Sevilla) y su participación en la **del Bautismo.** Discípulo de Mercadante fue Pedro Millán.

De entre los grandes retablos españoles, **el de la catedral de Sevilla** ocupa, junto con el de la de Toledo, un destacado lugar; iniciado por el artista flamenco Pieter Dancart, en su mayor parte es obra de Jorge Fernández con la ayuda de discípulos. Un amplio programa iconográfico con escenas del Nuevo Testamento, labradas con detalle, finura y extraordinaria habilidad técnica, da al retablo un rico contenido.

Sepulcros y sillerías de coro

Desde el siglo XIII, y muy especialmente a lo largo del XIV y XV, los sepulcros labrados para grandes personajes —reyes, nobles, eclesiásticos— constituyen, además de un amplio capítulo de la escultura, una interesante manifestación de sus posibilidades. Uno de los aspectos más llamativos es su variada tipología; desde la sencillez del sarcófago de paredes con relieves hasta la ostentación de complicados proyectos funerarios, en los que arquitectura, ornamentación y decoración escultórica se complementan, hay un amplio número de ensayos y modelos intermedios.

En el XIII, el tipo de sarcófago de planos decorados o esculpidos tiene sus ejemplos más significativos en algunos de los **sepulcros del Monasterio de las Huelgas** (Burgos), el del **Infante don Fernando** o **el de la Infanta doña Berenguela** son característicos. Esculpir una figura del personaje yacente y colocarla sobre el sarcófago supone un avance importante en favor de la monumentalidad y la personificación del proyecto funerario, es el caso del **sepulcro del Infante don Felipe** y su esposa **doña Leonor Rodríguez de Castro** (Iglesia del Villalcázar de Sirga, Palencia). El diseño en el que el sarcófago —a modo de altar— está inserto en un muro en el que se crea una ambientación arquitectónico-decorativa que puede identificarse como un pequeño retablo tiene en **el del obispo Martín** (Catedral de León) uno de sus primeros ensayos.

A lo largo del siglo XIV se perfeccionaron y enriquecieron decorativamente estos modelos; del tipo sarcófago con yacente y rica decoración de relieves en los planos del cenotafio destacan: el del **obispo Gonzalo de Hinojosa** (Catedral de Burgos) y el del **cardenal Gil de Albornoz** (Catedral de Toledo). Representativo del tipo más monumental, con un programa escultórico más rico, es el del **obispo Domingo Arroyuelo** (Catedral de Burgos).

En el siglo XV, además de mantener y perfeccionar los modelos precedentes, se crean nuevas tipologías; el proyecto más innovador es el que representa al personaje o los personajes vivos, en actitud orante o reflexiva, el de **don Alonso Velasco** (Guadalupe, Cáceres), obra de Egas Cueman; el del **Infante don Alfonso** (Cartuja de Miraflores, Burgos), labrado por Gil de Siloe; el de **los condes de Tendilla** —don Iñigo López de Mendoza y doña Elvira de Quiñones— (Iglesia de San Ginés, Guadalajara), o el de **don Martín Vázquez de Arce «el Doncel»** (Catedral de Sigüenza, Guadalajara), son representativos de este modelo. Por la importancia que tuvo para el posterior desarrollo del cenotafio exento, deben destacarse los sepulcros del **condestable don Alvaro de Luna y su esposa** (Catedral de Toledo), atribuidos a Sebastián Almonacid.

Las sillerías de coro son otra importante faceta de la plástica gótica; en su elaboración el relieve alcanzó una de sus más refinadas muestras; el maestro más destacado fue Rodrigo Alemán. Entre 1489 y 1495 esculpió los **sitiales bajos del coro de la catedral de Toledo,** que fue concluido en el siglo XVI por Alonso Berruguete y Felipe Vigarny; de finales de siglo son dos importantes obras, las **sillerías de las catedrales de Plasencia** (Cáceres) y **Ciudad Rodrigo** (Salamanca). Se considera también obra próxima a su estilo el **coro de la catedral de Zamora.**

Significativo por su belleza y el rico programa iconográfico que posee —temas del Antiguo y Nuevo Testamento— es el **coro de la catedral de Sevilla,** obra de Nufro Sánchez y Pieter Dancart.

Pintura y artes menores góticas

La pintura gótica es un arte sobre tabla; la arquitectura de este período no favorece el desarrollo de murales sobre paredes y bóvedas; de ahí que el pintor deba recurrir a la pintura de caballete; la opción monumental estará en la decoración de retablos. Se da un proceso, semejante al que tiene lugar en la plástica, de abandono del esquematismo y simbolismo que caracterizan al Románico, en favor de una búsqueda del naturalismo.

Los personajes adquieren vitalidad y hacen más flexible y armoniosa su anatomía; los rostros se valoran con rasgos individuales, acentuando su realidad a través de la mirada y el gesto. El pintor dota a los personajes de sentimientos y enriquece sus posibilidades expresivas con una rica gama de actitudes.

En la evolución de la pintura son fundamentales las innovaciones derivadas del avance de los recursos técnicos. Un dibujo fluido de líneas finas y flexibles, los colores que ahora surgen con más intensidad de la superficie bien imprimada* de la tabla, la búsqueda del volumen que da corporeidad a los personajes, los efectos producidos por una más hábil utilización de la luz y, muy especialmente, el inicio de un largo camino de ensayos que llevó a la ruptura de la bidimensionalidad —que sujetaba a la figuración en primer término— para conseguir los efectos de la ilusión óptica tridimensional, son algunas de las experiencias que favorecieron el desarrollo de la pintura.

Con el gótico surge una rica iconografía religiosa en la que, además de los tradicionales temas del Antiguo y Nuevo Testamento, hallan cabida las escenas que narran los hechos más significativos de la vida de los Santos. Junto a ella, surge una nueva figuración pictórica con temas de carácter profano —galantes, caballerescos, de costumbres— que proyectan la pintura fuera del ámbito religioso y la acercan al sentimiento y vivencias populares; el desarrollo de la pintura de caballete fue de capital importancia en esta línea.

Los especialistas ordenan el panorama de la pintura gótica española atendiendo a las influencias dominantes; así se habla de períodos y estilos: franco-gótico, italo-gótico, internacional e hispano-flamenco.

Estilo franco-gótico

Una poderosa influencia francesa justifica que el período de la pintura española que se inicia en la segunda mitad del siglo XIII y se proyecta hacia el XIV haya sido calificado de franco-gótico.

En una época en la que la pintura de caballete sobre tabla ha relegado al fresco, la pintura mural adquiere una gran significación; muy especialmente si se trata de pinturas profanas. **El palacio de Alcañiz** (Teruel) posee un interesante programa pintado con escenas de carácter militar que narran importantes acontecimientos bélicos del reinado de Jaime I.

La Sala de los Reyes del Palacio de los Leones en la Alhambra guarda en tres bóvedas que cubren pequeñas estancias una de las más significativas muestras de pintura profana de finales del siglo XIV; son obra de un artista cristiano que fue a trabajar a la corte de Mohammad V. Dos **escenas de tipo**

imprimada: superficie preparada para pintar.

Jaime Serra: *Virgen de Tobed*
(colección privada, Barcelona).

Luis Borrasá: *Tabla del retablo
de San Pedro* (detalle) (iglesia
de Santa María, Tarrasa).

Jaime Huguet: *Tabla del retablo
de San Abdón y San Senén* (iglesia
de Santa María, Tarrasa).

Fernando Gallego: *Piedad* (Museo del Prado).

98

galante-caballeresco, con reminiscencias* francesas e italianas, adornan las bóvedas laterales; en la central se hallan **los monarcas de la dinastía nazarí** en asamblea. Una de las peculiaridades de estas pinturas es que fueron hechas sobre una lámina de cuero, que posteriormente se adosó a la bóveda, experiencia única en el gótico hispano.

También de esta época quedan algunas pinturas murales con temas religiosos; las que adornan **el panteón de las Foces** (Huesca), las **pinturas-retablo de Daroca** y las que, a finales del XIII, hizo Antón Sánchez Segovia para la Capilla de San Martín (Catedral vieja de Salamanca) están entre las más importantes.

El arte de la miniatura tuvo un gran auge, como se desprende de las obras que conocemos; alcanzando sus más hermosas experiencias en los trabajos miniados de los talleres cortesanos que decoraron las obras de Alfonso X el Sabio y, muy especialmente, las **Cantigas** en honor de la Virgen. Se trata de una pintura refinada que reproduce, como documento vivo, en cada una de sus escenas, el espíritu de una época.

La pintura sobre tabla y su expresión más monumental, el retablo, tiene en el del **canciller Pedro López de Ayala** (Quejana, Alava; ahora en el Museo de Chicago) la experiencia más importante; fechado a finales del siglo XIV, de su programa pintado destacan las escenas de la Pasión de Cristo.

En los frontales del altar se hallan también importantes experiencias de pintura sobre tabla; representativas de los talleres de Aragón y Cataluña son el de **San Pedro Mártir** y **San Miguel,** respectivamente.

Estilo italo-gótico

Las influencias de la pintura italiana del siglo XIV llegan a España cuando aún no se han eclipsado los ecos de las corrientes francesas; su difusión no fue uniforme, de ahí que las precisiones cronológicas orientadas a señalar una fecha para su inicio sean problemáticas. Cataluña, que, por su hegemonía comercial en el Mediterráneo y las relaciones con Italia, fue la primera en recibir la influencia de la pintura italiana —especialmente de las escuelas sienesa y florentina—, no la acusó en su arte hasta 1325, aproximadamente.

La pintura de Ferrer Bassa reúne las experiencias sienesa y florentina, acusando con más intensidad las características de la escuela que creó Duccio. En 1346 concluye su obra maestra, el ciclo de **frescos para la Capilla de San Miguel** (Monasterio de Pedralbes, Barcelona), con escenas de la Pasión y de la Vida de la Virgen.

El llamado maestro de Estopiñán, seguidor de Ferrer Bassa, fue el más genuino admirador del arte de los florentinos; así se deduce de su **Retablo de San Vicente** (Museo de Arte, Barcelona).

Con los Serra, Jaime y Pedro, se creó la verdadera escuela pictórica en Cataluña; su arte llenó la segunda mitad del siglo XV. Parten de la inspiración sienesa, de ahí que su pintura sea elegante y refinada. De la producción de Jaime destacan: el **Retablo de San Esteban** (Museo de Arte, Barcelona) y el procedente del **Convento del Santo Sepulcro** (Museo de Zaragoza), su obra maestra; también se le atribuye la llamada **Virgen de Tobed** (Colección privada, Zaragoza), con los retratos de Enrique II de Castilla y su familia. La pintura de Pedro Serra alcanzó su cénit en el **Retablo del Espíritu Santo** (Seo de Manresa). De entre los seguidores de los Serra destacan: el Maestro de Cardona, Jaime

reminiscencias: recuerdos, evocaciones.

Cabrera y Arnau de la Peña. En Palma de Mallorca, en la línea de los Serra, y muy próximo al arte de Siena, trabajó Juan Daurer.

Dentro del ámbito de Castilla, la ciudad donde más aceptación tuvieron las corrientes italianas fue Toledo; la presencia en ella del pintor florentino Gherardo Starnina fue de importancia capital. A través de la obra de Starnina, llegan a Toledo las grandes experiencias pictóricas florentinas en torno al volumen y al color. En las pinturas **murales de la Capilla de San Blas** (Catedral), en algunas tablas con pinturas de la época —hoy en distintos lugares del recinto catedralicio— y, muy especialmente, en retablos como el del Salvador o en el de la Vida de Jesús —un poco más tardío, se termina en 1422 (Museo del Prado)— se pone de manifiesto la especial admiración que los pintores toledanos del momento sintieron por la pintura florentina y el arraigo que la misma tuvo en la ciudad castellana.

En Andalucía, si exceptuamos el mural de la **Coronación de la Virgen** (Arcos de la Frontera, Cádiz), hecho por un maestro formado en la línea de los florentinos, la influencia italiana se manifiesta en la creación de un modelo de Virgen con el Niño de inspiración sienesa con matices de evocación bizantina. **Las Vírgenes de la Antigua** y **del Coral** (Catedral, Sevilla) y la de **Rocamador** (San Lorenzo, Sevilla) tipifican este modelo.

Estilo internacional

En torno a los comienzos del siglo XV llega a España una corriente pictórica conocida como estilo gótico internacional; a pesar de su denominación, no afectó sino a puntos muy concretos del occidente europeo. Surge en las escuelas francesas, aunque no se extendió a todo su ámbito geográfico; el estilo internacional se observa con claridad en Bohemia, parte de Alemania y España.

Es una pintura de fuerte naturalismo, con numerosos y elegantes personajes que se mueven adoptando una rica gama de actitudes. Con la pintura internacional se inicia un proceso de valoración, cada vez mayor, de los fondos de arquitectura y de paisaje.

Luis Borrasá es el pintor que lleva el nuevo estilo a la pintura catalana, son muy característicos sus personajes de gran vitalidad y teatrales gestos; de entre sus obras destacan: el **Retablo de Guardiola** (Santa María, Tarrasa), que hizo hacia 1410; el de **San Antonio Abad** (Museo de Vich), y su obra maestra: el **Retablo de Santa Clara,** de este museo, que realizó en 1415.

Bernardo Martorell, con su pintura basada en un dibujo fino y fluido, fue, después de Borrasá, el más significativo pintor del estilo internacional en Cataluña; su obra cumbre es el **Retablo de San Jorge,** hoy fuera de España (Museos de Chicago y Louvre).

La presencia de Starnina en Valencia acentuó la influencia italiana en esta escuela; ejemplo significativo de ella es el **Retablo del Calvario** (Museo de Valencia), de autor desconocido.

Los maestros más significativos del estilo internacional valenciano son Pedro Nicolau y el sajón Andrés Marzal de Sax. Características de la pintura de Nicolau son las Vírgenes con el Niño sentadas y rodeadas de gran número de ángeles; típica de su estilo es la de **Sarrión** (Teruel). Algunos especialistas señalan que Nicolau no fue el creador de este modelo de Virgen, que se inspiró en las pintadas por el maestro aragonés Lorenzo Zaragoza. A Marzal de Sax se debe, posiblemente, la que se considera como la obra cumbre del gótico internacional en Valencia: el **Retablo de San Jorge** (Museo Victoria y Alberto, Londres).

En Castilla, la figura más destacada fue Nicolás Francés, pintor refinado, de técnica depurada que evoca la de la miniatura; sus obras ponen de manifiesto una sólida y rica formación en su país. A él se deben: el **Retablo mayor de la Catedral de León** y el de **San Francisco de La Bañeza,** que se conserva en el Museo del Prado. En Salamanca trabajó un pintor italiano que renueva en Castilla el estilo de su país, Dello di Niccolo Delli, más conocido como Nicolás Florentino.

Su obra maestra es el espléndido **retablo de la catedral vieja de Salamanca,** con escenas de la vida de la Virgen; en 1445 pintó en la **bóveda de la Capilla Mayor** de esta catedral el fresco del Juicio Final, del más depurado estilo italiano.

Estilo hispano-flamenco

La influencia flamenca completó el ya rico panorama de corrientes exteriores que enriquecieron la pintura española del siglo XV; los primeros frutos de ese arte, que se ha llamado hispano-flamenco, se observan ya a mediados de siglo en el **Retablo de la Virgen de los Consellers** (Museo de Arte, Barcelona), obra realizada por Luis Dalmau en torno a 1445. Este maestro de origen valenciano, que fue enviado a los Países Bajos a perfeccionar su pintura junto a Jan Van Eyck, trajo a España las innovaciones, en la línea del naturalismo, de la pintura flamenca, además de los modelos aprendidos del gran maestro de Eyck.

Jaime Huguet, partiendo de la experiencia flamenca, elaboró una pintura más personal apoyándose en una gran sensibilidad y técnica depurada; creó para sus personajes un tipo humano que personaliza, aún más, su obra. De su producción artística destacan: el **Retablo de San Vicente Mártir** (Museo de Barcelona), el de **San Abdón y San Senén** (Santa María, Tarrasa) y el del **Condestable Pedro de Portugal** (Santa Agueda, Barcelona). Seguidores de su arte son una amplia familia de pintores cuyo patriarca fue Jaime Vergós; su hijo Jaime y sus nietos Pablo y Rafael también acusan en su obra la influencia de Huguet.

Después de Dalmau, el maestro más importante del ámbito valenciano fue Jaime Baço, «Jacomart»; su obra acusa influencias flamencas e italianas, que trajo después de su estancia en Nápoles bajo el mecenazgo de Alfonso V. De entre sus obras destacan el **Retablo de San Martín** (Museo de Segorbe) y el de **Santa Ana** (Colegiata de Játiva, Valencia); su discípulo Juan Rexach elaboró un arte tan semejante al suyo que sus obras se confunden.

Bartolomé Bermejo fue uno de los más importantes pintores españoles de su generación, de origen andaluz —nace en Córdoba—, debió formarse en los Países Bajos, lo que unido a su personalidad hace de su obra una de las más sugestivas de la pintura del XV. El diseño vigoroso de sus personajes, los efectos de corporeidad apoyados en la luz y la fuerza del color dan a su pintura ese aspecto monumental tan reiteradamente señalado; su labor como artista se desarrolló en la región levantina: Cataluña, Aragón y Valencia. **Santo Domingo** (Museo del Prado), del Retablo de Santo Domingo de Silos; **Santa Eulalia** (Museo de Boston), del retablo dedicado a la Santa; **San Miguel** (Colección privada, Inglaterra); **Cristo sostenido por ángeles** (Colección Mateu), y **Epifanía** (Capilla Real, Granada), están entre sus obras más significativas.

En Castilla, donde la influencia flamenca fue muy importante, no se puede hablar de escuela —en el sentido tradicional del término—, aunque ha quedado la labor de un importante número de maestros de depurada técnica y sólida formación pictórica; Jorge Inglés fue uno de ellos. Los especialistas no se ponen de acuerdo sobre su origen, aunque todos coinciden en aceptar su formación en los Países Bajos; su obra más importante es el **Retablo de la Virgen de los Angeles** (Colección del Duque del Infantado).

Una muy especial personalidad pictórica define la obra de Fernando Gallego; maestro de formación flamenca próxima a Bouts, su pintura está impregnada de un poderoso realismo que le llevó a representar —con cierta frialdad— la tragedia, el dolor y sus consecuencias; características de su arte son las escenas de martirio. El **Retablo de San Ildefonso** (Catedral, Zamora), el de **Santa Catalina** (Catedral, Salamanca) y la **Piedad** (Museo del Prado), que tiene como fondo un hermoso paisaje concebido a la manera flamenca, son algunas de sus obras maestras.

La pintura andaluza tuvo en la escuela sevillana sus representantes más significativos; a Juan Sánchez de Castro se debe la **Virgen de Gracia** (Catedral, Sevilla), y a Juan Núñez, la **Piedad**, de esa Catedral. En Córdoba, el maestro conocido como Pedro de Córdoba pintó para la Catedral un tema de la **Anunciación** con figuras de donantes* y Santos.

Las artes menores en la época gótica

El capítulo de las artes menores en el gótico es de una extraordinaria riqueza; una época en la que las llamadas artes mayores alcanzaron tan importantes manifestaciones, en la que la inquietud artística se potencia en el seno de una sociedad que favorece su desarrollo, lleva necesariamente aparejado el florecimiento de esos trabajos artesanales que, indudablemente, tienen valor artístico.

La rejería, fruto de una cuidada labor de la forja, experimentó un gran avance; la sobria reja románica deja paso a proyectos más altos y decorativos que ocupan lugares de privilegio en el monumento que los acoge. El barrote*, de sección circular, se hace más fino y estilizado, lo que contribuye a potenciar su belleza.

Las más importantes rejas se terminan en decorativas coronaciones que refuerzan la belleza y el sentido monumental del conjunto; en estas cresterías se manifiesta, muy especialmente, la imaginación y habilidad del maestro. La **Reja del Presbiterio** (Catedral de Murcia), la del **Altar de las Reliquias** (Catedral de Burgos), el conjunto de las de la **Catedral de Barcelona** o las tardías de la **Capilla Mayor** (Iglesia del Monasterio de Guadalupe) y la **Capilla Real** (Granada), de transición al Renacimiento, muestran la importancia que tuvo la rejería del gótico y cómo proyectó sus experiencias hacia la centuria siguiente.

El arte de la vidriera, tan ligado a la arquitectura gótica, tuvo un gran auge; los maestros vidrieros trabajan siguiendo la tradición iniciada en los talleres franceses. Los vidrios, de distintas formas, colocados a manera de mosaico, apoyan en un entramado de plomo que es estructura y soporte. De entre los grandes programas de vidrieras destacan las de la catedral de León.

La orfebrería, que experimentó un importante avance técnico, ha legado abundantes trabajos menores —religiosos y profanos—, caracterizados por su gran finura, fruto de la extraordinaria sensibilidad, rigor artesano y del aprendizaje que ofrece la larga tradición que en España tienen los talleres orfebres.

donantes: personajes que costean una obra de arte.
barrote: elemento de hierro; barra que compone el entramado de una reja.

Un arte que parece creado sólo para la producción de objetos de pequeño tamaño, no pierde su esencia cuando se compromete en proyectos monumentales; en ellos, el orfebre se muestra tan minucioso y delicado como si del más recogido objeto se tratara. Así se observa en las grandes custodias procesionales, donde la magnitud del proyecto no incide en el mimo con que se labran cada una de sus partes y detalles; la de la catedral de Toledo, de Juan de Arfe, es un hermoso ejemplo.

La diversidad de las artes menores en el largo período dominado por el gótico en España fue extraordinaria; además de las citadas, otras como el esmalte, los trabajos en marfil, grabado sobre bronce, brocados de telas, tapices, curtido y labores sobre cuero, muebles, etc., son actividades artesanas que ponen de manifiesto la creatividad y pujanza de los talleres urbanos, en facetas artesanales que, casi siempre, merecen el calificativo de artísticas.

CUESTIONES

1. La bóveda de crucería ojival es el elemento más característico del gótico. ¿Qué novedades aporta? ¿Cómo se ordena el resto del edificio en torno a ella?
2. ¿Cuáles son los períodos más significativos de la arquitectura gótica española? Especificar su cronología.
3. Enumerar edificios no religiosos del gótico español.
4. ¿Qué características identifican a la arquitectura del gótico flamígero? Citar las obras más representativas de esta tendencia.
5. ¿Cuáles son las novedades que se producen en la plástica gótica respecto a la románica? Enumerar ejemplos representativos de cada una de sus etapas.
6. ¿En qué períodos se ordena la pintura gótica española? Especificar sus aportaciones técnicas, características y cronología.
7. Los Serra son pintores representativos del estilo italo-gótico. ¿Cuáles son las obras más representativas de este taller? Enumerar los maestros más representativos del estilo hispano flamenco y alguna de sus obras.
8. ¿Qué facetas de las artes menores destacaron durante el gótico?

15. Arte del Renacimiento

El Renacimiento es una corriente cultural, estética y de pensamiento que se enraíza en la antigüedad clásica retomando sus valores esenciales bajo la óptica del humanismo.

Desde el punto de vista artístico, hay una búsqueda del ideal de belleza clásica; un deseo de recrear las grandes obras de la antigüedad para adentrarse en el ánima* de una época considerada como modélica. El artista buscará el espíritu del arte clásico a través de su estudio, como único medio de captar su esencia; de este proceso reflexivo surgieron las obras que encarnan el nuevo culto a la antigüedad, un arte original que no es simple réplica del pasado.

El hombre es ahora protagonista como ser libre e individual; la naturaleza, fuente de vida, es objeto de invariable veneración. Hombre y naturaleza son dos constantes de la filosofía que rige el Renacimiento.

No es correcto plantear el Renacimiento como ruptura u oposición absoluta respecto de la Edad Media; el carisma de perfección que se identifica con el mundo clásico no desapareció por completo en el Medievo, y, además, la Baja Edad Media, en muchos aspectos, prepara la eclosión del Renacimiento. Un hecho que tuvo lugar en Italia, donde la vitalidad de la cultura clásica favoreció el que estuviera vigente a lo largo de toda la Edad Media.

En España, a pesar de que el Renacimiento llegó tarde, por el gran arraigo que tuvo el arte gótico, había una predisposición favorable a la entrada de las corrientes renovadoras. Las relaciones de tipo político y económico con Italia a lo largo del siglo XV fueron muy importantes —así, por ejemplo, Alfonso V de Aragón fue también rey de Nápoles—, son numerosos los artistas españoles que van a Italia y, recíprocamente, muchos artistas italianos buscaron en España los patronos que pagaran sus obras; también fue de gran importancia el papel de la nobleza española, que favoreció con su mecenazgo el nuevo arte. Cuando Lorenzo Vázquez labra la fachada del Colegio de Santa Cruz (Valladolid), en 1491, por encargo del cardenal Mendoza, todavía no se han comenzado las últimas grandes catedrales góticas.

Arquitectura renacentista

En 1526, cuando Diego de Sagredo publicó su tratado de arquitectura «Medidas del Romano», puede decirse que el Renacimiento ya se ha implantado en España.

Gran importancia en la difusión del nuevo estilo tienen los patios de los castillos de **La Calahorra** (Granada) y **Vélez Blanco** (Almería), mandados a construir por los marqueses del Cenete y de los Vélez, respectivamente, a arquitectos y decoradores italianos; las dos obras estaban ya concluidas en torno a 1515. A pesar de que hay monumentos anteriores, labrados a la manera cua-

ánima: alma.

Fachada de la Universidad
de Salamanca (detalle).

Juan de Alava: Fachada
de San Esteban (Salamanca).

Rodrigo Gil de Hontañón: Fachada
de la Universidad de Alcalá de Henares
(detalle).

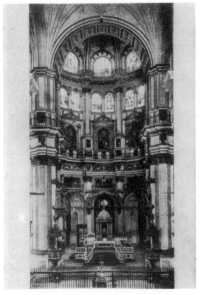

Diego Siloe: Capilla Mayor
de la catedral de Granada.

trocentista*, estos dos patios andaluces fueron testimonio claro y ejemplo de las posibilidades estéticas del nuevo estilo.

El estudio de la arquitectura renacentista española se ordena en torno a tres períodos que se corresponden con otras tantas alternativas estilísticas: plateresco, purista y herreriano.

El estilo plateresco

El calificativo de plateresco que define a la primera arquitectura renacentista española se debe a la forma minuciosa con que los canteros labran la piedra para obtener ricos efectos decorativos que recuerdan la labor de los orfebres sobre la plata. Se trata de una decoración imaginativa de candelabros, de estilizada forma, figuras antropomorfas e irreales, elementos vegetales; es lo que se conoce como decoración de grutescos.

Lorenzo Vázquez de Segovia empleó en sus obras un tipo de arquitectura de ascendencia cuatrocentista, inspirándose directamente en Brunelleschi; en el **Palacio de Cogolludo** (Guadalajara) emplea el amohadillado*, tan característico de los palacios del XV en Florencia; igual recurso decorativo adorna la **fachada del Colegio de Santa Cruz** (Valladolid). El **patio del Convento de la Piedad** (Guadalajara), con solución adintelada, evoca las conexiones que todavía tiene Lorenzo Vázquez con la tradición española. El maestro encarna la figura del artista que trabaja bajo el mecenazgo de una familia de la nobleza; Lorenzo Vázquez fue el arquitecto de los Mendoza.

Pedro Gumiel —el arquitecto del cardenal Cisneros—, apoyándose en la tradición decorativa del mudéjar, crea una corriente dentro del plateresco en la que se acentúa el protagonismo de la decoración; es lo que se conoce como estilo Cisneros. Sus obras más características son: la **Sala Capitular de la Catedral de Toledo** y el **Paraninfo de la Universidad de Alcalá de Henares.**

En torno a Salamanca, trabajó un arquitecto cuyas obras están entre la pervivencia de la tradición gótica y el naciente estilo, es Juan de Alava. Su obra cumbre es la **fachada del Convento de San Esteban** (Salamanca), obra de una desbordante belleza decorativa.

La **portada de la Universidad de Salamanca,** de autor desconocido, es una de las obras más representativas del plateresco español; nunca la decoración de grutescos alcanzó tan extraordinaria perfección y belleza como en esta fachada. De menos importancia es la de la **Casa de las Conchas** y la llamada **Casa de las Muertes,** ambas anónimas.

Otros centros castellanos, como Burgos y León, poseen también obras representativas del plateresco; hacia 1516, Francisco de Colonia hizo la **portada de la Pellejería** (Catedral de Burgos); a mitad de siglo, Juan de Badajoz realiza la **Sacristía del Convento de San Marcos.**

Sevilla guarda algunas de las más significativas experiencias platerescas gracias a la obra de Diego de Riaño; su proyecto más importante es la **fachada del Ayuntamiento,** con un espléndido programa decorativo. De Riaño es también la **Sacristía Mayor de la Catedral.**

Algunas portadas platerescas granadinas se distinguen por sus finas labores decorativas; de entre ellas destacan: la de la **Casa del Castril** y las de las **Iglesias de Santa Ana** y **San Matías,** obras de Sebastián de Alcántara, o la de la **Iglesia de San Ildefonso,** labrada por Juan de Alcántara. De estilo plateresco es el

cuatrocentista: siglo XV en Italia.
almohadillado: sillería que sobresale del paramento con los perfiles biselados.

edificio de la **Curia Eclesiástica,** iniciado en 1527; la fachada es obra de Sebastián de Alcántara, igual que el proyecto del patio; la portada la realizó Juan de Marquina.

Evolución hacia el purismo

No es posible señalar una fecha, obra o arquitecto que sirva de referencia cronológica para establecer el final del plateresco y el comienzo del estilo que le sucedió, conocido como purista; no es fácil hablar de ruptura, porque no la hubo, ya que muchos monumentos catalogados como puristas no están exentos de formas decorativas características del plateresco.

En torno a 1540, cuando el espíritu decorativo del plateresco aún sigue vigente, la arquitectura española comienza un proceso de evolución en la línea de favorecer el desarrollo arquitectónico, racionalizando el uso de la decoración; de ahí que algunos especialistas hablen de plateresco-purista.

Alonso de Covarrubias es una de las más importantes personalidades del Renacimiento español, su obra está en la línea de un purismo de carácter monumental. En el **patio del Hospital de la Santa Cruz** (Toledo) y en el del **Palacio Arzobispal de Alcalá de Henares** define su idea de patio en proyectos que están entre las experiencias de Lorenzo Vázquez y las creaciones italianas. Para estos patios diseñó dos bellas y amplias escaleras que también se pueden considerar modélicas. Estas obras de su primera época participan todavía de una importante decoración.

La fecha de 1537 es clave en la obra de Alonso de Covarrubias, no sólo porque fue nombrado por Carlos V arquitecto real, sino también porque es el momento en el que el arquitecto se plantea con más rigor la arquitectura renunciando a los alardes* decorativos; de esta época son obras como: la **fachada principal del Alcázar,** la **Puerta de Bisagra** y el **Hospital de Afuera** (todas en Toledo), y la **Iglesia de Getafe.**

Rodrigo Gil de Hontañón fue otra de las grandes figuras de la arquitectura renacentista, hijo de Juan Gil de Hontañón, uno de los arquitectos que trabajaron en la catedral nueva de Salamanca. Su obra maestra es la **fachada de la Universidad de Alcalá de Henares,** de gran equilibrio y limpieza arquitectónica; es ya una traza de carácter purista en la que la decoración se emplea sólo para realizar tramos significativos de la fachada apoyando a la arquitectura. Junto a Fray Martín de Santiago realizó el proyecto para el **Palacio de Monterrey** (Salamanca), sólo construido en parte.

En estos años se construye el **patio del Colegio de los Irlandeses,** de gran sabor italiano, trazado, posiblemente, por Pedro de Ibarra.

En Aragón destaca el edificio de la **Lonja de Zaragoza,** obra de Juan de Sariñena, de traza sobria y monumental. Muy interesante, por conjugar en sus dos cuerpos la solución adintelada y de arcos, es el patio de la **Casa Zaporta** (Zaragoza); en su diseño, el arquitecto hizo importantes concesiones a la decoración, un hermoso programa de altos relieves narra los trabajos de Hércules.

En este período, Andalucía vivió momentos de gran auge constructivo, del que Granada, Jaén, Sevilla y Córdoba guardan importantes monumentos. Una de las obras cumbres del Renacimiento purista es el **Palacio de Carlos V** (Granada), del que es autor Pedro Machuca; pintor y arquitecto formado en Italia, para el palacio encargado por el Emperador, concibe un original proyecto en

alarde: ostentación de una cualidad.

el que la dinámica arquitectónica limpia, totalmente desnuda de decoración, evoca la tradición italiana. La traza, de gran originalidad, ordena el palacio en torno a un gran patio circular; muy significativo es el cuerpo bajo de la fachada cubierta por el típico almohadillado italiano. La obra de Machuca quedó como un símbolo en el recinto de la Alhambra, y no obtuvo la proyección que cabía esperar, dada la originalidad del proyecto.

El gran maestro de la arquitectura renacentista granadina fue Diego Siloe; arquitecto y escultor formado en Italia, dejó sus primeras obras en Castilla; la **Escalera Dorada** (Catedral de Burgos), la **Torre de la Iglesia de Santa María del Campo** (Burgos) y la **Fachada del Colegio de los Irlandeses** (Salamanca) son las más significativas.

Cuando en 1528 se hizo cargo de la dirección de las obras de la **Catedral de Granada,** trazada gótica por Enrique Egas inspirándose en la de Toledo, ya se habían hecho los cimientos*. Partiendo de esta realidad, Siloe transformó el proyecto a la manera renacentista. De gran belleza es el diseño de la cabecera, con una monumental capilla mayor, inspirada en el plan central del Santo Sepulcro (Jerusalén), y girola. La catedral de Granada fue modelo para otras andaluzas y americanas; las de Málaga y Guadix (Granada) siguen los proyectos de Siloe; posiblemente, la de Málaga fuera trazada por el maestro. A Siloe se debe también uno de los más hermosos monumentos del renacimiento granadino, la **Iglesia del Monasterio de San Jerónimo.**

En Jaén y su provincia trabajó Andrés de Vandelvira, arquitecto que sigue el arte de Siloe; en 1540 comenzó sus trabajos en la **catedral de Jaén.** Ubeda guarda algunas de sus obras más significativas: **El Salvador,** el **Ayuntamiento** y el **Hospital de Santiago.**

Al arquitecto de ascendencia cordobesa Fernán Ruiz II se deben algunas de las más sugestivas obras sevillanas de estilo purista; además de la bella y recogida **Iglesia del Hospital de la Sangre,** en 1568 hizo un espléndido cuerpo de campanas sobre el alminar de la antigua mezquita almohade de Sevilla; así, la conocida Giralda adquirió su configuración definitiva.

En Córdoba, Fernán Ruiz I proyectó la **Catedral** que se construiría dentro de la Sala de Oración de la Mezquita.

Estilo herreriano o escurialense

Con el estilo herreriano, que se inicia hacia mitad del XVI, se produce una intensa reacción contra los programas decorativos; el arquitecto se recrea en la esencia misma del proyecto arquitectónico, buscando lograr con la arquitectura los efectos que anteriormente producía la decoración. De estos planteamientos se deriva un estilo frío, sobrio y racional*.

El nombre de herreriano procede del de su arquitecto de más personalidad, Juan de Herrera; el de escurialense, con el que también se le conoce, del monumento más representativo, **El Escorial.**

Juan Bautista de Toledo, arquitecto que había trabajado en Nápoles, fue el depositario de la confianza de Felipe II, que le encarga la construcción del **Monasterio de San Lorenzo de El Escorial,** para conmemorar el triunfo en la batalla de San Quintín. Un gran programa arquitectónico conmemorativo que debía ser símbolo de la monarquía española: palacio, conjunto monástico y,

cimientos: obra de base de un edificio.
racional: reflexivo.

108

Pedro Machuca: Fachada del Palacio
de Carlos V (Granada).

Pedro Machuca: Patio del Palacio
de Carlos V (Granada).

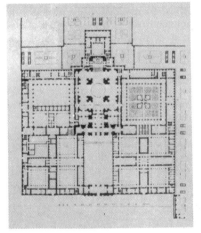

Juan Bautista de Toledo, Juan de Herrera:
Monasterio de El Escorial (Madrid).

Juan Bautista de Toledo, Juan
de Herrera: Planta del Monasterio
de El Escorial (Madrid).

sobre todo, el panteón real que, por su pequeña traza y por la lejanía, no pudo
ser la Capilla Real de Granada.

La construcción se inicia en 1563, la planta es cuadrada con torres en los
ángulos; todo el conjunto se ordena en torno a patios. Se ha señalado que la
planta tiene un carácter simbólico-religioso, ya que en su esquema general
recuerda una forma de parrilla, alusión al martirio del patrón del Monasterio,
San Lorenzo. Muy interesante es el planteamiento de la zona en torno al patio
de los Reyes, que recuerda el del Hospital de Milán, trazado por Filarete.

Cuando en 1567 muere Juan Bautista de Toledo, se hace cargo de la construcción su discípulo Juan de Herrera; el nuevo arquitecto introduce modificaciones y ampliaciones atendiendo a los deseos de Felipe II, y, sobre todo, traza
la iglesia: de cruz griega, con una importante cúpula sobre el crucero. Fachadas
e interiores se caracterizan por la más absoluta sobriedad; los posibles efectos

decorativos que la arquitectura ofrece, las estatuas, las formas piramidales y las bolas, son las únicas concesiones que Juan de Herrera hizo a la ornamentación.

Herrera trazó la **catedral de Valladolid** y se apunta la posibilidad de que sea suyo el proyecto de la **Lonja de Sevilla**, hoy Archivo General de Indias.

De entre los discípulos de Juan de Herrera destaca Francisco de Mora, además de la **Galería de Convalecientes** (El Escorial), hizo la **Iglesia de El Escorial de Abajo;** en sus obras, Francisco de Mora acusa una poderosa influencia de su maestro.

Escultura renacentista

Como en la arquitectura, la pervivencia de las últimas formas del gótico en la plástica española retrasó considerablemente el arraigo de la nueva escultura. Ya en las etapas finales de la plástica gótica se observa un camino decidido hacia el naturalismo que favoreció el gusto por los modelos y el ideal de belleza que caracteriza a las nuevas corrientes; sin embargo, la experiencia directa que aportan los artistas italianos, flamencos y franceses que vienen a España con un estilo ya plenamente renacentista y, muy especialmente, los escultores españoles que marchan a Italia a completar allí su formación, será de capital importancia para el triunfo en España de las formas plásticas del Renacimiento.

Siguiendo la tradición, fue la madera, posteriormente policromada, el material con el que más se identifican los escultores españoles; el mármol se reservó para labrar los monumentos funerarios; el bronce, por su especial dificultad técnica y mayor costo económico, se empleó muy poco.

La policromía es lo que da vida a la escultura en madera, un complicado proceso que se inicia cuando ya está totalmente concluida la estatua; el encarnado es la aplicación de color a rostros, manos y partes del cuerpo que no van cubiertas con vestidos; el estofado se aplica a la decoración de las telas, consiste en aplicar sobre ellas una superficie dorada —el pan de oro— a la que posteriormente se aplica color; con un punzón* se graba sobre la pintura el dibujo deseado, dejando visible el fondo de oro, así se logra la ilusión de ricas labores de brocado sobre la tela.

Escultores italianos, los primeros maestros españoles

De entre los maestros italianos que trabajaron en España en las primeras décadas del XVI destacan: Domenico Alessandro Fancelli, Pietro Torrigiano y Jacopo Florentino «El Indaco».

La primera obra conocida de Fancelli es el **sepulcro de don Diego Hurtado de Mendoza,** arzobispo de Sevilla, que labró en 1509. Más importante, por ser la primera experiencia de cenotafio exento de paredes oblicuas, es el del príncipe don Juan (Santo Tomás, Avila), realizado en 1511.

Seis años más tarde, 1517, partiendo del modelo creado para el **sepulcro del príncipe don Juan,** hizo Fancelli su obra maestra, el **cenotafio de los Reyes Católicos** para la capilla Real de Granada. Se trata de un proyecto de idénticas características al de Avila, aunque más monumental; las paredes en talud*, igual que toda la superficie del sepulcro, están labradas con un rico programa

punzón: objeto terminado en punta para rayar sobre metal.
talud: muro o pared inclinados.

decorativo en relieve. Coronan el cenotafio las estatuas yacentes de los dos monarcas.

A Pietro Torrigiano lo hallamos en Sevilla en 1521; su carácter difícil —que le llevó a un violento enfrentamiento con Miguel Angel— le obligó a llevar una vida azarosa*. Antes de venir a España, recorrió parte de Italia y estuvo en Inglaterra; allí deja constancia de su valía cuando labra el **sepulcro de Enrique VII y su esposa** (Abadía de Westminster).

El Museo de Bellas Artes de Sevilla conserva dos espléndidas obras del maestro italiano: un **San Jerónimo** y una **Virgen sentada con el Niño**, ambas en barro cocido.

Jacopo Florentino trabajó en Granada hacia 1520, a él se debe el grupo escultórico del **Entierro de Cristo** (Museo de Bellas Artes, Granada); a su estilo se atribuyen algunas obras granadinas de esta época con gran carácter italiano.

De entre las obras importadas de Italia deben destacarse: los **relieves de cerámica vidriada** (Catedral de Sevilla), del estilo de los della Robbia; el **sepulcro de don Pedro Enríquez y doña Catalina Ribera**, labradas en Génova en 1520 (Capilla de la Universidad, Sevilla); el **monumento funerario de los Marqueses de Ayamonte** (hoy en Santiago), y un **San Juan** atribuido a Miguel Angel (Ubeda, Jaén), entre otras.

Vasco de la Zarza es uno de los primeros maestros españoles del Renacimiento; su faceta de decorador se justifica en su participación en el retablo mayor de la catedral de Avila. Sus obras maestras son el **sepulcro de don Alonso Carrillo** (Catedral de Toledo) y **el de don Alonso de Madrigal «El Tostado»** (Catedral de Avila), realizado en 1518; de este último, destaca la figura sentada de don Alonso de Madrigal, concebida con naturalismo y monumentalidad.

Felipe Vigarny pertenece también a la generación de escultores del primer Renacimiento; escultor de origen francés, participó en algunos de los últimos proyectos escultóricos del gótico castellano, como el **Retablo mayor** (Catedral de Toledo). En la catedral de Burgos, en torno a 1498, labró un importante **programa de relieves con escenas de la Pasión de Cristo.**

De 1521 es una de sus obras maestras, el **retablo dedicado a los Santos Juanes** (Capilla Real, Granada); en su realización acusa influencias italianas de Alonso Berruguete y Jacopo Florentino. Cuando cuatro años más tarde —junto a Diego Siloe— labra el **Retablo de la Capilla del Condestable** (Catedral de Burgos), las influencias italianas ya han madurado definitivamente en el arte del maestro. Junto con Alonso Berruguete esculpió la **sillería alta del coro de la catedral de Toledo,** cuyos sitiales bajos son obra de Rodrigo Alemán.

Los maestros más significativos

Bartolomé Ordóñez fue uno de los maestros españoles que se forman en Italia; su origen noble favorece su privilegiada posición; en 1517 hizo, junto a Diego de Siloe, el **retablo de la Capilla Caracciolo** (San Giovanni in Carbonara, Nápoles), en donde ya muestra una técnica de carácter miguelangelesco. Su estilo se afirma, ya de regreso a España, en sus trabajos para la catedral de

azarosa: que vive a la suerte.

Barcelona: **escenas de la vida de Santa Eulalia** (trascoro* de la catedral) y **sillería del coro.**

Sus obras más importantes son los magníficos **cenotafios:** el **de don Felipe el Hermoso** y **doña Juana** (Capilla Real, Granada) y **el del cardenal Cisneros** —que no llegó a concluir, murió prematuramente en Carrara el año de 1520— (Iglesia Magistral, Alcalá de Henares); para estos proyectos adoptó el tipo de sepulcro de paredes rectas.

El arquitecto y escultor Diego de Siloe fue una de esas figuras del Renacimiento que tienen carácter de universales; formado en Italia dentro de las corrientes miguelangelescas, su labor como escultor muestra cualidades excepcionales. En 1517 realiza en Nápoles, junto a Bartolomé Ordóñez, su primera obra conocida: el **retablo de la Capilla Caracciolo.** En 1525 ya trabaja en Burgos realizando, junto a Vigarny, el **retablo de la Capilla del Condestable** de la Catedral, obra de incuestionable madurez. El **Cristo atado a la columna** (Catedral de Burgos), los **relieves de San Juan Bautista** y la **Sagrada Familia** (Museo de Valladolid) y el **cenotafio del obispo Fonseca** (Santa Ursula, Salamanca) son también obras significativas de su etapa castellana.

En Granada alternó sus obligaciones como arquitecto de la Catedral y de San Jerónimo con las de escultor; además de gran parte de la decoración escultórica de San Jerónimo, a su trabajo como escultor se deben: algunas de las más importantes **figuras de la Puerta del Perdón,** de la Catedral; las **estatuas orantes de los Reyes Católicos** (Capilla Real), y el **Cristo atado a la columna** (Iglesia de San José), entre otras.

Alonso Berruguete fue el escultor renacentista español de más personalidad; hijo del pintor Pedro Berruguete, nació en Paredes de Nava (Palencia) en 1488. Se formó en Roma y Florencia, allí se entusiasma con la obra de los grandes maestros del cuatrocento italiano; aunque fue la escultura de Miguel Angel la que con más fuerza le influyó.

Establece su taller en Valladolid y desarrolla un tipo de escultura muy personal; los personajes de Berruguete se caracterizan por desgarradas expresiones y movimientos violentos. Una especialísima habilidad para valorar el lenguaje del gesto acentúa aún más el sentido dramático que imprime a todas sus creaciones. Su mismo temperamento y, posiblemente, la abundancia de encargos le obligan a trabajar deprisa; este hecho se manifiesta en errores de talla que el escultor soluciona, sin demasiado esmero*, con el concurso del yeso y la policromía.

Algunas obras maestras de su estilo son: el **retablo de la Mejorada** (Olmedo) y **el de San Benito** (Valladolid), hoy en el Museo de Valladolid, y el **retablo de la Epifanía** (Iglesia de Santiago, Valladolid). El de San Benito, realizado entre 1526 y 1532, se considera una de las obras más significativas; algunos temas como: el **sacrificio de Isaac, San Sebastián** o **San Jerónimo** tipifican y definen el estilo de Pedro Berruguete.

En Toledo, ciudad donde murió, se conservan también piezas de gran calidad dentro de la producción del maestro; el **sepulcro del Cardenal Tavera** (Hospital de Afuera) y parte de la **sillería alta del Coro** (Catedral) —que realizó con Felipe Vigarny— justifican plenamente su peculiar estilo y la fama de la que gozó.

Uno de los grandes maestros de la escultura renacentista en España es el francés Juan de Juni. Su formación se desarrolló en Francia, maduró su estilo

---

trascoro: detrás del coro.
esmero: cuidado, celo.

Domenico A. Fancelli: Cenotafio de los Reyes
Católicos (Capilla Real, Granada).

Bartolomé Ordóñez: Detalle de los yacentes,
cenotafio de doña Juana y don Felipe
(Capilla Real, Granada).

Pietro Torrigiano: *San Jerónimo* (Museo
de Bellas Artes, Sevilla).

Diego Siloe: *Cristo atado a la columna*
(catedral de Burgos).

Alonso Berruguete: *San Jerónimo*
—del retablo de San Benito— (Museo
de Escultura, Valladolid).

Pompeyo Leoni: *Carlos V* (Museo
del Prado).

Pedro Berruguete: *Salomón*
—retablo de Paredes de Nava—
(Palencia).

Juan de Borgoña: *Sagrada Familia* (catedral
de Cuenca).

en Italia y produjo prácticamente la totalidad de su obra en España, donde vivió hasta la fecha de su muerte, acaecida en Valladolid el año de 1577; de ahí que se le considere entre los grandes artistas españoles.

Su estilo es opuesto al de Berruguete, técnicamente perfecto, equilibrado, de gran vocación naturalista; gusta de los temas dramáticos, aunque sin la violencia del escultor de Paredes de Nava. Las obras más importantes de Juni son: **Santo Entierro** (Museo de Valladolid), el mismo tema (Catedral de Segovia), **retablo de la iglesia de la Antigua** (ahora en la Catedral de Valladolid), **San Antonio** (Museo de Valladolid) y la **Virgen de los cuchillos** (Iglesia de las Angustias, Valladolid).

Los últimos maestros, el círculo escurialense

Son numerosos los maestros que formaron la escuela castellana, aunque ninguno de ellos alcanzó la valía artística de Siloe, Berruguete o Juni.

Gaspar Becerra se forma en Roma; a pesar de su origen andaluz, al regresar a España se instaló en Valladolid; su obra evoca, con gran fuerza, el arte de Miguel Angel; así se observa en el **retablo de la Catedral de Astorga.**

Idéntica admiración por las monumentales y vigorosas figuras de Miguel Angel se observa en el estilo de Juan de Ancheta; su obra más representativa es el **retablo de Briviesca.**

Otros maestros castellanos significativos son: Francisco Giralte, Jerónimo del Corral, Esteban Jordán y Francisco Rincón, entre otros.

En torno al proyecto de El Escorial hallamos una familia de escultores, de origen italiano, que trabajan la técnica del bronce, son los Leoni: León y su hijo Pompeyo. A León se deben las obras más importantes: la **estatua de Carlos V** (Museo del Prado), los **grupos funerarios de Carlos V y su familia** y de **Felipe II y los suyos** (Monasterio de San Lorenzo de El Escorial) y las figuras de los **Duques de Lerma** (Museo de Valladolid).

En las estatuas que decoran importantes espacios del Monasterio trabajó Juan Bautista Montenegro; los **Evangelistas** y los **Reyes de Judá** son las obras más cualificadas de este maestro español.

Pintura renacentista

Las influencias italiana y flamenca, que habían sido determinantes en las escuelas pictóricas españolas del siglo XV, mantienen su vigor y se proyectan hacia el XVI; muy especialmente, la italiana. A la admiración que despertó el arte de los maestros cuatrocentistas, le sigue la que producen las obras de Leonardo, Miguel Angel y Rafael.

Varios son los caminos por los que la pintura española recibe las experiencias que, en torno a los grandes problemas de la pintura, ensayaron las escuelas y los principales maestros italianos.

Además de los pintores españoles que estudiaron en Italia y de los italianos que buscaron en España los patronos que pagaran su arte —significativo es el número de pintores que llegan atraídos por la gran empresa de El Escorial—, hay un gran número de artistas, fundamentalmente flamencos, que además de las enseñanzas más características de su pintura extendieron las de la italiana que habían recibido en su país de origen.

A esta difusión, que podíamos calificar de directa, debe unirse la derivada de las obras importadas, y la de los grabados y dibujos que ya comienzan a difundirse por Europa.

Maestros de la primera mitad de siglo

Pedro Berruguete fue el más importante maestro castellano de la transición hacia el Renacimiento; nació en Paredes de Nava (Palencia), su primera formación estuvo muy influida por las corrientes flamencas. En torno a 1477 marcha a Italia, concretamente a Urbino, a la corte del duque Federico de Montefeltro, uno de los primeros grandes centros del Renacimiento. Allí trabaja junto al pintor Justo de Gante, hecho que reforzó su formación flamenca; también se puso en contacto con los grandes problemas que en estos momentos se plantea la pintura italiana del primer Renacimiento. Conoció personalmente a Piero della Francesca y sus estudios sobre la luz, y no fue ajeno a los ensayos de la nueva arquitectura, que observó directamente en los proyectos que Luciano Laurana hace para reformar el palacio ducal de Urbino y que Berruguete, de regreso a España, evocó en los fondos arquitectónicos de algunas de sus pinturas. De las obras en Urbino cabe destacar: parte de la **decoración del Studiolo de Federico de Montefeltro, Federico de Montefeltro y su corte** y la **Alegoría de las Artes Liberales** (Biblioteca del Palacio Ducal). La producción de Berruguete en España es importante; de entre sus retablos destacan: el de Paredes de Nava (Palencia), parte del **retablo mayor** (Catedral de Avila) y varios **retablos para el monasterio de Santo Tomás** (Avila), hoy en el Prado. De entre sus tablas, la más importante es la **Degollación de San Juan Bautista** (Santa María del Campo, Burgos), en la que destacan los estudios de la luz, perspectiva* y fondo arquitectónico; en su **Autorretrato** (Museo Lázaro Galdiano, Madrid), a la usanza cuatrocentista, evoca, una vez más, su formación italiana.

En torno a las dos primeras décadas del XVI, murió en Palencia en 1519, trabaja en Castilla el pintor Juan de Flandes; uno de esos maestros flamencos que difundieron el estilo de su país por tierras castellanas. Su obra más importante es el **retablo de la catedral de Palencia.**

La presencia en Toledo del pintor Juan de Borgoña va a enriquecer el panorama de la pintura castellana del primer tercio del siglo. A su formación de origen, no exenta de importantes influencias flamencas, hay que agregar también la italiana; posiblemente, en el círculo de Ghirlandajo, donde perfeccionó la técnica de la pintura mural. Fruto de esta experiencia es la espléndida decoración de pinturas al fresco con la que decoró la **Sala Capitular de la Catedral de Toledo.**

Juan de Borgoña terminó el retablo mayor de la catedral de Avila, que dejó inacabado Pedro Berruguete; otros retablos significativos del maestro son: **el de la Epifanía** y **la Concepción** (Catedral de Toledo). En todos ellos se observa su sólida formación técnica apoyada en: una especial habilidad para concebir los escenarios-fondo, un dibujo fino y flexible y el gusto por la riqueza cromática.

En torno a Valencia surge una importante escuela pictórica que comienza su andadura* con dos pintores que están en la transición de las últimas corrientes góticas al Renacimiento; son Osona el Viejo y su hijo Osona el Joven. La obra cumbre del patriarca de la familia es un **Calvario** (Iglesia de San Nicolás, Valencia), en donde se resumen experiencias flamencas e italianas.

perspectiva: recurso pictórico que consiste en representar los objetos en la superficie pictórica simulando efectos de tridimensionalidad.
andadura: camino.

Osona el Joven, formado junto a su padre, muestra en su obra una profunda admiración por la pintura flamenca, con matices de carácter italianizante. La obra más representativa de su estilo es la **Epifanía** (National Gallery, Londres), en la que muestra una especial habilidad para las escenografías arquitectónicas, que serán un elemento básico en la creación compositiva de sus pinturas.

La influencia de Leonardo de Vinci llegó a la escuela de Valencia con la obra de dos maestros de origen castellano: Fernando Yáñez de la Almedina y Fernando Llanos. No se sabe con exactitud cuál de ellos fue discípulo de Leonardo en Florencia, ya que ambos acusan en su pintura el estilo del maestro italiano. Los especialistas se inclinan por Yáñez, de pintura más leonardesca, aunque, en muchos casos, sus obras se confunden.

Entre 1507 y 1509 trabajan juntos en el **retablo de la catedral de Valencia;** las escenas pintadas en sus tablas se ordenan en hábiles composiciones en las que los personajes —concebidos con notable elegancia— se mueven en ámbitos espaciales amplios que acogen escenografías arquitectónicas de evocación italiana.

Unos años después los dos maestros han dejado los proyectos en común, trabajan en lugares distintos, y sus estilos, ahora más definidos, han evolucionado. En 1526, Yáñez pinta para la catedral de Cuenca; su arte se acerca a las corrientes próximas al estilo de Rafael. Llanos, menos ligado ahora a influencias italianas, trabaja para la catedral de Murcia.

La familia de pintores Macip va a protagonizar la escuela valenciana durante varias generaciones: Vicente Macip, su hijo Juan Macip Navarro, «Juan de Juanes», y los hijos de éste: Vicente, Margarita y Dorotea llenan con sus obras el paréntesis cronológico que se inicia en el segundo tercio del XVI para adentrarse en los primeros decenios de la centuria siguiente.

El estilo de Vicente Macip está entre las últimas manifestaciones leonardescas, que evocan el arte de Yáñez, y las nuevas corrientes rafaelistas, que se imponen cada vez con más fuerza; la obra más representativa de su arte es el **retablo de la catedral de Segorbe** (Castellón), que pintó hacia 1530.

El pintor de más prestigio de los Macip fue Juan de Juanes; su rafaelismo, no exento de importantes aproximaciones a Leonardo, unido a una sólida formación técnica, da a su pintura un especialísimo atractivo. A Juanes se debe la creación de algunas iconografías que, por la misma bondad de los temas, afirman el sentido delicado y sugestivo que caracterizó su estilo. Ejemplo típico de **Sagrada familia** es la de San Andrés (Valencia), con evidentes evocaciones al arte de Rafael.

El tema que más popularidad ha dado a la obra de Juan de Juanes es el de **La Cena;** del mismo se conservan dos versiones pintadas por el maestro: la del Museo del Prado y la de San Nicolás (Valencia). Aunque se inspira en Leonardo, entre otros aspectos diferenciadores, Juan de Juanes evoca el momento de la consagración de la Hostia; el maestro italiano optó por el anuncio de la traición.

Por su calidad, y porque suponen una experiencia interesante y distinta en la producción del pintor valenciano, deben destacarse las **escenas de la vida de San Esteban** (Museo del Prado).

Alejo Fernández fue el maestro de más personalidad de la escuela andaluza; su estilo recoge influencias flamencas e italianas. De su primera etapa en Córdoba es el **Tríptico de la Cena** (Basílica del Pilar, Zaragoza); en la tabla central —con la Cena— crea una bella escenografía arquitectónica apoyándose en un vigoroso efecto perspectivo. En esta obra se pone de manifiesto una de las cualidades del maestro, su facilidad para crear bellos fondos arquitectónicos de gusto italiano.

En 1508 se marcha a Sevilla llamado por su hermano el escultor Jorge Fernández, que trabaja en el retablo mayor de la catedral. En estos años pintó sus mejores obras: las tablas de la **Natividad,** la **Epifanía, Presentación en el templo** y **Encuentro ante la puerta dorada** (Catedral de Sevilla); en ellas, la serenidad majestuosa de sus personajes dispuestos en hábiles y sencillas composiciones, y el interés de los fondos arquitectónicos, son las cualidades más destacadas.

Otras obras significativas del maestro son: la **Virgen de la Rosa** (Santa Ana, en Triana, Sevilla) y, muy especialmente, la **Virgen de los navegantes** (Alcázar, Sevilla).

La influencia de la pintura de Rafael llega a Sevilla a través de la obra de un maestro flamenco, Pieter de Kempeneer, «Pedro de Campaña», que se establece en la ciudad. Nacido en Bruselas, recibió la primera formación en su país y, posteriormente, marchó a Italia; allí se siente poderosamente atraído por el arte de Rafael. Hacia 1540 ya está en Sevilla, donde llegó a gozar de gran prestigio; de entre sus mejores obras destacan: los **Descendimientos** de la Catedral de Sevilla y del Museo de Montpellier, de bella composición y de hondo sentido dramático reforzado por los recursos de la iluminación; el **retablo de la Purificación** (Catedral de Sevilla), donde la influencia rafaelista es muy intensa, y el **retablo de Santa Ana,** en Triana (Sevilla).

Luis de Vargas fue un importante difusor de las influencias italianas en la escuela sevillana. Formado en Italia, donde vivió largos años; cuando se establece en Sevilla, su estilo tuvo gran aceptación. De entre sus obras más conocidas destacan los **retablos del Nacimiento** y el de la **Generación temporal de Cristo** (ambos en la Catedral de Sevilla); en este último, fechado en 1561, la tabla central se conoce como **La Gamba.**

En Granada es significativa la figura del arquitecto y pintor Pedro de Machuca; formado en Italia con Miguel Angel, su pintura acusa la influencia del gran maestro italiano. **La Virgen de la Leche** (Museo del Prado) y el **retablo de la Cruz** (Capilla Real, Granada) son obras características de su estilo.

Pintores cortesanos y escurialenses

La pintura cortesana en época de Felipe II está representada por dos maestros dedicados, casi exclusivamente, al retrato: Alonso Sánchez Coello y Juan Pantoja de la Cruz.

Sólo contaba diez años cuando Alonso Sánchez Coello se trasladó con su familia a Portugal; sin embargo, no fue allí donde se formó como pintor, sino en los Países Bajos junto a Antonio Moro, de quien aprendió la técnica del arte del retrato. Al llegar a España descubre la obra de Tiziano, que influyó poderosamente en él, como antes lo hizo en Antonio Moro.

Sánchez Coello, sin realismos acusados, sabe llegar al personaje retratado y captar lo esencial; el **retrato del príncipe don Carlos,** el de **Isabel Clara Eugenia,** el de **Isabel Clara Eugenia y Catalina Micaela** o el de **Catalina Micaela** —duquesa de Saboya—, todos en el Museo del Prado, son algunos de los más importantes retratos del maestro.

Juan Pantoja de la Cruz, discípulo de Sánchez Coello, continuó como pintor de corte el estilo de retrato impuesto por su maestro; apoyado en un dibujo fácil y riguroso, logra bellos efectos en los detalles de vestidos y joyas. De entre sus obras destacan: el **retrato de Felipe II** (El Escorial), los de **Felipe III** y la

Juan de Juanes: *Santa Cena* (Museo del Prado).

Sánchez Coello: *Felipe II* (Museo del Prado).

Alejo Fernández: *Anunciación* (Museo de Bellas Artes, Sevilla).

reina Margarita de Austria (Museo del Prado) y uno de **Dama desconocida,** del mismo Museo. En algunas de sus pinturas religiosas se plantea problemas que van a ser característicos de la transición hacia el XVII, la luz y la búsqueda del naturalismo; significativos en esta línea son: la **Resurrección** (Hospital Provincial, Valladolid) y la **Adoración de los Pastores** (Museo del Prado).

Los pintores-decoradores italianos que llegan atraídos por la gran obra de El Escorial son numerosos; a su arte corresponden la mayor parte de los murales y pinturas de caballete que decoran el gran proyecto de Felipe II. A Rómulo Cincinato se debe el **San Mauricio,** Francisco de Urbino es el autor del gran **mural del Juicio de Salomón,** Pelegrino Tibaldi decoró la **Bóveda de la Biblioteca** y pintó algunas escenas **para el retablo mayor de la Iglesia,** Luca Cambiaso decoró las **bóvedas de la capilla mayor.** Uno de los maestros de más prestigio en Italia, Federico Zúccaro, fracasó al no gustar sus obras a Felipe II, que, si bien pagó con generosidad sus servicios, le mandó de regreso a Italia e hizo retirar sus pinturas del retablo mayor; en su lugar se pusieron las escenas realizadas por Tibaldi. De Bartolomé Carduccio, otro de los maestros italianos en El Escorial, cabe destacar: **La Cena** (Museo del Prado).

De entre los pintores españoles que trabajaron en El Escorial destaca Juan Fernández Navarrete «el Mudo». Discípulo en Italia de Tiziano, allí aprendió las técnicas de la pintura veneciana; partiendo de su experiencia italiana, creó un estilo propio del que no faltan ensayos tan importantes como los derivados de la dinámica de la iluminación o los realizados en torno al naturalismo. Representativas de su arte son, entre otras obras: el **Martirio de Santiago,** el **Entierro de San Lorenzo** y el **Nacimiento de Cristo** (El Escorial).

Aunque ligado al círculo de artistas que pintaron para Felipe II, posiblemente la muerte prematura privó de trabajar en El Escorial al escultor y pintor Gaspar Becerra. Formado en Italia, fue un fiel seguidor del arte de Miguel Angel; regresó a España en 1577 y cinco años después ya trabaja como pintor para Felipe II. Decoró algunas **estancias del Alcázar de Madrid,** pero su obra maestra es el **programa de pinturas mitológicas al fresco con la Historia de Perseo** que creó para el Palacio de El Pardo; desgraciadamente la mayoría de estos murales se han perdido, conservándose sólo algunos en El Pardo.

, La especial personalidad e independencia del pintor Luis de Morales imposibilita el incluirlo en alguno de los círculos o escuelas de su época; en todo caso, por su formación, habría que situarlo entre los seguidores del arte de Rafael en Sevilla.

La figura del pintor extremeño Luis de Morales, «el Divino», es una de las más curiosas dentro de la pintura española del Renacimiento; partiendo del rafaelismo sevillano, elabora un estilo peculiar en el que también incide el arte de Leonardo. Sus figuras alargadas, llenas de espiritualidad, dieron gran popularidad a sus obras y le valieron el sobrenombre de «el Divino». Su arte no gustó a Felipe II, lo que posiblemente ayudó al aislamiento e independencia que caracteriza su trayectoria artística. Típicos de su estilo son algunos temas como el **Ecce Homo** y la **Piedad,** de ellos se conservan bellos ejemplos en la Academia de San Fernando. También son representativos de su estilo: la **Virgen con el Niño** (Museo del Prado) y la **Virgen del Pajarito** (San Agustín, Madrid), entre otras.

El Greco

Domenico Theotocopuli, «el Greco», es la más excepcional figura de la pintura española del siglo XVI; de origen griego, nace en Creta en 1541, su

El Greco: *Entierro del conde de Orgaz*
(iglesia de Santo Tomé, Toledo).

formación pictórica tiene fuertes incidencias bizantinas. En torno a 1560 el Greco está ya en Venecia y allí toma contacto con una de las más importantes escuelas pictóricas italianas del Renacimiento; la obra de Tiziano, Tintoretto y Veronés debieron de despertar en la sensibilidad artística del joven pintor nuevas ideas y posibilidades. De Venecia pasó a Roma, viajó después por varias ciudades italianas y de nuevo regresa a Venecia. El contacto con el excepcional panorama de la pintura italiana hizo al Greco reconsiderar sobre su estilo y madurarlo hacia las nuevas corrientes estéticas y técnicas de la pintura.

El Greco llega a España atraído, como otros pintores italianos, por la posibilidad de trabajar en la decoración de El Escorial; en 1576 ya está en Toledo y un año más tarde trabaja en el retablo de Santo Domingo el Antiguo y en la pintura del **Expolio** para la catedral. En 1580 culmina el sueño que le trajo a España, pero también es la fecha del mayor fracaso de su trayectoria artística; pintó para Felipe II: la **Adoración del nombre de Jesús** y el **Martirio de San Mauricio** (El Escorial). La pintura del Greco no gustó al rey; perdida la posibilidad de El Escorial, el pintor decide abrir taller en Toledo, donde gozó de gran prestigio, viviendo allí hasta su muerte en 1614.

Se inician treinta y cuatro años de actividad intensa, en los que el Greco se encuentra a sí mismo y, en contacto con la realidad española, define su estilo. El pintor se identificó plenamente con Toledo; tanto que su figura artística está íntimamente unida a la de esta ciudad, centro de una antigua e intensa actividad cultural y artística.

El Greco es pintor de poderosa imaginación y gran facilidad para componer; su especial sentido de la espiritualidad le lleva a estilizar* los personajes, que se mueven con extraordinaria libertad en actitudes majestuosas. Sus figuras pierden la conexión con la realidad material para adentrarse en una consciente

El Greco: *Paisaje de Toledo*
(Metropolitan Museum, Nueva York).

irrealidad, que acentúa aún más el drama religioso; una personal interpretación del color y la luz venecianas y esa peculiar soltura con la que aplica los colores en sus lienzos, son los elementos básicos que definen el estilo de Domenico Theotocopuli.

En 1586 pinta una de sus obras maestras, el **Entierro del conde de Orgaz** (Iglesia de Santo Tomé, Toledo); divide la composición en dos partes, perfectamente interrelacionadas. En el ámbito inferior del cuadro, San Esteban y San Agustín van a dar sepultura al señor de Orgaz —rodeados de un gran número de personas que, por la definición de sus rostros, tienen carácter de retrato—; corona la composición con un rompimiento celestial, donde Cristo, la Virgen, los ángeles y los Santos reciben el alma del difunto.

El estudio de los rostros de los personajes que asisten al entierro del conde de Orgaz sugiere una de las facetas más significativas del arte del Greco, el retrato. El análisis de algunos de los más representativos del maestro: el de **Giulio Clovio** (Museo de Capodimonte, Nápoles), el del **Cardenal Niño de Guevara** (Metropolitan Museum, Nueva York), el de **Hortensio Félix Paravicino** (Museo de Bellas Artes, Boston) o el del **Caballero de la mano en el pecho** (Museo del Prado, Madrid) pone de manifiesto la capacidad de captación que el pintor tiene del personaje y la fuerza con la que lo plasma en la pintura.

De entre sus numerosas obras de carácter religioso, cabe citar algunas, especialmente significativas, donde se puede seguir la evolución de su estilo hacia esa poderosa tensión espiritual que de forma progresiva se apodera de su pintura y la aleja de lo material acercándola a lo irreal: **El Expolio** (Alta Pinaco-

estilizar: alargar.

teca, Munich), **Bautismo de Cristo** (Galería Nacional, Roma), **Pentecostés** (Museo del Prado), **Visitación** (Dumbarton Oaks, Washington), **Expulsión de los mercaderes del templo** (Iglesia de San Ginés, Madrid) y **Nacimiento de la Virgen** (Colección Emil G. Bührle, Zurich).

En la producción religiosa del Greco ocupan un lugar importante sus **Apostolados**; el de la catedral de Toledo y el del Museo del pintor, en esta ciudad, son los más significativos.

La presencia de Toledo fue tan intensa en la vida del Greco que en varias ocasiones plasmó en sus lienzos la configuración de la ciudad que tanto amó; **los paisajes** del Metropolitan Museum (Nueva York) y el de la Casa del Greco (Toledo) son los más conocidos, pero no los únicos, ya que el pintor utilizó como fondo, para algunas de sus obras, la vista de la ciudad. De gran belleza es la que sirve de ambientación-fondo al tema del **Laoconte** (National Gallery, Washington).

El Manierismo, compromiso estético entre dos siglos

El Manierismo, período artístico entre el Renacimiento y el Barroco, como todas las corrientes estéticas puente, es momento de difícil definición cronológica, a la vez que plantea serios problemas para señalar con precisión cuáles son los artistas cuyo estilo y obras están comprometidos con sus propuestas estéticas. Lo que no admite duda es que ese arte refinado, que apoya sus figuraciones en líneas y ritmos curvos, debe incluirse dentro del panorama artístico del siglo XVI.

El término Manierismo —acuñado por Giorgio Vasari para designar, fundamentalmente, a los seguidores de las maneras artísticas de Miguel Angel— identifica una época cuyo conocimiento y estudio ha preocupado a un elevado número de historiadores del Arte.

Superada la ola de descrédito que consideraba al Manierismo como una etapa oscura y a sus artistas como de segunda fila, ha surgido en los últimos años una corriente investigadora que trata de recuperar para el horizonte de nuestra cultura artística el fenómeno manierista, valorándolo con rigor científico.

La estética del Manierismo se enraíza en ese culto que Italia y Europa occidental rindió al arte de los grandes maestros italianos del cinquecento, muy especialmente a la carismática figura de Miguel Angel; de ahí, el origen común de las fuentes que alimentan las corrientes manieristas. Sin embargo, en contacto con la realidad artística y cultural de cada ámbito o país, el Manierismo cristaliza en una sugestiva variedad de formas, matices y peculiaridades, en las que radica mucha de su riqueza y atractivo.

De entre nuestros maestros del quinientos, escultores como Alonso Berruguete, Juan de Juni, Gaspar Becerra o Juan Ancheta, muestran en su obra la seducción que sobre ellos ejerció la estética manierista. De igual forma, en la producción pictórica de Juan de Juanes, Luis de Vargas, Luis de Morales, Gaspar Becerra, Navarrete «el Mudo» o El Greco, se observan interesantes y personalísimas interpretaciones de ese fenómeno estético.

1. ¿Cuáles son las premisas en las que se apoya la estética del Renacimiento? ¿Qué aspectos favorecieron su implantación en España?
2. Enumerar los períodos en que se ordena la arquitectura del Renacimiento en España, sus artistas y obras más importantes.
3. ¿Qué es la escultura en madera policromada? ¿Cuál es su proceso técnico? ¿Qué aporta esta técnica a la figuración plástica?
4. Citar los escultores italianos en España y las obras más representativas de su estilo.
5. ¿Qué diferencias estéticas separan la plástica de Alonso Berruguete y Diego Siloe?
6. Enumerar los pintores renacentistas españoles que completaron su formación en Italia. ¿Qué aportó a su estilo la experiencia italiana?
7. Citar pintores cortesanos escurialenses y algunas de sus obras más interesantes.
8. ¿Cuáles son las características esenciales del estilo de Domenico Theotocopuli «El Greco»? ¿Qué líneas iconográficas abordó en su obra? Enumerar los lienzos más significativos de cada una de ellas.
9. ¿Qué es el Manierismo? ¿Dónde nace? Citar artistas españoles identificados con esta corriente.

16. Arte barroco

El término barroco identifica al período artístico que se inició en los primeros años del siglo XVII, prolongándose hasta la mitad del XVIII; nace en Italia, a finales del cinquecento, y se difunde rápidamente por Europa.

Fue en el Siglo de las Luces cuando la Ilustración, apoyada en el desprecio y la crítica a todo lo que no fuera clásico, calificó —con carácter peyorativo— como barroco el arte de la época entre el Renacimiento y la reacción neoclásica. Entendiendo el término barroco como sinónimo de imperfección y negación de la belleza, armonía y pureza clásicas.

El arte barroco se inserta plenamente en su época; desde el punto de vista religioso, encarna el espíritu de la Iglesia Contrarreformista; desde el ámbito socio-político, el barroco se identifica plenamente con las monarquías absolutas.

Estos dos poderes, que reclaman para sí protagonismo y gloria, son los mecenas que harán posible las grandes empresas, los inspiradores de la obra de arte barroca.

Arquitectura barroca

Con el barroco, la arquitectura pierde ese rigor de traza y en la utilización de los elementos que caracterizó a la del Renacimiento. Plantas, muros, fachadas y cubiertas se someten a una nueva dinámica basada en la curva y contracurva, en la elipse y en las formas mixtas, adquiriendo un lenguaje nuevo y distinto.

El arquitecto crea plantas de formas complejas en las que los ritmos curvos y elípticos, al conjugarse con diseños de trazo recto, ofrecen interesantes posibilidades espaciales. El muro pierde la forma recta y, al incurvarse, propicia la idea de movimiento. La fachada, sometida a formas onduladas, con volúmenes quebrados en distintos planos, frontones rotos que se incurvan* en formas caprichosas, elementos arquitectónicos que se amontonan con intención decorativa y vanos que se multiplican alternando su forma, invita a contemplarla de perfil, porque así ofrece toda la dinámica de su traza. Las bóvedas no corresponden, en muchos casos, con la forma de la planta, lo que acentúa ilusiones y efectos espaciales. En estas innovaciones está la esencia de la nueva arquitectura.

La arquitectura barroca española tiene peculiaridades específicas que la individualizan respecto a otros países; de entre las más significativas deben destacarse: el gusto por la decoración —sólo el barroco alemán posee similar afán ornamental—, la riqueza de tendencias —favorecida por el gran número de monumentos, la distinta personalidad y formación de los arquitectos españoles y, muy especialmente, por la presencia de maestros extranjeros— y una sencillez mayor en la traza de plantas, de concepto menos dinámico; las más complicadas

incurvan: se doblan, o curvan.

plantas italianas sólo se hallan aisladamente en el último período, cuando la influencia exterior es muy fuerte.

Primeros ensayos y afirmación del estilo, la arquitectura hasta el último tercio del XVII

Los inicios de la arquitectura barroca española están muy influidos por la tradición de El Escorial; en este momento, la influencia de Juan de Herrera y sus discípulos fue muy importante.

La fachada del Convento de la Encarnación (Madrid), obra de Fray Alberto de la Madre de Dios, concluida en torno a 1616 y considerada como una de las primeras muestras de nuestro barroco, justifica la admiración de su autor hacia los proyectos de carácter escurialense.

Juan Gómez de Mora, sobrino y discípulo de Francisco de Mora —uno de los más importantes seguidores de Herrera—, une a su formación dentro del círculo herreriano la influencia de los arquitectos italianos. En la **Clerecía** (Salamanca), proyectada en 1617, residencia para la Compañía de Jesús, lo que más se ajusta a los planes de Gómez de Mora es la iglesia, el resto del edificio sufrió importantes modificaciones a partir de su traza; el templo evoca el modelo que para los jesuitas creó Vignola.

A Juan Gómez de Mora se deben, además: un **proyecto para la Plaza Mayor** (Madrid); **remodelaciones en el Alcázar de Madrid,** así como su **fachada Sur,** y el **Ayuntamiento de Madrid,** reformado posteriormente por Teodoro Adermans.

En estos años trabajó en Madrid el arquitecto-decorador italiano Juan Bautista Crescenci, que realizó la decoración de la **bóveda y muros del Panteón de El Escorial.**

Alonso de Carbonell es miembro de la primera generación de arquitectos del barroco; a su traza se debe el conjunto palaciego del **Buen Retiro** (Madrid), que hizo por deseo del Conde-Duque de Olivares, conservado sólo parcialmente. Se le atribuye la **Cárcel de Corte** —ahora Ministerio de Asuntos Exteriores—, proyecto que algunos especialistas señalan como obra de Gómez de Mora. Muy cercana a las formas escurialenses es **la fachada que crea para el Convento de Dominicas de Loeches.** Carbonell intervino también en el **Panteón de El Escorial.**

El arquitecto de la Compañía, Francisco Bautista, que comenzó su trayectoria artística como tracista de retablos, construyó la **Catedral de San Isidro** (Madrid), siguiendo los planos que en 1622 realizó el también jesuita Pedro Sánchez inspirándose en los característicos templos de la Compañía de Jesús; emplean la cúpula encamonada —con estructura de madera— con la que prácticamente no existe el problema de la sustentación.

Aunque de la obra como arquitecto del granadino Alonso Cano sólo queda la espléndida **portada de la Catedral** de su ciudad natal, los ensayos de Cano en el campo de la arquitectura son abundantes. Formado junto a su padre en la traza de retablos, en Sevilla y Madrid dejó muestras de su talento; igual que en los numerosos proyectos de arquitectura efímera en los que participó. La fachada de la Catedral de Granada, aprobada por su Cabildo en 1667, es una monumental creación que cobijan tres gigantescos arcos de medio punto; dividida horizontalmente en dos cuerpos, todo en ella está concebido con proporciones colosales: los pilares o machones, las estatuas, los medallones o los óculos.

El fallecimiento de Alonso Cano —septiembre de 1677— meses después de ser nombrado maestro mayor de obras de la Catedral, impide al artista cons-

Fray Alberto de la Madre de Dios:
Fachada del Convento
de la Encarnación (Madrid).

Alonso Cano: Fachada de la Catedral
de Granada.

Pedro Ribera: Portada del Antiguo
Hospital de Madrid.

Leonardo de Figueroa: Fachada
del Palacio de San Telmo (Sevilla).

truir la portada que diseñó; esta labor fue llevada a cabo, en gran parte, por José Granados de la Barrera, que recibe la influencia del maestro. A Granados, entre otras obras, se debe la **Iglesia del Corpus Christi** (Granada) —ahora parroquia de la Magdalena—, con una importante fachada. El más significativo de los discípulos de Alonso Cano en Madrid fue Sebastián Herrera Barnuevo.

El pintor y arquitecto Francisco Herrera, «el Mozo», trazó un **proyecto** —modificado posteriormente— **para la Basílica del Pilar** (Zaragoza).

El barroco ornamental

La arquitectura barroca española del último tercio del XVII y primeras décadas del XVIII se caracteriza por el gran dominio que adquiere la decoración, un período que se conoce como churrigueresco por la importancia que en el mismo tuvo una familia de arquitectos-decoradores, los Churriguera. Sin embargo, no toda la arquitectura de estos años debe clasificarse como churrigueresca; otros maestros enriquecen sus proyectos con importantes programas decorativos; muy significativas, en esta línea, son las obras de Pedro Ribera, Narciso Tomé, Hurtado Izquierdo o Leonardo de Figueroa, entre otras.

Los hermanos José Benito, Joaquín y Alberto Churriguera son los creadores de un estilo imaginativo y poderosamente ornamental que se muestra con más claridad y fuerza en los retablos que en la arquitectura real. José Benito tipifica su arte en los retablos de su época salmantina; en el de San Esteban, el orden salomónico, la arquitectura quebrada y la decoración desbordante alcanzan su cénit. A su traza se debe también el conjunto de **Nuevo Baztán** (Madrid) y el **Palacio Goyeneche,** ahora Academia de San Fernando (Madrid).

La obra de Joaquín se desarrolló en torno a Salamanca; en 1714 trazó la **cúpula de la catedral nueva** y tres años más tarde inicia la construcción del **Colegio de Calatrava.**

Alberto Churriguera proyectó la **Plaza Mayor** de Salamanca, inspirándose en la de Madrid; fue, sin duda, su obra maestra y la maduración del modelo de Plaza Mayor. Las obras dieron comienzo en 1729 y se concluyen en 1755 con el edificio del **Ayuntamiento,** que trazó Andrés García Quiñones. Alberto Churriguera hizo también la **Iglesia de San Sebastián** (Salamanca) y participó en la construcción de la **fachada de la Catedral de Valladolid.**

La obra de Pedro Ribera muestra una de las más bellas facetas de la arquitectura barroca ornamental, su gran imaginación de decorador se justifica ya desde sus proyectos funerarios de arquitectura efímera. Es en las portadas de sus edificios donde Ribera crea ese mundo de fantasía decorativa; en Madrid, la **Portada del Cuartel del Conde Duque** y la del **Antiguo Hospital,** hoy Museo Municipal, muestran sus extraordinarias aptitudes de decorador.

Una de sus obras maestras, patrocinada por el Conde de Vadillo, es la **Ermita de la Virgen del Puerto** (Madrid); su planta poligonal con capillas circulares está en la línea de los proyectos barrocos italianos. En 1719 proyectó el **Puente de Toledo,** sobre el Manzanares, con bellos nichos en los que, una vez más, manifiesta su amor a lo ornamental.

A la traza de Ribera se deben también las **Iglesias de Monserrat y San Antón** (Madrid), en las que muestra su admiración por los modelos italianos, y la llamada **Fuente de la Fama,** de esta ciudad.

Uno de los más imaginativos proyectos de la arquitectura barroca española, no exento de valores escénicos, es el **Transparente de la catedral de Toledo,** obra de Narciso Tomé. Un espléndido programa escultórico completa una creación que se enraíza en la esencia misma del espíritu del barroco. A la familia Tomé se atribuye también la **fachada de la Universidad de Valladolid.**

De entre las obras del barroco levantino, el **Palacio del Marqués de Dos Aguas,** trazado por Hipólito Rovira, es una de las más significativas; su bella portada supone una nueva experiencia de fantasía decorativa.

En la región andaluza se conservan importantes experiencias de esta etapa. Sevilla acoge la obra de una familia de arquitectos, los Figueroa; el patriarca, Leonardo de Figueroa, hizo algunos de los más característicos edificios del barroco sevillano: el **Hospital de los Venerables,** el **Colegio de San Telmo** —con una originalísima fachada— y la **Iglesia de San Luis,** entre otros. Sus hijos Matías-José y Ambrosio, e incluso su nieto Antonio Matías, llenaron con sus obras un período brillante del barroco en Sevilla.

A Vicente Acero se debe el proyecto para **la catedral de Cádiz,** cuya fachada está entre las creaciones más dinámicas del barroco andaluz. En Granada destaca la figura de Francisco Hurtado Izquierdo que en 1709 se hace cargo de las obras de la Capilla del Sagrario de la Cartuja. Este recogido recinto muestra una de las más hermosas síntesis de las posibilidades estéticas del barroco; arquitectura, escultura y pintura aúnan su lenguaje para expresarse con una riqueza extraordinaria. Obra también de Hurtado es el **Sagrario de la Cartuja del Paular** (Segovia).

La gran obra del barroco en Galicia es la **fachada del Obradoiro** de la catedral de Santiago de Compostela, del arquitecto Fernando Casas Novoa; en su traza se justifican plenamente las características y peculiaridades del barroco español; ese gran proyecto escénico es el más monumental y grandioso de nuestros retablos barrocos llevado a la piedra.

El barroco borbónico

Es una arquitectura de carácter eminentemente cortesano, favorecida por la dinastía borbónica en la que se unen influencias italianas y francesas. Se desarrolla dentro del siglo XVIII y es una de las causas que propician la prolongación de la estética barroca más allá de la mitad de siglo.

Teodoro Ardemans, arquitecto y hombre culto, fue una de las grandes personalidades de esta etapa. Remodela el Ayuntamiento y el Alcázar de Madrid, que transforma a la manera de los palacios franceses. Su obra más importante es el **Palacio de San Ildefonso en la Granja** (Segovia), que trazó siguiendo el modelo de Versalles; muy interesante es también la capilla palaciega.

La fachada del palacio no es obra de Ardemans, fue proyectada por el arquitecto italiano Filippo Juvara; el maestro fue llamado a España para realizar el Palacio Real de Madrid; su muerte en 1736 dejó el proyecto bajo la dirección de uno de sus más importantes discípulos, Giovanni Battista Sacchetti. Este, siguiendo la traza de Juvara, en la que introdujo algunas variaciones, maduró el proyecto. Giacomo Bonavia fue otro de los arquitectos italianos que trabajan para la corte; participa en la **decoración del Palacio de San Ildefonso** y, muy especialmente, en las obras que se llevan a cabo en Aranjuez; allí construye la **Iglesia de San Antonio,** donde recuerda modelos de Bernini. También influido por proyectos italianos traza la **Iglesia de los Santos Justo y Pastor** (Madrid).

De entre los arquitectos franceses que vienen a España uno de los más destacados fue François-Antoine Carlier; **Las Salesas Reales** (Madrid) es su obra más importante.

Escultura barroca

A lo largo del XVII, la escultura policromada en madera alcanzó plena madurez; siguiendo la tradición, los maestros españoles del barroco hallan en la talla de la madera la técnica y el material más adecuado para sus obras. La policromía de la imagen tallada —carnaciones y estofado—, labor de gran importancia, sigue siendo objeto de esmerados cuidados; en muchos casos, dirigidos por el maestro escultor que no solía abandonar por completo esta faceta al trabajo de taller.

El deseo de dotar a las imágenes de realismo llevó al escultor a utilizar el recurso de los postizos: coronas de espinas hechas con ramajes espinosos naturales, ojos de cristal, pestañas de pelo real o lágrimas de cristal son, entre otros, los más comunes.

La escultura es eminentemente de carácter religioso; cabildos catedralicios, Iglesias y órdenes religiosas son los patronos de este arte. Los temas de la Pasión de Cristo y las Vírgenes Dolorosas, encargados como imágenes procesionales, ocupan un lugar destacado en la producción de los talleres. Muy característica de estos encargos es la llamada talla de vestir*, en la que el realismo alcanza efectos de riqueza extraordinaria; las ricas telas bordadas y con brocados de oro y plata, y las joyas que realzan la belleza de las imágenes de la Virgen, son, entre otros, elementos de ornato que dan a esta imaginería un poderoso atractivo.

Escuela castellana

Gregorio Fernández, escultor de origen gallego establecido en Castilla, es el máximo representante de esta escuela. Su formación en Valladolid, junto a Francisco Rincón, debió enriquecerse al contacto con la obra de los grandes maestros del XVI: Alonso Berruguete y Juan de Juni. Gregorio Fernández, guiado por el realismo típico del barroco y un deseo de despertar el sentimiento religioso, concibe los temas de la Pasión con poderoso dramatismo, valorando la tragedia a través del dolor. Escultor de depurada técnica, talla con notable perfección; son muy característicos de su estilo los paños que se pliegan en formas de perfiles finos y angulosos.

El **Cristo yacente** (El Pardo), de hacia 1605, es la primera obra de la que se tiene noticia y una de sus más interesantes creaciones; del tema conocemos otras réplicas del maestro: la del Museo de Valladolid o las de la Encarnación y San Plácido (Madrid). Los motivos de la Pasión son objeto de atención especial en la producción de Gregorio Fernández; de algunos de ellos realizó varias versiones; las más significativas son: el **Crucificado** (San Marcelo, León), **Cristo atado a la columna** (La Vera Cruz, Valladolid), **La Verónica** y **El Cirineo** (Museo de Valladolid) y, muy especialmente, la **Piedad**, del mismo Museo. De entre los retablos que se conservan, el de la Catedral de Plasencia y San Miguel (Vitoria) son los más representativos de su estilo. El **San Bruno** (Museo de Valladolid) es la más importante de sus tallas de Santos.

Juan Antonio de la Peña, José Rozas y Juan Rodríguez son algunos de los discípulos más próximos a Gregorio Fernández; de la Peña y Rozas colaboraron con el maestro en la talla de algunas de sus obras.

En torno a Madrid trabajó el escultor portugués Manuel Pereira; sus imá-

---

dinámica: movimiento.
talla de vestir: imagen de vestir.

Filippo Juvara, Giovanni Battista Sacchetti: Palacio Real (Madrid).

Gregorio Fernández: *Piedad* (Museo de Escultura, Valladolid).

Juan Martínez Montañés: *Cristo de la Clemencia* (catedral de Sevilla).

Juan de Mesa: *Cristo de la Agonía* (Parroquia de San Pedro, Vergara, Guipúzcoa).

131

genes muestran la sólida formación técnica del maestro; talló algunas esculturas en piedra. **San Bruno** (Cartuja de Miraflores, Burgos; y Academia de San Fernando, Madrid), el **Cristo Crucificado de Lozoya** (Catedral de Segovia) y las, ya perdidas, **Figuras de Santos** (San Isidro, Madrid) son sus obras más representativas.

Escuela andaluza

Es la más importante escuela escultórica del barroco español. Las ciudades de Sevilla y Granada destacaron, muy especialmente, por la abundancia de talleres y el prestigio de sus escultores; figuras como las de Martínez Montañés, Juan de Mesa, Alonso Cano, Pedro de Mena y José de Mora, entre otras, muestran la pujanza que tuvo la escultura andaluza del barroco.

Juan Martínez Montañés fue el gran maestro del círculo sevillano y uno de los más representativos del ámbito andaluz; nace en Alcalá la Real (Jaén); su formación es granadina, junto a Pablo de Rojas, aunque posteriormente se instaló en Sevilla, donde abrió taller y produjo toda su obra. Una serenidad, no exenta de sentido majestuoso, la elegancia de estirpe clásica y los rostros serenos con expresiones de misticismo son las cualidades más características de sus tallas.

San Cristóbal (Iglesia del Salvador, Sevilla) y **San Jerónimo arrodillado** (Convento de las Clarisas, Llerena, Badajoz), obras de su primera etapa, ya muestran las excepcionales dotes del maestro andaluz. En 1603 comienza una de sus tallas maestras, el **Cristo de la Clemencia** (Catedral de Sevilla); en la imagen se muestran todas las cualidades del estilo de Montañés: serenidad, elegancia, evocaciones clásicas y un misticismo profundo en el rostro. Años más tarde, hacia 1630, hizo para la Catedral sevillana otra de sus mejores obras, una escultura de poderoso encanto, la **Inmaculada;** la talla encarna todo el espíritu contrarreformista* en torno al dogma de la Inmaculada Concepción.

De entre sus retablos, el de San Isidoro del Campo, en Santiponce, destaca por sus bellos relieves de la **Adoración de los Pastores** y la **Epifanía,** además de la magnífica figura de **San Jerónimo penitente.** Ocho años después, en 1617, hizo el de San Miguel, en Jerez de la Frontera, en el que, a pesar de la colaboración de discípulos, hay tramos de excepcional calidad. El **Santo Domingo penitente** (Museo de Bellas Artes, Sevilla), para el retablo de Santo Domingo de Portaceli (Sevilla), de hacia 1608, es otra de sus obras maestras, que se inspira, como sus San Jerónimos penitentes, en el **San Jerónimo** de Pietro Torrigiano.

Juan de Mesa es el más importante discípulo de Martínez Montañés; nacido en Córdoba, su formación es sevillana, bajo la tutela de Montañés. En 1606 ya trabaja en el taller del maestro; el estilo de Juan de Mesa se caracteriza por un gusto hacia lo patético que, en cierta manera, rompe esa ideal serenidad de las imágenes de Montañés. Este hecho también se refleja en su técnica de modelar; frente a la finura de las tallas del maestro, Juan de Mesa —muy especialmente en sus Cristos Crucificados— acentúa el realismo anatómico; de esta forma hace más intensos los ecos dramáticos.

Entre 1618 y 1622 talla sus mejores obras, las **Imágenes de Cristo Crucificado** que se reparten en templos y cofradías sevillanas: **el del Amor, el de la Conversión del Buen Ladrón, el de la Misericordia** o **el de la Buena Muerte** (ahora en la Universidad Hispalense). En Guipúzcoa, en la parroquia de

contrarreformista: relativo a la Contrarreforma.

San Pedro (Vergara), se conserva uno de los Crucificados más importantes del escultor, el llamado **Cristo de la Agonía**. La obra más conocida de Juan de Mesa es una talla de vestir que goza de gran devoción popular, el **Jesús del Gran Poder** (Iglesia de San Lorenzo, Sevilla). Durante veintiún años, Juan de Mesa trabajó en el taller de Montañés, murió en 1627 sin haberlo abandonado nunca; posiblemente, la dedicación a las obras del maestro le privó de una más amplia producción propia.

Otros escultores del círculo de Montañés son: Juan Gómez, José de Arce y Felipe de Rivas.

Pedro Roldán, escultor sevillano formado en Granada junto a Alonso de Mena, al establecerse en Sevilla llevó hasta allí las experiencias de su aprendizaje granadino. Con Roldán se inicia no sólo un estilo distinto al de Montañés y su círculo, sino un nuevo concepto de la plástica; sus figuras, apoyadas en el movimiento y el gesto, adquieren una inusitada vitalidad. Representativo de su estilo es el **Descendimiento** (Capilla del Sagrario, Catedral de Sevilla), aunque su obra maestra es el **Entierro de Cristo,** retablo mayor del Hospital de la Caridad (Sevilla); espléndido conjunto, valorado escénicamente, en el que Roldán muestra su afán narrativo de carácter pictórico.

De entre los discípulos de Pedro Roldán destacan: su hija Luisa Roldán «la Roldana», Francisco Ruiz Gijón y Pedro Duque Cornejo.

Pedro Duque Cornejo es el escultor de más valía del taller de Roldán; sus figuras, talladas con refinada técnica, tienen un dinamismo muy barroco: trabajó en Sevilla, Granada y Córdoba. Granada guarda las obras más importantes del escultor; el **Apostolado** de la Basílica de Nuestra Señora de las Angustias y la **Magdalena** (Capilla del Sagrario, La Cartuja) son fruto de una etapa de madurez.

Alonso Cano fue el maestro carismático de la escuela granadina; escultor, pintor y arquitecto, su arte se convirtió en modelo y símbolo no sólo para los artistas granadinos de su tiempo, sino para los que vinieron después. La escuela por él fundada fue fiel a sus enseñanzas durante varias generaciones.

Como escultor, Alonso Cano se forma en Sevilla junto a Juan Martínez Montañés; su personalidad artística y habilidad técnica favorecieron la temprana consolidación de su estilo.

El estilo de Alonso Cano es el más clásico de los escultores barrocos españoles; en su obra no tienen cabida los aspectos dramáticos, patéticos, gestuales o de movimiento que rompen el equilibrio y la elegancia de las figuras.

De su época sevillana destacan: el **San Juan Bautista** (Colección Güel, Barcelona) y la bellísima imagen de la **Virgen de la Oliva,** del retablo mayor de la Iglesia de Lebrija (Sevilla); en ella define el escultor el modelo de Virgen que repetirá tanto en escultura como en pintura; la cabeza ligeramente inclinada a un lado y, muy especialmente, la forma apuntada hacia los pies, efecto que acentúa con la caída del manto que se cierra en torno al talle de la imagen, que así adquiere una extraordinaria elegancia.

De sus trabajos en Madrid, el **Niño con la Cruz acuestas** (Iglesia de San Fermín de los Navarros) es la obra más significativa, sobre todo por la novedad del modelo del Niño Nazareno.

La etapa granadina de Alonso Cano, que se inicia en 1652, es la más fructífera y madura; es también el momento en el que, en torno a su arte, se forma una importante escuela. Para la Catedral hizo algunas de sus obras maestras: la **Inmaculada** y la **Virgen de Belén,** para el facistol, que, a pesar de su pequeño tamaño, están entre las imágenes más hermosas del barroco español; el **Busto de San Pablo** y los de **Adán** y **Eva,** y el **San Juan Bautista**

Niño, que con la **Cabeza de San Juan de Dios** (Museo de Bellas Artes) y el **Angel de la Guarda** (Convento del Angel Custodio), son las experiencias plásticas más próximas al clasicismo del período granadino del maestro.

En colaboración con su discípulo Pedro de Mena talló las dos monumentales imágenes de **San Antonio** y **San José con el Niño** del Museo de Bellas Artes de Granada. Fue el granadino Pedro de Mena el más importante de los discípulos del maestro; a pesar de ser hijo del escultor Alonso de Mena, pasó a formarse y perfeccionar su estilo junto a Cano. Las obras de Pedro de Mena rompen ese idealismo clásico que caracteriza a las del Racionero para expresar los más íntimos sentimientos anímicos; sus Santos, sin menoscabo del equilibrio y la elegancia, muestran profundos estados místicos.

De su primera época es la imagen de la **Concepción** (Iglesia parroquial de Alhendín, Granada), donde se muestra aún muy próximo al estilo de su maestro. La personalidad de su estilo se manifiesta plenamente en algunas de sus **Dolorosas y Ecce Homos,** en la **Magdalena penitente** (Museo de Valladolid) y en el **San Francisco** (Catedral de Toledo). En 1656 comienza en Málaga la **sillería del coro** de la Catedral; su estilo, ya definido, cristaliza en creaciones de extraordinaria calidad técnica e iconográfica.

Con José de Mora la escuela granadina del barroco se proyecta hacia el siglo XVIII; nace en Baza (Granada) en 1642 y muere en Granada, ochenta y dos años más tarde, en 1724. Miembro de una familia de escultores, él fue el de más valía; su padre, Bernardo de Mora, discípulo de Alonso Cano, fue uno de esos escultores de escuela sin gran fama; su hermano, Diego de Mora, tampoco puede señalarse como un maestro de gran personalidad artística.

José de Mora, que se forma bajo la influencia del arte de Alonso Cano y de Pedro de Mena, es el más místico de los escultores granadinos; todos sus biógrafos acentúan como nota dominante de su carácter una gran religiosidad que va a llevar a sus imágenes. A pesar de sus viajes a Madrid, donde fue nombrado escultor del rey Carlos II, sus obras más importantes las hizo en Granada. **El Cristo de la Misericordia** (Iglesia de San José), la **Virgen de la Soledad** (Iglesia de San Gil y Santa Ana) y el **San Bruno** (Cartuja) son las más significativas. De entre sus obras en Madrid, la **Dolorosa** del Convento de las Maravillas es la más representativa de su arte.

Los últimos representantes del estilo de Alonso Cano, en la tradición más próxima al arte del maestro, son: José Risueño, que cuando murió el Racionero* en 1667 sólo tenía dos años, y Torcuato Ruiz del Peral, que nace ya dentro del XVIII, en 1708. La obra más importante de Risueño es el **Retablo de la Iglesia de San Ildefonso** (Granada). Otras obras representativas de su estilo son: **San Juan de Dios** y **Santa Teresa** (Iglesia de San Matías) y una interesante imagen de **San José sentado con el Niño dormido,** de una colección particular granadina. De Ruiz del Peral debe recordarse la espléndida escultura de la **Virgen de las Angustias** en la Iglesia de Santa María en la Alhambra.

Escuela levantina

Murcia fue el más importante centro del último barroco español gracias a la obra de Francisco Salzillo, un escultor nacido en esa ciudad, en 1707, de una familia de origen napolitano. Se forma junto a su padre, Nicolás Salzillo, del que hereda una especial finura y sensibilidad en el modelado de las figuras; ahí radica una de las claves del éxito de los pasos procesionales que Salzillo

racionero: nombramiento eclesiástico que otorga el cabildo de la Catedral.

creó. Se trata de grupos escultóricos, con varios personajes, que evocan momentos cumbres de la Pasión de Cristo; en ellos, las imágenes, exentas de elementos patéticos, se muestran naturales, espontáneas y despiertan un sentimiento religioso que se identifica fácilmente con el sentir popular.

La Cena, la **Oración del Huerto**, el **Prendimiento** y la **Flagelación** son algunos de los más importantes pasos procesionales del maestro; de sus imágenes deben recordarse: la **Dolorosa, San Juan** y **La Verónica** (Museo Salzillo, Murcia).

La pintura barroca

El de la pintura es el capítulo más brillante del barroco español, el panorama de las distintas escuelas es de tal riqueza que en un siglo surgieron maestros de la valía de: Ribera, Zurbarán, Velázquez, Alonso Cano y Murillo, entre otros muchos que, por su personalidad artística y calidad técnica, podrían destacarse.

La maduración definitiva de los aspectos técnicos, la confluencia de corrientes extranjeras —especialmente italianas y flamencas— con el rico legado de la tradición de cada escuela, el triunfo del naturalismo y la adopción del realismo, o los estudios en torno a problemas tan significativos como: la dinámica de las figuras, el espacio, la luz y el color, entre otros, enriquecen y dan personalidad a la pintura española del XVII.

Aunque en España el cuadro barroco sigue siendo esencialmente religioso, el culto al naturalismo —apoyado en esa curiosidad que incita al artista a interesarse por el universo que le rodea— llevó a la pintura a ensayar nuevos géneros. La escena mitológica, que el celo religioso convirtió en materia prohibida, aparece muy aisladamente en la obra de los pintores españoles; hay que exceptuar a Velázquez, que tuvo el privilegio de vivir en la corte, con la inmunidad que le otorgaba la amistad del Rey. Un lugar destacado ocupan los estudios de bodegón; como género, e inserto en muchos lienzos de carácter religioso o profano. El retrato alcanzó su maduración definitiva a través de la obra de Velázquez y los pintores de corte. La pintura de paisaje, que, como género, se consideró propia de pintores de poca calidad, estuvo relegada frente al cuadro de historia; no obstante, se utiliza, frecuentemente, como fondo del cuadro. Aunque aislados, tuvo algunos cultivadores, y maestros de la calidad de Ribera, Velázquez o Murillo ensayaron en alguna ocasión un lienzo de paisaje.

Los temas religiosos son los que tienen auténtico protagonismo; la iconografía contrarreformista halló en la pintura la mejor forma de expresarse y un medio idóneo de difusión; los lienzos con figuras o escenas y, muy especialmente, los programas pintados, se convierten en excelente medio didáctico. Téngase en cuenta que la pintura religiosa está celosamente vigilada y orientada según la normativa emanada desde la Iglesia.

Escuela valenciana

Francisco Ribalta, pintor puente entre dos siglos, es pionero en el estudio de la iluminación. Aunque pudo iniciarse como pintor en Cataluña, su formación se consolida en torno a los pintores cortesanos y de El Escorial. Muy influido por Navarrete «el Mudo», y por los maestros italianos, se interesó, especialmente, por el claroscurismo*; de tal forma, que sus obras se caracterizan

claroscurismo: efecto contrastado de la iluminación.

Alonso Cano: *Virgen de Belén*
(catedral de Granada).

Francisco Salzillo: *Oración del Huerto*
(detalle) (Museo Salzillo, Murcia).

José Ribera: *Martirio de San Bartolomé* (Museo del Prado).

por los ensayos en la dinámica de la luz. Si a Navarrete puede considerársele como precursor del tenebrismo, a Ribalta debe catalogársele ya como tenebrista.

En su primera obra conocida, **Cristo Crucificado** (Museo del Ermitage, Leningrado), que pinta en 1582, ya muestra esas inquietudes por los fuertes contrastes de la iluminación. Establecido en Valencia, entre 1603 y 1610 recibe el encargo de pintar escenas para dos retablos: el del Colegio del Corpus Christi y el de la Iglesia de Algemesí. En **La Cena,** correspondiente al primero, y en la **Degollación de Santiago** y la **Visión del padre Simón,** del de Algemesí, Ribalta apoya la contextura de sus obras en intensos efectos de la luz.

De un acentuado carácter tenebrista son algunos de sus más famosos lienzos: **San Francisco reconfortado por el Angel, Cristo abraza a San Bernardo** (ambos en el Museo del Prado) y **San Francisco abraza al Crucificado** (Museo de Valencia).

Seguidor del arte de Ribalta fue Jerónimo Jacinto Espinosa; su estilo se caracteriza por una decidida vocación tenebrista; pintor de monjes, su obra más significativa es el programa para el convento de la Merced (Valencia), al que pertenece la **Aparición de Cristo y la Virgen a San Pedro Nolasco,** ahora en el Museo de esta ciudad.

La inclusión del pintor valenciano José Ribera dentro de la escuela se justifica únicamente en su origen o en la posible formación junto a Ribalta. Muy joven aún, marchó a Italia, donde realmente maduró como pintor, asentándose definitivamente en Nápoles, que en este momento dependía de España como virreinato. Su prestigio fue importante; recibió numerosos encargos, incluso desde España; su pequeña estatura le valió el sobrenombre de «lo Spagnoletto».

Pintor de técnica depurada, su estilo de los primeros años estuvo muy influido por el tenebrismo; cuando el pintor llegó a Nápoles, sólo hacía seis años de la muerte de Caravaggio, y las corrientes tenebristas tienen todo su vigor. Buen colorista, los contrastes de la iluminación no privaron a sus obras de la riqueza cromática; un dibujo firme y una gran facilidad para componer dan a sus cuadros un gran atractivo.

La pintura de Ribera se caracteriza por un poderoso realismo que se manifiesta en los personajes deformes, y ciertamente insólitos, de algunos de sus lienzos, en la búsqueda de la nota patética en el martirio de los Santos o en el detallismo riguroso con que pinta la piel maltratada y llena de arrugas, por el sufrimiento de una vida de sacrificio y oración, de sus ascetas*. **El niño cojo** (Museo del Louvre, París), cuyo rostro es contrapunto a su mano y pie deformes; **La mujer barbuda de los Abruzos** (Hospital de Afuera, Toledo), que, como contraste a su crecida barba, da de mamar a su hijo; el **Martirio de San Bartolomé** (Museo del Prado), una de sus obras maestras, donde el drama del martirio se expresa tanto en los contrastes de la iluminación como en los rostros de burla de los verdugos, o el **San Pablo Ermitaño** (Museo del Prado), que refleja en su anatomía la dureza de una vida de sacrificio, son, entre otras, obras que justifican el realismo que caracteriza el arte de Ribera. En idéntica línea realista está su **Arquímedes** (Museo del Prado), lienzo en el que el pintor encarna al científico en un mendigo napolitano.

Siguiendo la tradición de la escuela española, Ribera fue un pintor eminentemente religioso, así se justifica en lienzos como: la **Inmaculada** (Agustinas, Salamanca), obra de extraordinaria belleza, en la que Ribera muestra su

ascetas: que practican el sacrificio y la vida retirada como vía de perfección.

José Ribera: *La mujer barbuda de los Abruzos* (detalle) (Hospital de Afuera, Toledo).

José Ribera: *Esopo* (Museo del Prado).

Juan Bautista Mayno: *Pentecostés* (Museo del Prado).

Diego Velázquez: *El aguador de Sevilla* (Aspley House, Londres).

habilidad como colorista en un momento en que ha abandonado las experiencias tenebristas; el **Sueño de Jacob** (Museo del Prado) o la **Santa Inés** (Museo de Dresde), entre otras.

José Ribera ensayó también el cuadro mitológico; el **Sileno embriagado** (Museo de Nápoles) o los fragmentos del **Triunfo de Baco** (Museo del Prado) son obras características de este género.

Escuela castellana

La escuela castellana del primer tercio de siglo tiene algunos de sus más genuinos representantes en los pintores que asisten al nacimiento de las últimas obras del Greco.

Luis Tristán es uno de ellos. Discípulo del Greco, su estilo está muy influido por el arte del maestro griego. De sus obras, el Retablo de la Iglesia de Yepes, con un buen lienzo de la **Epifanía, la Trinidad** (Catedral de Sevilla) y el **Retrato del Arzobispo Sandoval** (Catedral de Toledo) son las más representativas.

Pedro Orrente, aunque levantino de origen, también trabaja en Toledo; Valencia y Toledo conservan lo más importante de su producción pictórica. Las obras de Orrente, muy contrastadas en la iluminación, están en la línea del primer tenebrismo; el **San Sebastián** (Catedral de Valencia) y la **Historia de Santa Leocadia** (Catedral de Toledo) son representativas de su estilo. Muy basanescas son algunas escenas de la vida de Jacob, hoy en el Museo del Prado; **Jacob en el pozo y Jacob y Raquel abrevando los rebaños** muestran la admiración a la obra de los Bassanos.

La vocación hacia el naturalismo, tan característica de la pintura barroca española, tiene en la obra de los pintores de bodegones, Fray Juan Sánchez Cotán y Alejandro Loarte, una de sus expresiones más significativas.

Sánchez Cotán, nacido en Orgaz, se formó en Toledo con Blas de Prado; la naturaleza y la dinámica de la luz son dos constantes en la obra del pintor; profesó como cartujo, dejando en la Cartuja del Paular (Segovia) y en la de Granada una importantísima obra. De sus **Bodegones** destacan: el de la Colección Hernani (Madrid), el de la Fine Arts Gallery (San Diego, California) y el del **Cardo** (Museo de Bellas Artes, Granada).

Aunque su faceta como pintor religioso se desarrolló, muy especialmente, en la Cartuja de Granada, de su etapa en Toledo se conservan algunos temas religiosos de extraordinaria belleza; es el caso de **Cristo y la Samaritana** (Santo Domingo el Antiguo, Toledo) o **Niño Jesús con la Cruz** (San Ildefonso, Toledo). Un acusado realismo muestran sus escenas de la vida de los cartujos que adornan el monasterio granadino; un realismo que, en una línea riberesca, se justifica plenamente en su lienzo **Brígida del Río, la barbuda de Peñaranda** (Museo del Prado).

El dominico Fray Juan Bautista Mayno se forma en Italia en la primera década del XVII; conoce el arte de Caravaggio, Guido Reni y Aníbale Carracci. De Italia procede esa especial sensibilidad para concebir las gamas de color que caracterizan su estilo; no se dejó influir por las corrientes caravaggistas en la dinámica de la luz, lo que da a su obra un atractivo mayor. En 1611 ya estaba en Toledo, dos años más tarde ingresó en la Orden de Santo Domingo. Pasó después a Madrid, allí fue nombrado profesor de dibujo de Felipe IV, lo que le abre las puertas de la corte.

Su obra maestra son las pinturas para la Iglesia de San Pedro Mártir (Toledo); un conjunto de murales y cuatro lienzos para el retablo de las Cuatro Pascuas. El Museo del Prado guarda ahora las cuatro espléndidas escenas de este retablo, típicas del estilo de Mayno: la **Epifanía,** la **Adoración de los pastores,** la **Resurrección** y **Pentecostés.** En el mismo Museo se conserva la obra que pintó para el Salón de Reinos, la **Toma de Bahía.**

Vicente Carducho fue el pintor de más personalidad de entre los italianos que trabajaron en Castilla durante el primer tercio de siglo; contaba pocos años cuando llegó a España junto a su hermano Bartolomé, uno de los pintores que vienen atraídos por El Escorial. Además de pintor, Vicente Carducho fue teórico de la pintura; a él se debe el tratado «Diálogos de la Pintura». Sus obras más destacadas son: el ciclo de lienzos que hizo para la Cartuja del Paular y los destinados al Salón de Reinos, ahora en el Prado: la **Victoria de Fleurus,** la **Liberación de Constanza** y la **Toma de Rheinfelden.**

Otros pintores de ascendencia italiana que pintan en el ámbito castellano en esta época son: Eugenio Caxés y Angelo Nardi.

El más importante de los seguidores de Velázquez fue su yerno Juan Bautista Martínez del Mazo; no fue pintor de excesiva personalidad; protegido del maestro, vivió en la corte, donde llegó a ser pintor de cámara. Su estilo se identifica con el de Velázquez; colaboró con él en algunas obras; en muchas de las suyas, no falta la mano e inspiración del gran maestro, al que, en ocasiones, también copió. **La Infanta Margarita** (Museo del Prado) y **La familia del pintor** (Kunsthistorisches Museum, Viena) son sus obras más importantes.

Muy velazqueño es el aragonés Jusepe Leonardo, formado en Madrid junto a Eugenio Caxés; su estilo está muy influido por Velázquez. De entre sus obras destacan: la **Rendición de Juliers** y la **Toma de Brisach,** que hizo para el Salón de Reinos (ahora en el Museo del Prado).

También fue discípulo de Velázquez un mulato que estuvo a su servicio, Juan de Pareja; su mejor obra es la **Vocación de San Mateo** (Museo del Prado).

Hacia mitad de siglo trabajan en Castilla un importante número de pintores; de entre ellos destacan: Antonio de Pereda y Fray Juan Rizi. Antonio de Pereda recibió las primeras enseñanzas en Valladolid; posteriormente se trasladó a Madrid, donde madura su estilo; para el Salón de Reinos pintó el **Socorro de Génova** (ahora en el Prado), una de sus obras más importantes. Realizó bodegones y cuadros de tipo moralizante, «vanitas», en los que pone de manifiesto su destreza como dibujante; en esta línea destacan: **Vanitas** (Kunsthistorisches Museum, Viena) y **El Sueño del Caballero** (Academia de San Fernando, Madrid).

El benedictino Fray Juan Rizi, hijo de un pintor italiano, centra su producción en las obras que realizó para la orden de San Benito, de la que formó parte. Muy significativos de su estilo son dos lienzos del Museo del Prado, que provienen del ciclo que pintó para el Monasterio de San Millán de la Cogolla, **San Benito bendiciendo el pan** y **La comida de San Benito;** en ellos muestra su inclinación hacia los violentos efectos de la iluminación. En 1662 marchó a Italia, Montecassino, donde siguió pintando hasta su muerte.

De entre los pintores de corte del último tercio de siglo destacan Juan Carreño de Miranda y Claudio Coello, continuadores del arte de Velázquez. Carreño de Miranda, pintor de cámara de Carlos II, fue un maestro de notables aptitudes para la pintura al fresco y un buen pintor de retratos.

De su mano se guardan algunos interesantes retratos de Carlos II, significativos son los del Museo del Prado y el de la Casa del Greco en Toledo; importante en su producción es también el de la reina doña Mariana de Austria, así como los de: el embajador de Rusia, **Pedro Iwanowitz Potemkin,** y

El **Duque de Pastrana** (Museo del Prado) y el de la condesa de Monterrey, **Doña Inés de Zúñiga** (Museo Lázaro Galdiano).

La pintura religiosa ocupa un lugar destacado en la obra del maestro: la **Magdalena** (Academia de San Fernando), **San Sebastián** y **Santa Ana enseña a leer a la Virgen** (Museo del Prado) son representativos de esta faceta del pintor.

En la línea realista de Ribera pintó dos lienzos, hoy en el Museo del Prado; son los retratos de la niña deforme **Eugenia Martínez Vallejo «la monstrua»**, pintados por Carreño cuando ésta tenía cinco años.

Claudio Coello, formado con Francisco Rizi, admirador del arte italiano y de la obra de Velázquez, fue también pintor de cámara de Carlos II. A él se debe el **Retrato de Carlos II** (Museo de Frankfort) y, posiblemente, el de **doña Mariana de Austria** (Museo del Prado). La pintura religiosa es faceta importante en su producción: la **Anunciación** (Monasterio benedictino de San Plácido, Madrid), el **Triunfo de San Agustín**, la **Virgen con el Niño entre las virtudes teologales y Santos** o **Santa Rosa de Lima** (Museo del Prado) están entre sus lienzos más significativos.

En 1690 concluye su obra maestra, **La Sagrada Forma** (Sacristía de El Escorial); ambienta la escena en un espléndido fondo arquitectónico, que reproduce la Sacristía para la que se destina el lienzo; obra de carácter religioso, tiene además valores conmemorativos, ya que evoca un hecho real ocurrido en 1684. El cuadro muestra también las cualidades de Coello para el retrato: junto a Carlos II retrató a importantes personajes de la corte.

A esta etapa de la escuela castellana pertenecen también: Francisco Herrera «el Mozo», cuya obra maestra es la **Apoteosis de San Hermenegildo**; Francisco Rizi, que, entre otras obras, pintó la **Virgen con San Francisco y San Felipe** (Iglesia de Capuchinos, El Pardo); Mateo Cerezo, al que se debe la **Asunción de la Virgen** (Museo del Prado), y el pintor y tratadista Antonio Palomino, que dominó la técnica del fresco; suyos son los de la bóveda del coro de San Esteban (Salamanca) o los de la Cúpula del Sagrario de la Cartuja de Granada, que pintó junto con José Risueño. Su tratado, «El Museo Pictórico y la Escala Optica», es una obra cumbre de la literatura artística del Siglo de Oro.

Velázquez

Diego de Silva y Velázquez, el pintor más importante del XVII español y uno de los grandes maestros de la pintura barroca europea, nació en Sevilla en 1599; hijo de Juan Rodríguez de Silva, de origen portugués, y de Jerónima Velázquez, de familia sevillana. Inició su formación con Francisco Herrera «el Viejo», para completarla en el taller de Francisco Pacheco. En 1617, cuando sólo tenía dieciocho años, consigue superar el examen que le acreditaría como maestro pintor; un año más tarde contrajo matrimonio con Juana Pacheco, hija de su maestro.

Desde las primeras obras, la vocación hacia el naturalismo y los estudios de la luz va a obsesionar a Velázquez; la mayoría de sus lienzos sevillanos tienen mucho de bodegón y de experiencia tenebrista. Los tipos humanos que pinta el maestro son fruto también del contacto con la realidad, de la vivencia cotidiana: el aguador, los músicos, la vieja que fríe los huevos, la mulata, las mujeres en la cocina de Marta y María, son tipos humanos que el maestro vio por las calles de Sevilla u observó trabajando en la intimidad del hogar.

De esta época cabe destacar: la **Cocinera mulata** (Colección Beit, Irlanda), los **Músicos** (Museo de Berlín), **Cristo en casa de Marta y María** (National Gallery, Londres), **Vieja friendo huevos** (National Gallery, Edimburgo) o **El Aguador de Sevilla** (Aspley House, Londres), entre otros. De la etapa sevillana son también algunas importantes obras religiosas del maestro: la **Epifanía** (Museo del Prado), con un importante estudio de la luz; la **Inmaculada** (National Gallery, Londres), espléndido lienzo en el que pinta el tema de la **Concepción** siguiendo las normas expresadas por Pacheco en su «Arte de la Pintura», y **San Juan Bautista en Patmos** (National Gallery, Londres).

Si en el lienzo de la Epifanía ya ensaya Velázquez una serie de retratos para encarnar a los principales personajes, y en los cuadros sevillanos evoca tipos observados en la calle, mostrando tempranas cualidades para el retrato, en el que en 1520 hizo a **Sor Jerónima de la Fuente** (Museo del Prado) hace gala de una extraordinaria madurez. No sólo sabe captar, con fino realismo, los detalles de su rostro áspero y duro; Velázquez va más allá y refleja el temperamento fuerte, la decisión, la tensión emocional de esta monja clarisa que marcha a Filipinas con misión de evangelizar. En este retrato ya anuncia el maestro sus grandes posibilidades para el género.

En 1622, con recomendaciones de Pacheco, hace Velázquez el primer viaje a Madrid: no obtuvo el éxito deseado. A estas fechas pertenece el retrato de **Don Luis de Góngora y Argote** (Museo Lázaro Galdiano, Madrid). Un año más tarde emprende el segundo viaje a la corte y realiza el primer retrato de **Felipe IV** (Museo del Prado); conseguido el favor real, trasladó a su familia a Madrid y se alojan en el Alcázar. El éxito de Velázquez es ya ascendente; retrata a su protector el **Conde Duque de Olivares** (Museo de São Paulo), y en 1625 hizo el retrato ecuestre de **Felipe IV** (Museo del Prado); dos años más tarde, la **Expulsión de los moriscos,** recibiendo el nombramiento de ugier de cámara.

En 1628 llega Rubens a Madrid; posiblemente fue el maestro flamenco quien animó a Velázquez a viajar a Italia; el contacto con Rubens y las colecciones de pintura mitológica reales despiertan en Velázquez el interés por la mitología; fruto del mismo es su **Triunfo de Baco,** más conocido como **Los Borrachos** (Museo del Prado), lienzo de 1629. El maestro sevillano humaniza el tema mitológico y rodea al dios de bebedores de rostros expresivos, modelos callejeros que el pintor plasma en el cuadro con enorme dignidad; hay una clara evocación a su época sevillana.

Entre 1629 y 1631 Velázquez realiza su primer viaje a Italia; con él se abren nuevos horizontes para el pintor; avalado por el Rey, todo se le facilita; visitó Venecia, Roma y Nápoles, deslumbrado por el rico legado artístico que Italia le ofrece. A su regreso pintó una de sus más importantes obras mitológicas, **La Fragua de Vulcano** (Museo del Prado); Velázquez evoca el hecho de los amores de Venus y Marte con una gran finura; eligiendo el momento en que Apolo anuncia a Vulcano la infidelidad de su esposa. El maestro ha abandonado los contrastes intensos de la luz y da paso a una iluminación equilibrada que le permite ensayar la perspectiva aérea.

De estos años es el **Crucificado** (Museo del Prado); la espléndida figura de Cristo se destaca sobre una gama neutra; su rostro, semioculto por el cabello, acentúa la solemnidad del lienzo.

Para el Salón de Reinos pintó la **Rendición de Breda,** más conocido como **Las Lanzas** (Museo del Prado); el maestro elige el momento en que Justino de Nasau entrega las llaves de la ciudad al marqués de Espínola. Además de la magistral composición, es de una gran belleza el fondo de paisaje, que da

Diego Velázquez: *El triunfo de Baco «Los borrachos»* (Museo del Prado).

Diego Velázquez: *Retrato ecuestre de Felipe IV* (Museo del Prado).

Diego Velázquez: *Sebastián de Morra* (Museo del Prado).

Diego Velázquez: *La rendición de Breda «Las Lanzas»* (Museo del Prado).

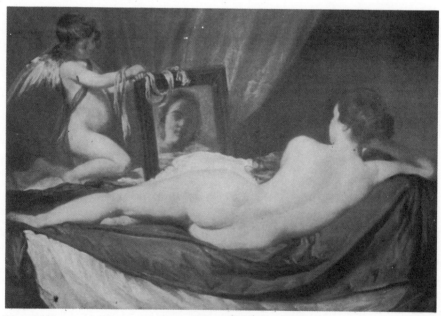

Diego Velázquez: *La Venus del Espejo* (National Gallery, Londres).

Diego Velázquez: *Fábula de Aracne «Las hilanderas»* (Museo del Prado).

Diego Velázquez: *Las Meninas* (Museo del Prado).

145

ocasión al maestro de ensayar una profunda perspectiva, donde el color y la luz, sabiamente conjugados, crean una lejanía de extraordinaria belleza.

Velázquez dedica ahora gran parte de su tiempo a pintar, para el Salón de Reinos, a los miembros de la familia real, una serie de retratos ecuestres de carácter conmemorativo; los de **Felipe IV, Doña Isabel de Borbón,** el **Príncipe Baltasar Carlos, Felipe III** y **Doña Margarita de Austria** (Museo del Prado); para todos ellos creó interesantes fondos de paisaje, inspirados en la Sierra de Guadarrama, que el dominio de la perspectiva aérea* y una especial sensibilidad para las gamas de azules y verdes hace poderosamente atractivos. De idénticas características es el del **Conde Duque de Olivares** (Museo del Prado).

La actividad de Velázquez en el retrato no cesa; de estos años son los de caza del **Rey,** el **Príncipe Baltasar Carlos** y el **Cardenal Infante** (Museo del Prado). Fuera del círculo de la familia real, hizo el del escultor **Juan Martínez Montañés,** que estuvo en la corte en 1635.

En esta época debe de fecharse también uno de sus más interesantes ciclos de retratos, los bufones; en todos ellos, el artista fue fiel al modelo, no omitió deformidades ni expresiones enfermizas; pero tampoco se recreó en la fealdad, ni acentuó las taras de estos personajes sometiéndolos a un riguroso análisis realista. En estos retratos, Velázquez capta el natural con gran finura, respetando la dignidad de los retratados. **Pablo de Valladolid, Don Juan de Austria, Don Cristóbal Castañeda, Don Sebastián de Morra** o **Francisco Lezcano «el niño de Vallecas»** (Museo del Prado) están entre los más significativos.

En noviembre de 1648 Velázquez inicia su segundo viaje a Italia, que, a pesar de las llamadas del Rey para que regresara, prolongaría hasta 1651. Adquirió obras de arte para la colección real y durante su estancia en Roma retrató al Papa **Inocencio X;** el lienzo, conservado en la Galería Doria de Roma, muestra, una vez más, cómo el pintor no sólo captó los rasgos; también, a través de la mirada y el gesto, plasma el temperamento del pontífice.

De regreso a España, Velázquez retorna a la mitología; de este género firma varios lienzos, algunos de los cuales se han perdido; la **Venus del espejo** (National Gallery, Londres) y la **Fábula de Aracne,** más conocido como **Las Hilanderas** (Museo del Prado), son los más importantes.

Las Hilanderas no es más que la escenificación de la fábula de la tejedora Aracne que se enfrenta a la diosa Minerva; el castigo a ese gesto de soberbia fue su metamorfosis* en araña, que la condenaba a tejer para siempre. Un interesante planteamiento espacial y escénico permite a Velázquez crear dos ámbitos en los que se suceden los dos momentos más importantes de la historia; el dominio de la luz y de la perspectiva aérea hacen del lienzo una obra maestra.

Velázquez sigue pintando a los miembros de la familia real; de gran belleza son los retratos de la **infanta Margarita.** De 1656 es una de sus obras maestras, **Las Meninas** (Museo del Prado), obra de difícil interpretación, en la que se autorretrata el maestro. Debemos descartar la posibilidad de que Velázquez esté pintando a los Reyes, que se reflejan en el espejo del fondo; el tamaño del lienzo no es apropiado; lo más probable es que sea la escena que se desarrolla en primer término del cuadro el objeto de su atención. La menina doña Agustina de Sarmiento ofrece un jarrito a la infanta Margarita; doña Isabel de Velasco, otra de las meninas, saluda a la infanta con una graciosa inclinación; muy cerca están los enanos Maribárbola y Nicolás de Pertusato;

perspectiva aérea: recurso pictórico que consiste en pintar el ambiente.
metamorfosis: cambio o transformación.

en un segundo plano, doña Marcela de Ulloa, miembro del servicio de palacio, y, al fondo, en la puerta, el aposentador don José Nieto Velázquez. Obra maestra, en muchos aspectos, en la que Velázquez muestra su sabiduría para pintar el espacio, el dominio de los recursos de la iluminación y una gran imaginación para componer.

Diego Velázquez gozó de la amistad de Felipe IV, que le honró con las más altas distinciones; su prestigio, aún en vida, fue muy importante; el 6 de agosto de 1660 murió en Madrid dejando el precioso legado de su obra.

Escuela andaluza

La escuela andaluza de pintura barroca es de una gran riqueza; como en escultura, Sevilla y Granada son los centros más importantes, donde surgen los maestros más representativos.

En la transición hacia el naturalismo hay que situar al pintor Francisco Pacheco, hombre culto, de gran prestigio en Sevilla, aunque su calidad pictórica no responda a tan alta fama. Las escenas de la **Vida de San Pedro Nolasco**, destinadas al convento de la Merced en Sevilla, ahora en el Museo de Bellas Artes, sus mejores obras, muestran los convencionalismos de su estilo. Pacheco fue un gran teórico de la pintura; en esta faceta es donde radica su auténtico prestigio; el «Arte de la Pintura» es una obra cumbre de la literatura artística del barroco; también le cupo el honor de ser maestro de Velázquez.

Más significativa para la pintura es la obra de Juan de las Roelas; amante del naturalismo, fue uno de los más cualificados introductores de las corrientes italianas en la escuela sevillana; su obra maestra, el **Martirio de San Andrés** (Museo de Bellas Artes, Sevilla), acusa una importante influencia veneciana. Otras obras representativas de su estilo son: el **Tránsito de San Isidoro** (Iglesia de San Isidoro, Sevilla), la **Predicación de San Andrés** (Museo Provincial de Vizcaya) y la **Inmaculada** (Catedral de Sevilla).

Buen dibujante, de importantes aproximaciones al realismo y desigual estilo, Francisco Herrera, «el Viejo», primer maestro de Velázquez, fue otro de los pintores destacados de los primeros años del barroco sevillano. Si el **Pentecostés** (Casa del Greco, Toledo) encarna el estilo artificial de la transición al naturalismo, el **Milagro de la multiplicación de los panes y los peces** (Palacio Arzobispal, Madrid), más próximo a las innovaciones de Roelas, o las **Tentaciones del Santo Job** (Museo de Bellas Artes, Rouen), con un espléndido estudio de la iluminación, justifican una evolución importante. Por su interesante escenografía y el estudio de los rostros de los principales protagonistas, el **Ingreso de San Buenaventura en la orden franciscana** (Museo del Prado) es una de sus mejores obras.

El extremeño Francisco Zurbarán fue uno de los grandes maestros del barroco sevillano; aunque nace en un pueblecito de la provincia de Badajoz, Fuente de Cantos, se forma en Sevilla junto a Pedro Díaz de Villanueva; después de una breve estancia en Llerena (Badajoz), se estableció en Sevilla, donde pinta la mayor parte de su obra. Un profundo naturalismo, el estudio de los problemas de la iluminación y la dedicación, casi exclusiva, a pintar grandes ciclos para las órdenes monásticas, son las características esenciales del arte de Zurbarán.

La vocación naturalista fue una constante en la pintura del maestro; los cuadros de bodegón o el estudio de los personajes sólo son una parte de la búsqueda del naturalismo; la especial sensibilidad para pintar las calidades de

Juan Bautista Martínez del Mazo:
Doña Margarita de Austria (Museo
del Prado).

Juan Carreño: *Doña Mariana
de Austria* (Museo del Prado).

Claudio Coello: *Carlos II adorando
la Sagrada Forma* (sacristía
de El Escorial, Madrid).

Francisco Zurbarán: *Apoteosis
de Santo Tomás* (Museo de Bellas
Artes, Sevilla).

Francisco Zurbarán: *San Hugo en el refectorio* (Museo de Bellas Artes, Sevilla).

Francisco Zurbarán: *Defensa de Cádiz contra los ingleses* (Museo del Prado).

Francisco Zurbarán: *El Padre Illescas* (Monasterio de Guadalupe, Cáceres).

Bartolomé Esteban Murillo: *Inmaculada* (Museo de Bellas Artes, Sevilla).

149

Bartolomé Esteban Murillo: *San José y el Niño* (Museo de Bellas Artes, Sevilla).

Bartolomé Esteban Murillo: *Santa Isabel de Hungría curando a los tiñosos* (Hospital de la Caridad, Sevilla).

Juan Valdés Leal: *Los sarracenos expulsados de Asís* (Museo de Bellas Artes, Sevilla).

Alonso Cano: *Visitación* (Capilla Mayor de la catedral de Granada).

las telas —hábitos, trajes y amplios doseles*—, los muebles, objetos de orfebrería, cacharros cerámicos, flores y demás elementos de naturaleza muerta, que con tanta frecuencia enriquecen los cuadros del pintor, son la justificación más firme del amor que Zurbarán sintió por el natural.

La luz, los efectos claroscuristas, son consustanciales al estilo del maestro extremeño y un firme apoyo para sus composiciones; sin comprometerse seriamente con el tenebrismo, mantuvo las experiencias en la iluminación a lo largo de toda su obra.

En los programas religiosos de Zurbarán está el alma de su arte; dominicos, franciscanos, mercedarios y cartujos fueron patronos y depositarios de su obra.

En torno a 1628, cuando inicia el ciclo de pinturas para los mercedarios, su estilo estaba ya prácticamente definido; la **Visión de la Jerusalén Celestial por San Pedro Nolasco** (Museo del Prado) así lo demuestra. Un año más tarde se le encarga para el convento franciscano de San Buenaventura un programa con escenas de la vida del Santo; el **San Buenaventura en el Concilio de León** (Museo del Louvre, París) es la obra más representativa; en ella destaca la disposición y el estudio de los personajes en un monumental, pero artificioso*, fondo arquitectónico.

De estos años son su espléndida **Inmaculada** (Colegio de Jadraque, Guadalajara) y la **Visión del beato Alonso Rodríguez** (Academia de San Fernando, Madrid). La de Jadraque es la más bella de todas las Concepciones que hizo el pintor; la delicadeza de la figura de la Virgen, acentuada por la finura del dibujo y la riqueza cromática, dan al lienzo un poderoso atractivo. Zurbarán sigue en este cuadro a la perfección las normas que Francisco Pacheco diera en su «Arte de la Pintura» para este tema tan ligado a la Contrarreforma.

En 1631 recibe el encargo de pintar para el Convento de Santo Tomás una de sus obras más conocidas, la **Apoteosis de Santo Tomás de Aquino** (ahora en el Museo de Bellas Artes, Sevilla); crea una composición monumental dividiendo el lienzo en dos ámbitos superpuestos —rompimiento celeste e interior abierto a paisaje urbano*— en los que dispone los personajes.

En 1634 viaja a Madrid; allí pintó para el Salón de Reinos los lienzos con los **Trabajos de Hércules** y el **Socorro de Cádiz contra los ingleses** (ahora en el Museo del Prado), que no se cuentan entre las mejores obras del pintor.

Cuatro años después inicia uno de sus ciclos más interesantes: los lienzos destinados a la Sacristía del Monasterio de Guadalupe (Cáceres); son unos años de gran actividad para el pintor que también hizo un programa para la Cartuja de Jerez (Cádiz). De los cuadros para Guadalupe, **Fray Gonzalo de Illescas** y la **Misa del padre Cabañuelas,** con sus aparatosos e irreales fondos arquitectónicos, o la **Flagelación de San Jerónimo,** son los más significativos.

Para la Cartuja de las Cuevas pinta Zurbarán uno de sus últimos grandes programas monásticos, iniciado en la década de 1640 y concluido hacia 1658; lienzos como: la **Virgen de los Cartujos, San Hugo en el Refectorio, Urbano II y San Bruno, su confesor,** son representativos del arte del maestro extremeño.

En torno a 1650 comienza el declive de su arte; también empiezan a escasear los encargos. Zurbarán envía lienzos a conventos de América, aun arriesgándose a no recibir el pago por ellos; así consta documentalmente que ocurrió en más de una ocasión; México, Guatemala, Perú, Bolivia, entre otros países, guardan obras del pintor.

doseles: grandes cortinajes.
artificioso: teatral, irreal.
paisaje urbano: vista de ciudad.

En 1658, animado por Velázquez, marchó a Madrid; buscaba nuevos encargos y sanear su maltrecha* economía. No sucedió así; también, la muerte de Velázquez en 1660 le privó de una importante ayuda. Zurbarán murió en Madrid en agosto de 1664.

Con Bartolomé Esteban Murillo se cierra el ciclo de los grandes maestros de la escuela sevillana; la maduración de su estilo coincide con el ocaso de Zurbarán, de tal manera que no se rompe la continuidad que se abre con la etapa sevillana de Velázquez.

Murillo es, junto a Zurbarán, el más importante pintor religioso y de la vida monástica; a lo largo de su vida realizó un gran número de series de lienzos para órdenes religiosas; pintando, además, programas para iglesias, instituciones e incluso para particulares, como ocurre con las **Historias de la vida de Jacob** que le encarga el marqués de Villamanrique. Los ciclos para los franciscanos, agustinas calzadas o los dos para los capuchinos; las pinturas para Santa María la Blanca o para San Agustín, y los cuadros para el Hospital de la Caridad y el de Venerables Sacerdotes, justifican la dedicación del maestro a la pintura que se define como programática. No deja de ser significativo que la caída que fue causa de su muerte se produjera cuando pintaba una serie de lienzos para la Iglesia de Santa Catalina en Cádiz.

El estilo de Murillo se identifica plenamente con la pintura religiosa; el carácter de bondad y dulzura que tienen sus personajes, portadores de una carismática afabilidad y virtud, y la sencillez que imprime a las escenas sagradas despertaron, ya desde su época, una gran admiración por su pintura, no exenta de un sentimiento devocional*. La figuración religiosa Contrarreformista tiene en Murillo a su más cualificado representante; en la afirmación del dogma de la Inmaculada, que Murillo interpretó a través de hermosos lienzos, o en la creación de la nueva iconografía relativa a Cristo o los Santos, el arte del maestro sevillano fue de capital importancia.

Murillo se forma junto a Antonio del Castillo, pero su auténtico aprendizaje estuvo en el rico legado de experiencias pictóricas que le brindó Sevilla. Técnicamente, fue un pintor ejemplar; dibujante preciso, su trazo flexible y armonioso tiene una gran fluidez; refinado colorista; de una inusual facilidad para componer; dominador de los valores espaciales y de la luz, conjugó con sabiduría ambos recursos creando para sus lienzos las determinaciones de espacio y los ámbitos que sus planteamientos compositivos e iconográficos necesitaban.

La pintura religiosa es la esencia misma y la razón de ser de la obra de Murillo; la sencillez y dulzura de las escenas, ese sentido entrañable y humano que supo dar a los temas sagrados, identifica, inequívocamente, el arte del maestro. De ahí esa devoción popular, fruto del sentimiento religioso que despierta la contemplación de las creaciones del pintor. Los cuadros más sencillos e íntimos y las grandes composiciones participan, igualmente, de ese espíritu de íntima sencillez; la **Sagrada Familia del pajarito** y **Santa Ana enseña a leer a la Virgen** (Museo del Prado), el **Patricio revela su sueño al Pontífice** (Museo del Prado), **San Antonio** (Catedral de Sevilla) y el **Jubileo de la Porciúncula** (Museo de Colonia) son, entre una rica gama de ejemplos posibles, representativos.

Especial significación merecen los Niños: el **Buen Pastor** o **San Juan Bautista Niño** (Museo del Prado), entre otros; sus numerosos lienzos de la **Virgen con**

---

maltrecha: maltratada; *maltrecha economía*: estado de ruina.
devocional: piadoso, religioso.

el **Niño** y, muy especialmente, los lienzos de la **Inmaculada**. Las conocidas como de El Escorial y Aranjuez (Museo del Prado), la del Museo de Creveland o la del Museo de Bellas Artes de Sevilla, están entre las más bellas creaciones del pintor para este tema.

Murillo no fue pintor asiduo de escenas de la Pasión de Cristo, no le gusta pintar el dolor; a pesar de ello, se conservan algunos lienzos en los que el maestro, con su peculiar estilo, ha suavizado el dramatismo de los momentos evocados; el **Crucificado** (Galería Czernin, Viena) y **Cristo recogiendo las vestiduras** (Museos de Boston e Illinois) son ejemplos representativos.

La pintura de paisaje cuenta con experiencias interesantes en la obra de Murillo; un paisaje concebido a la manera flamenca en el que no faltan matices holandeses e italianos. Si el espléndido **Paisaje** (Museo del Prado) justifica las aptitudes del maestro para este género, los espaciosos fondos de países* que pintó en algunos de sus lienzos afirman su vocación como paisajista. Muy significativos son los que creó para el programa con **Historias de Jacob**; especialmente los de: **Labán buscando los ídolos robados** (Museo de Cleveland) y **Jacob pone las varas a los rebaños de Labán** (Museo de Dallas).

El realismo de Murillo se pone de manifiesto en algunos de sus lienzos con motivos cotidianos que, en muchos casos, se inspiran en escenas observadas; la **Vieja despiojando a un niño**, **Niños jugando a los dados** y **Niñas contando dinero** (Alte Pinakothek, Munich), o **El pobre negro** (Dulwich College, Londres), muestran la identificación del pintor sevillano con temas que se enraízan en lo popular. No faltan evocaciones al realismo en algunas composiciones de carácter religioso, como **Santa Isabel curando a los tiñosos** (Hospital de la Caridad, Sevilla).

El retrato es otro de los géneros en los que Murillo muestra su talante de maestro; los de **don Andrés de Andrade** (Metropolitan Museum, Nueva York), **don Justino de Neve** (Colección particular, Londres) y el **Caballero de la Golilla** (Museo del Prado) están entre los mejores del pintor. Mención especial merecen sus **Autorretratos** de la National Gallery de Londres y el Wellington Museum de esta ciudad.

De entre los seguidores de Murillo destacan: Juan Simón Gutiérrez, Miguel Tovar, Esteban Márquez y Francisco Meneses; su obra proyecta el estilo del maestro hacia el siglo XVIII.

Juan Valdés Leal es uno de los últimos representantes con personalidad artística de la escuela sevillana; pintor genial y dispar, a un tiempo, la dinámica que caracteriza sus cuadros le identifica con el espíritu del barroco y también con su carácter temperamental. Junto al dinamismo que anima sus composiciones, la fluidez y facilidad de dibujo y la fuerza e intensidad cromáticas son las cualidades que definen su estilo.

Su formación artística se desarrolló en Córdoba y Sevilla; si el arte de Antonio del Castillo guió sus primeros años, en la ciudad hispalense se abre ante él un rico legado de experiencias artísticas, la obra de los precursores: Roelas y Herrera «el Viejo», la producción sevillana de Velázquez y el arte de Zurbarán en su madurez.

Su obra más importante en Córdoba es el retablo del Convento del Carmen; lienzos como **Elías arrebatado por el carro de fuego** o el **Sueño de Elías** muestran esa obsesión barroca por el movimiento, que es consustancial al arte del maestro.

En 1653 recibe su primer encargo importante, un ciclo de pinturas para

países: paisajes.

el Convento de las Clarisas en Carmona; representativo de este programa es **El rechazo de los sarracenos de la ciudad de Asís** (Museo de Bellas Artes, Sevilla), donde toda su imaginación y dinamismo barrocos se desbordan. El mismo espíritu anima algunas escenas de la serie que hizo para el monasterio Jerónimo de Sevilla: la **Flagelación de San Jerónimo** o las **Tentaciones del Santo** (ahora en el Museo de Bellas Artes, Sevilla).

Muy importante es también el ciclo de Historias de la vida de San Ignacio que pintó para la Compañía de Jesús; **Aparición de San Pedro a San Ignacio** y **San Ignacio en la cueva de Manresa** (Museo de Bellas Artes, Sevilla) muestran, dentro de su estilo, un más reposado planteamiento de las historias.

El ciclo de pinturas para el Hospital de la Caridad, que comienza en 1672, por la novedad de algunos de sus temas, es el más conocido del pintor; a pesar del interés que tiene el lienzo que representa a **don Miguel de Mañara leyendo la Regla de la Santa Caridad,** o el gran medio punto con la **Exaltación de la Cruz,** sobre el coro de la Iglesia, son las «**Vanitas**» o **Jeroglíficos de las postrimerías** las obras más representativas. Forman parte del rico y completo programa iconográfico, destinado a exaltar los valores de la caridad cristiana, que se desarrolla en la Iglesia; el ciclo se completa con cuadros de Murillo, y alcanza su cénit en el retablo que acoge el **Entierro de Cristo,** obra de Roldán. Para conseguir el sentido moralizante* que se le encomienda, Valdés Leal crea las escenas de más profundo realismo de la pintura barroca española.

Discípulo de Valdés Leal fue Matías Arteaga y Alfaro, cuyas obras más significativas son: **Visitación** (Colección Simonsen, São Paulo) y las **Bodas de Caná** (Museo de Bellas Artes, Sevilla).

En Sevilla se desarrolló un grupo de paisajistas encabezados por Ignacio Iriarte; aunque de ascendencia vasca, su formación pictórica fue sevillana. Iriarte es el pintor barroco andaluz con más aptitudes para el paisaje, que cultivó como género. Sus paisajes se inspiran en los modelos flamencos que, a través de su obra, se imponen en el ámbito sevillano. De entre sus lienzos, son representativos de su estilo: **Paisaje con fortaleza, Paisaje con ruinas** y **Paisaje con embarcadero fluvial** (Museo del Prado), y **El vado** (Museo del Ermitage, Leningrado).

Poco conocido es Juan de Zamora; en su estilo se observan influencias flamencas, italianas y holandesas; sus obras más representativas son: **Tobías y el Angel** y **Jacob y Raquel junto al pozo** (Palacio Arzobispal, Sevilla). Idéntico desconocimiento se tiene sobre Miguel Luna, cuyas obras más características están en el Hospital de la Caridad de Sevilla; significativas en su producción son: **Batalla bíblica** y **Viaje de Jacob.**

Aunque no es un paisajista, Francisco Antolínez y Sarabia gusta de crear como fondo a sus historias grandes ámbitos de paisaje; así se observa en algunas de sus obras más importantes, como: **Jacob se ofrece a servir a Labán** y **Jacob con Raquel y José** (Catedral de Sevilla).

La escuela barroca granadina anterior a 1652, fecha en la que Alonso Cano se establece en Granada, mantiene una línea pictórica poco creativa apoyada en una tradición que, al hacerse reiterativa*, se había convertido en decadente. Evocaciones flamencas, aprendidas casi siempre de estampas, y reminiscencias italianas indirectas son insuficientes para que la renovación se produzca. La falta de un maestro con personalidad artística suficiente para despertar in-

---

moralizante: aleccionador.
reiterativa: repetida.

quietudes y abrir el camino hacia el naturalismo, es también causa de la decadencia.

Fray Juan Sánchez Cotán —que llega a Granada en 1603 y, con la excepción de un viaje al Paular, permaneció en ella hasta su muerte en 1627— pudo ser ese artista carismático; ya en su etapa castellana había demostrado sus actitudes como pintor, una vocación decidida hacia el naturalismo y conocer las nuevas experiencias en torno a la iluminación. Pero la obra del cartujo no trascendió fuera del recinto monástico, privando a los pintores granadinos de tan novedosas experiencias.

Pintores como Juan Leandro de la Fuente, Pedro Raxis «el Viejo», Miguel Jerónimo de Cieza o Ambrosio Martínez Bustos, entre otros, carecían de los conocimientos y formación necesarios, a pesar de que algunos muestran aceptables condiciones técnicas. Ni siquiera Pedro de Moya, que se formó en Flandes en el estilo de Van Dyck, tuvo el vigor ni el genio artístico necesario para ser ese maestro renovador; a pesar de ello, su arte despertó gran interés, acentuando en la escuela granadina la admiración por la pintura.

Alonso Cano fue uno de los grandes maestros del barroco español; su actividad como pintor, escultor y arquitecto le dan un carisma especial. Nace en Granada en 1601; desde niño el arte fue algo consustancial a su vida; crece y recibe su primera formación en el taller de su padre, Miguel Cano, maestro entallador de retablos*. En 1614 vive ya con su familia en Sevilla; dos años más tarde entró en el taller de Francisco Pacheco, donde recibe la verdadera formación como pintor; allí conoce a Velázquez, que un año más tarde superó el examen que le acreditaba como maestro pintor.

Un profundo clasicismo* que libera a sus lienzos de expresiones dramáticas o patéticas y matiza en su pintura el naturalismo barroco; la extraordinaria facilidad para el dibujo, como se justifica en el gran número de ellos que se conocen; el equilibrio en la iluminación, exceptuando su época sevillana en la que los contrastes son más intensos; la facilidad para componer, que le permite concebir lienzos de gran tamaño; el sentido monumental, casi escultórico de muchos de sus personajes, y la riqueza y armonía de sus calidades cromáticas, son los aspectos más significativos del estilo de Alonso Cano.

De entre sus obras sevillanas cabe destacar: el **Retrato de eclesiástico** (Hispanic Society, Nueva York); **Santa Inés** (obra destruida, estuvo en el Museo Kaiser Friedrich, Berlín), lienzo en el que el clasicismo de Cano se manifiesta con gran intensidad; la **Virgen de Belén** (Catedral de Sevilla), y los cuadros que formaron parte del Retablo de San Juan Evangelista (Santa Paula, Sevilla), ahora dispersos; de ellos, la **Visión de la Jerusalén Celestial por San Juan Evangelista** (Colección Wallace, Londres) es el más importante. En este lienzo, dibujo y color se alían para hacer posible una obra maestra.

Entre 1621 y 1631, Alonso Cano se casó dos veces; viudo de su primera esposa, María de Figueroa, contrae nuevo matrimonio con Magdalena de Uceda, sobrina del pintor Juan de Uceda, en 1631. Después de una gran crisis económica, que en 1636 le llevó a la cárcel por deudas, marchó a Madrid; posiblemente, llamado por el Conde Duque de Olivares y aconsejado por su amigo Velázquez. Comienza ahora una fructífera etapa para el pintor que se ve truncada en 1644 por el asesinato de su esposa, del que, en un principio, se le hizo responsable; reconocida su inocencia, se retiró a la Cartuja de Valencia para serenar su espíritu; regresa un año más tarde a Madrid.

entallador de retablos: diseñador y constructor de retablos.
clasicismo: experiencia hacia lo clásico.

De sus obras en Madrid, además de los lienzos de **Reyes de España** (Museo del Prado), el proyecto más importante fueron los dos retablos para la Iglesia de la Magdalena (Getafe), para los que pintó varios lienzos, en los que ya se definen perfectamente las características de su estilo. Del retablo del Niño Jesús deben destacarse las escultóricas figuras de **Santa Ana con la Virgen Niña** y **Santa Isabel con San Juanito;** además del tema central de la **Circuncisión,** en el que las figuras adquieren carácter monumental. En el retablo de Nuestra Señora de la Paz destaca el ritmo y la belleza de la figura de **San Miguel.**

De esta etapa madrileña, el **Milagro del Pozo** (Museo del Prado), de gran evocación velazqueña; la **Virgen con el Niño;** los dos lienzos de **Cristo muerto sostenido por un ángel,** del mismo museo; el **Noli me tangere** (Museo de Bellas Artes de Budapest), inspirado en el tema que pintó Correggio, y el **Descenso al Limbo** (Country Museum, Los Angeles), son, entre una gran producción, obras maestras de su estilo.

En 1652 manifestó al Rey su deseo de retirarse a Granada y ocupar la vacante de Racionero de su Catedral; después de una serie de problemas con el cabildo, y, apoyado por el Rey, consigue su propósito; a partir de este momento, haciendo excepción de algunos viajes a Madrid, vive en Granada. Se inicia ahora la etapa más madura e importante de su estilo y la creación de la escuela que tuvo en Alonso Cano ese maestro carismático que necesitaba.

La obra pictórica más importante del Racionero en Granada se guarda en su Catedral; entre 1652 y 1664 realizó un espléndido programa de lienzos, de gran tamaño, con escenas de la vida de la Virgen, para la Capilla Mayor. Por la sabiduría con que concibe las grandes composiciones, las inteligentes perspectivas, la monumentalidad de las figuras —perfectamente valoradas a través del dibujo y las masas cromáticas— y la monumentalidad de algunos escenarios-fondo, que se identifican con el marco arquitectónico real de la Catedral; este programa es una obra cumbre del pintor; temas como la **Visitación,** la **Presentación** o la **Anunciación** pueden considerarse obras maestras del barroco español.

Alonso Cano falleció en Granada el 3 de septiembre de 1667, dejando una importantísima producción artística y una escuela que, durante mucho tiempo, siguió las normas de su estilo artístico.

Discípulos destacados de Alonso Cano son Juan de Sevilla y Pedro Atanasio Bocanegra. Juan de Sevilla fue el de más personalidad de entre los seguidores de Cano; su facilidad para el dibujo y una especial sensibilidad para el color —en el que acusa influencias flamencas— dan a sus lienzos un gran interés. **La Eucaristía adorada por la Virgen y Santos** (Iglesia de la Magdalena, Granada) el **Descanso en la huida a Egipto** (Museos de Córdoba y Budapest) y la **Inmaculada** (Museo de Bellas Artes, Granada) son obras significativas de su estilo.

Pedro Atanasio Bocanegra acusa en su obra una importante influencia del Racionero; el ciclo con escenas de la vida de la Virgen, que hizo para la Cartuja granadina, se inspira en el de su maestro para la Catedral. De su producción cabe destacar, además: los **Desposorios de la Virgen** (Palacio Arzobispal, Granada), **Aparición de la Virgen a San Juan de la Mata** (Catedral de Granada), la **Virgen y el Niño con Santa Isabel y San Juanito** (Museo del Prado) o la **Alegoría del Darro** (Museo de Bellas Artes, Córdoba).

La escuela granadina se proyecta más allá de los discípulos más directos de Alonso Cano; los hijos de Miguel Jerónimo de Cieza: José, Juan y Vicente, hábiles pintores de escenografías arquitectónicas; el escultor y pintor José Risueño, y Domingo Chavarito, representan la continuidad del estilo del gran maestro granadino.

En Córdoba, Antonio del Castillo fue la única figura de interés dentro del panorama pictórico; sus dotes como pintor se apoyan en la excepcional calidad del dibujo. Buscó la inspiración en la naturaleza, salía con frecuencia a la campiña cordobesa y tomaba bocetos para sus obras; una breve estancia en Sevilla enriqueció su personalidad artística. De entre sus lienzos, el programa con **Historias de la vida de José** (Museo del Prado) y **La Cabaña** (Colección López Cepero, Sevilla) son representativas de su estilo.

CUESTIONES

1. ¿Qué se entiende por arte Barroco? ¿Cuáles son sus propuestas estéticas?

2. Enumerar las características fundamentales de la arquitectura barroca española y sus etapas más importantes.

3. ¿Cuáles son los grandes arquitectos del barroco español? Citar algunas de sus obras.

4. ¿A qué se llama barroco borbónico? ¿Qué influencias recibe? ¿Cuáles son sus principales logros arquitectónicos?

5. Enumerar las escuelas escultóricas del barroco español y sus premisas estéticas fundamentales.

6. Juan Martínez Montañés y Alonso Cano son los dos máximos representantes de la plástica barroca en Sevilla y Granada. Citar algunas obras representativas de su estilo.

7. ¿En qué faceta de la plástica barroca destacó Francisco Salzillo? Citar obras de su mano.

8. ¿Cuáles son las características de la pintura barroca? Significar las principales escuelas españolas y los pintores que las formaron.

9. ¿Qué pintores españoles destacaron por sus estudios en el campo de la luz en el lienzo?

10. Enumerar los pintores que practicaron el llamado retrato cortesano y sus lienzos más característicos.

11. Especificar las etapas en las que se ordena la producción de Diego Velázquez.

12. *Las Meninas* es una obra cumbre de Velázquez. ¿Qué representó el maestro sevillano en este lienzo? Identificar a los distintos personajes que conforman la composición.

17. Arte neoclásico

El neoclasicismo, que surge hacia mitad del siglo XVIII, se opone radicalmente a los artificios decorativos y los convencionalismos que caracterizan al último barroco; se retorna a la Antigüedad clásica para buscar en ella nuevas normas estéticas. Sin embargo, no se trata sólo de una renovación del gusto y del concepto de belleza; el neoclasicismo es un fenómeno más profundo que se enraíza y justifica en las corrientes filosóficas y de pensamiento de la época.

El nacimiento del arte neoclásico se ve apoyado por una serie de acontecimientos que favorecen un inusitado interés por el mundo antiguo; en 1719 se excavan las ruinas de Herculano; en 1748, las de Pompeya. El resultado de estos trabajos produjo un gran impacto y entusiasmo, convirtiendo los vestigios arqueológicos en centro de atracción de curiosos e investigadores.

La labor de viajeros como Stuart y Revett, que en 1755 realizaron un estudio directo de obras de arte griegas y romanas, que hizo posible publicaciones como la titulada: «Antiquities of Athens», es también un factor decisivo en el despertar hacia lo clásico.

De capital importancia son los estudios de Winckelmann y Lessing: «Historia del Arte en la Antigüedad» y «Laoconte», respectivamente; modélicos en el marco de la historiografía del siglo XVIII, van a influir poderosamente en las determinaciones artísticas y culturales de su época. Los trabajos de Winckelmann van a posibilitar el nacimiento de la Historia del Arte como ciencia.

Arquitectura neoclásica

La arquitectura neoclásica en España se retrasó, considerablemente, por la persistencia del gusto hacia lo barroco; la evolución hacia los nuevos cánones estéticos* es lenta y debe superar no pocas reticencias. La labor de las Academias en favor de la renovación no fue fácil, a pesar de la promoción de los artistas más destacados que eran enviados a formarse fuera de España, muy especialmente a Roma.

Hasta Juan de Villanueva no tuvo España un arquitecto de talante puramente neoclásico; Ventura Rodríguez estuvo muy comprometido con la tradición barroca.

La arquitectura neoclásica se imbrica también en una importante remodelación urbana; Madrid, en tiempos de Carlos III, es el prototipo de ese afán de adecuar la ciudad a las necesidades y a los gustos estéticos de los nuevos tiempos.

Ventura Rodríguez, que nació en 1717, es todavía un arquitecto de planteamientos barrocos; conoció a Juvara y Sacchetti cuando trabajaban en el Palacio Real de Madrid, de ahí viene su identificación con la tradición barroca italiana. La **Iglesia de San Marcos** (Madrid), en cuya traza dispone una conjunción de elipses, recuerda el estilo de Juvara y de Borromini; de ascendencia

cánones estéticos: normas estéticas.

italiana es también la bóveda en elipse con la que cubre el **Camarín de la Virgen del Pilar** (Zaragoza).

La presencia de Sabatini, arquitecto preferido de Carlos III, en Madrid, le privó de encargos importantes en la capital.

A su traza se deben también el **Convento de Agustinos** (Valladolid) y la **fachada de la catedral de Pamplona.** Esta última es la obra más próxima al ideal neoclásico que proyectó el arquitecto; realizada hacia 1783, su pórtico de cuatro columnas, coronado por un frontón, tiene inequívocas evocaciones clasicistas.

Uno de los mayores fracasos de su carrera se produjo cuando no se aceptaron sus **planos para la Iglesia de San Francisco el Grande** (Madrid), que realizó Fray Juan de las Cabezas. También proyectó Ventura Rodríguez la **Iglesia de Covadonga,** que tampoco se construyó según su traza.

El **palacio de Liria** (Madrid) muestra, una vez más, la admiración del arquitecto por los modelos italianos; su más importante proyecto de arquitectura civil se identifica con las creaciones del último barroco en Italia.

La obra de Juan de Villanueva es la de un arquitecto plenamente identificado con los cánones de la proyectiva neoclásica; completó su formación en Roma, gracias a la pensión que le otorgó la Academia. El contacto con Italia enriquece y madura su vocación por el clasicismo.

Para las **Casas de Arriba** y del **Príncipe,** en El Escorial, se inspiró en el modelo del «Petit Trianon»* del francés Jacques Ange Gabriel; obra suya es también la **Casita del Príncipe,** en El Pardo.

En estas obras está el germen de lo que fue su obra maestra, el edificio para el **Museo de Historia Natural,** hoy **Museo del Prado.** De planta rectangular, todo el proyecto está dominado por un concepto de equilibrio y armonía; para la construcción alterna el uso de la piedra y el ladrillo. El gran pórtico de la fachada principal está animado por un deseo de monumentalidad; el orden gigante que imponen sus seis columnas y el espléndido ático* que lo corona justifican este hecho y avalan el genio creativo de Villanueva.

Otras obras significativas del maestro son: el **Observatorio Astronómico,** la **Iglesia del Caballero de Gracia** y la **Portada del Jardín Botánico.**

El italiano Francesco Sabatini fue llamado por Carlos III a Madrid, convirtiéndose en uno de los más importantes artífices de la remodelación ideada por el Rey en la ciudad y en los recintos palaciegos. A él se deben la **Puerta de San Vicente,** desaparecida, y **la de Alcalá,** fechable en 1778. La primera, construida en 1775, puede considerarse como antecedente directo de la que es su obra más conocida, y punto de referencia obligado del urbanismo madrileño, la de Alcalá; modelo y ejemplo para posteriores monumentos urbanos conmemorativos.

Obra de Sabatini es también el **Edificio de la Aduana,** posteriormente **Ministerio de Hacienda,** y la **fachada de San Francisco el Grande.**

Al religioso de la Orden de San Francisco, Fray Juan de las Cabezas, se debe la traza de la **Iglesia de San Francisco el Grande** (Madrid); para su diseño se inspiró en el Panteón de Roma.

El neoclasicismo catalán tiene en Juan Soler su figura más destacada; su obra maestra es el proyecto para la **Lonja de Barcelona,** que amplía y acoge la antigua Lonja gótica que hizo Pedro Arvey en 1392. Suya es también la traza del **Palacio Larrad.**

Petit Trianon: pequeño palacete, de gran belleza y armonía, que creó en Versalles Jacques Ange Gabriel y fue modelo para construcciones semejantes.
ático: cuerpo sobre la cornisa que oculta la vertiente del tejado.

Juan de Villanueva: Fachada del Museo del Prado (Madrid).

Ventura Rodríguez: Fachada de la catedral de Pamplona.

Francesco Sabatini: Puerta de Alcalá (Madrid).

Fray Juan de las Cabezas: Iglesia de San Francisco el Grande (Madrid).

La arquitectura neoclásica en el primer tercio del XIX

La arquitectura neoclásica mantiene una gran vitalidad durante el primer tercio del XIX; en estos años, el estilo de Juan de Villanueva se proyecta en la obra de sus principales discípulos. Antonio López Aguado fue uno de ellos; la **Puerta de Toledo,** que sigue el modelo creado por Sabatini, el **Palacio de Villahermosa** y el **Teatro Real** son sus obras más representativas.

Significativa de este momento es la figura de Isidro González Velázquez, miembro de una familia de artistas —su padre y hermanos fueron pintores—; la **Casita del Labrador** (Aranjuez) es su obra maestra. Como urbanista presentó **proyectos para la Plaza de Oriente** de Madrid, inspirándose en modelos franceses. También es obra suya el **Monumento a los héroes del dos de Mayo.**

En Vizcaya dejó una importante obra el arquitecto aragonés Silvestre Pérez; sus actuaciones en Madrid, en época de José I, no cristalizaron en proyectos de la importancia de los conservados en el País Vasco. La **Iglesia Parroquial de Motrico,** la **Casa Consistorial** de San Sebastián y las **Casas de Echevarría** en Vitoria son, de entre sus obras, las más representativas de su estilo.

De entre los arquitectos vizcaínos, Antonio Echeverría es de los más significativos; a él se debe el **Templo de los patriarcas en Guernica.**

La persistencia neoclásica en la arquitectura de la segunda mitad del XIX

La vigencia de la arquitectura neoclásica superó con creces la barrera del primer tercio de siglo; de tal forma que la construcción de algunos importantes proyectos, de inequívoco carácter neoclásico, se inicia superado ya el segundo tercio de siglo, cerrando el paso a la renovación romántica. A la mayoría de los proyectos de este momento no debe calificársele de eclécticos*, ya que siguen directrices típicamente clasicistas.

En 1843, Narciso Pascual Colomer inicia el **Palacio de las Cortes,** actual **Congreso de los Diputados;** suya es también la **traza del Palacio del Marqués de Veragua.** Aníbal Alvarez traza el **Palacio del Senado;** Martín López Aguado —hijo del también arquitecto Antonio López Aguado— hace el **Palacio de la Alameda de Osuna,** y Custodio Teodoro Moreno, la **Academia de Farmacia.**

Barcelona, igual que Madrid, ve enriquecerse su patrimonio* arquitectónico con importantes obras de este momento. De Oriol Mestres es el **Gran Teatro del Liceo,** y de Francisco Daniel Molina, la **Plaza Real.**

De este momento es la **Diputación de Navarra** (Pamplona), de José Nagusia, y la **Diputación de Alava** (Vitoria), obra de Martín Miguel de Saracíbar.

Escultura neoclásica

La escultura neoclásica surge también como una firme oposición a la estética de la plástica del barroco. Los escultores neoclásicos hallaron en el espléndido legado de la escultura griega y romana las fuentes de inspiración ne-

ecléctico: que recoge aspectos significativos de varias corrientes artísticas.
patrimonio: bienes heredados.

cesarias; al naturalismo y realismo barrocos sucede la búsqueda de la belleza ideal que se deriva del culto a las formas.

En España, la fuerte tradición barroca retrasó la adopción del nuevo estilo, que iba a imponer profundos cambios en nuestra plástica. El tema religioso pierde, cada vez más, su protagonismo en favor de una nueva iconografía en la que se rendía culto a los dioses y héroes de la Antigüedad; de tal forma que los grandes personajes eran esculpidos según modelos clásicos, con los que se les buscaba intencionados paralelismos.

La nueva escultura supone también el abandono de la talla en madera policromada, lo que suponía la ruptura de una tradición de siglos en la plástica española.

Hacia el último tercio del XIX, un proceso semejante de reticencias y vacilaciones hizo posible en nuestra plástica el triunfo del Romanticismo*. Si los ideales clásicos enraizaron tarde y su adopción se produjo con lentitud, en contrapartida, la escultura neoclásica mantuvo su vigor hasta los últimos decenios del XIX. Nuestros escultores parecían aferrarse a las últimas experiencias clásicas, que sólo levemente comenzaban a ser matizadas por el Romanticismo naciente.

Algunos escultores no terminan de desligarse de la tradición y en su producción se hallan trabajos que responden a una evidente falta de definición estilística; junto a tallas en madera policromada, hicieron también ensayos en la línea de la nueva estética. Uno de estos maestros es el vallisoletano Luis Salvador Carmona, que aún vive en su arte la rica experiencia de la plástica barroca castellana.

En la misma línea está Juan Pascual de Mena; su **Santa María Egipcíaca** (Museo de Valladolid) se identifica plenamente con el espíritu religioso del barroco y con los aspectos técnicos de la escultura en madera. La experiencia clasicista más importante del escultor fue la **Fuente de Neptuno de Madrid.** También el escultor José Ginés se inició a la manera barroca. Posiblemente sus estudios en la Academia de San Carlos (Valencia) le orientan hacia el clasicismo; de este momento son **Venus y Cupido,** del Museo de San Telmo (San Sebastián), y un relieve que conserva la Academia de San Fernando, **Damocles y Dionisio.**

Francisco Gutiérrez es ya un escultor más comprometido con las nuevas tendencias; es autor de los **cenotafios de Fernando VI** y **Bárbara de Braganza** (Salesas Reales, Madrid) y de la **Fuente de Cibeles,** de esta ciudad.

Uno de los grandes escultores del neoclasicismo español fue el andaluz José Alvarez Cubero; de una humilde familia de Priego (Córdoba), se trasladó a Madrid para estudiar en la Academia de San Fernando. Pensionado por la Academia, viajó a Roma y París; en Italia se entusiasmó con la obra de Canova. La obra de Alvarez Cubero es plenamente clasicista; la **Defensa de Zaragoza** (Museo de Arte Moderno) es uno de sus mejores trabajos; el grupo escultórico formado por el joven y el anciano caído, al que protege, tiene calidad incuestionable. Fruto de su admiración por el arte de Praxíteles es su **Apolino,** del mismo museo.

Alusiones a la antigüedad romana hay en sus retratos de **Rossini** y en el del **Duque Carlos Miguel** (Palacio de Liria) y, muy especialmente, en el de **Isabel de Braganza;** la reina está sentada y el escultor la imagina como una matrona romana.

Romanticismo: corriente estética del XIX que se opone al neoclasicismo valorando la Edad Media.

José Alvarez Cubero: *Defensa de Zaragoza* (Museo de Arte Moderno, Madrid).

Juan Adán: *Venus de la Alameda* (colección privada, Madrid).

Damián Campeny: *Cleopatra agonizante* (Museo de Arte Moderno, Barcelona).

Sabino Medina: *Eurídice mordida por un áspid* (Museo de Arte Moderno, Madrid).

Juan Adán es otro de los grandes maestros clasicistas; pensionado por la Academia se forma en Roma, en donde se identifica con la estética clásica. Una de sus obras más atractivas es la llamada **Venus de la Alameda,** figura de una idealidad extraordinaria, que encarna el ideal de belleza clásico. Como escultor de cámara realizó dos interesantes **bustos de Carlos IV** y de la **Reina María Luisa** (Palacio Real, Madrid).

Una experiencia significativa en su producción son los relieves religiosos que decoran dos capillas de la Catedral de Granada, **Aparición de la Virgen a Santiago** y **San Miguel.**

Valeriano Salvatierra es otro de los maestros españoles que estudiaron en Italia, completando así su formación; fue discípulo de Canova y de Thorwaldsen. En 1831 recibe el nombramiento de escultor de Cámara. Los **sepulcros del Cardenal don Luis Borbón y Vallabriga** (Catedral de Toledo) y de la **Condesa de Chinchón** (Palacio de Bobadilla del Monte) muestran su admiración por el arte de Canova. De entre sus retratos destaca el del **Duque de Híjar** (Academia de San Fernando).

El escultor más destacado de Cataluña fue Damián Campeny y Estrada. De familia humilde, sus comienzos son muy difíciles; en 1796 consigue ser pensionado de la Academia en Roma, donde fue discípulo de Canova. Su especial sensibilidad para concebir los temas clásicos da a su escultura un especial atractivo, que se acentúa por la finura y perfección técnica del modelado. **Aquiles quitándose la flecha del talón** (Academia de Bellas Artes, Barcelona), **Diana Cazadora** (Lonja de Barcelona), **Cleopatra agonizante** (Museo de Arte Moderno, Barcelona) y **Lucrecia muerta** (Lonja de Barcelona) son sus obras maestras.

Antonio Solá es, junto a Campeny, el más significativo representante de la plástica neoclásica catalana. Se forma en Roma gracias a la pensión de la Academia; su estancia en Italia fue muy dilatada, ejerciendo las funciones de tutor de los artistas que enviaba la Academia. El grupo de **Daoíz y Velarde** (Plaza del dos de Mayo, Madrid), inspirado en los Tiranicidas, es su obra más conocida. A su producción pertenecen también **Meleagro** (Palacio de Liria, Madrid), **Venus y Cupido** (Museo de Arte, Cataluña) y **Cervantes** (Carrera de San Jerónimo, Madrid).

La escultura neoclásica de la segunda mitad del XIX

Mediado el siglo XIX, los escultores españoles siguen produciendo obras que se identifican con los ideales estéticos que animan el neoclasicismo. En muy pocas esculturas se perciben matices renovadores, que casi siempre no pasan de tener un carácter anecdótico. Estamos aún lejos de esa rebeldía romántica que librará a la plástica de las ligaduras* académicas.

Ponciano Ponzano García, que nació en Zaragoza en 1813, es uno de esos maestros que se mantienen fieles a los ideales clásicos. Discípulo en España de Alvarez Cubero, y en Roma de Solá y Thorwaldsen, son, posiblemente, sus maestros los que afirman su vocación hacia la Antigüedad clásica.

En 1884 recibe el encargo de labrar el frontón del edificio del Congreso de los Diputados, para el que se elige una escena alegórica; también son obra suya los leones de bronce que hay en la escalinata.

El escultor madrileño Sabino Medina Peñas recibe su primera formación junto a Valeriano Salvatierra, para pasar después a Roma pensionado por la

ligaduras: ataduras.

Academia. Su obra más importante es **Eurídice mordida por un áspid** (Casón del Buen Retiro, Madrid), donde se manifiesta su clasicismo. En 1861 se le encarga la estatua de Murillo que se encuentra junto al Museo del Prado.

José Piquer y Duart, valenciano de origen, se forma en Valencia y Madrid; en 1836 estaba en México, pasó posteriormente a Estados Unidos y más tarde a Francia. Fue esta última la experiencia más provechosa para su formación artística, ya que conoció a Rude y David d'Angers. De todos los maestros de su generación es el que muestra en sus obras una más clara inclinación hacia el Romanticismo. El relieve con el **Sacrificio de la hija de Jefté** (Academia de San Fernando, Madrid) y los **retratos de Isabel II** (Biblioteca Nacional), y el de **Vicente López,** de la Academia, son sus mejores obras.

En Cataluña destacan José Bover y Mas y el gerundense Juan Figueras. Bover, después de una primera etapa clasicista, influido por su formación en Roma y, muy especialmente, por Alvarez Cubero, evolucionó hacia un cierto realismo, aunque nunca abandonó el equilibrio clásico. La obra más significativa de su etapa de madurez es el **Monumento sepulcral a Jaime Balmes,** labrado en 1865 (Catedral de Vich).

Juan Figueras inicia su formación con José Piquer en Madrid, pasando más tarde a Roma como pensionado de la Academia; su obra maestra es el **Monumento a Calderón de la Barca** (Plaza de Santa Ana, Madrid). De gran interés plástico, y avanzado diseño, son los relieves que recuerdan las principales obras del escritor.

Pintura neoclásica

Aunque con criterios cronológicos la figura de Francisco de Goya deba incluirse dentro del apartado pictórico del neoclasicismo español, su personalidad y pintura son un universo propio y distinto, ajeno a las últimas reticencias barrocas y a las académicas evocaciones clásicas. En un momento en el que la pintura española adolece de personalidad, el arte temperamental de Goya, siempre cambiante y creativo, refuerza su poder de captación.

En el panorama de la pintura española del neoclasicismo son muy pocos los pintores que pueden señalarse como plenamente identificados con el clasicismo. Si exceptuamos el círculo cortesano, de peculiares características, en las demás escuelas españolas se mantiene la tradición pictórica barroca, que, al no surgir artistas con personalidad, se caracteriza por un adocenamiento que lleva a la repetición de modelos, en una ausencia casi total de creatividad.

Aunque la influencia de Mengs fue importante en pintores como Mariano Salvador Maella, Gregorio Ferro y Francisco Bayeu, los pintores españoles más comprometidos con las corrientes neoclásicas produjeron sus obras ya dentro del siglo XIX. Son algunos maestros de la generación que trabaja en torno a la primera mitad de siglo, muy influida por el estilo de David, como José Madrazo, José Aparicio y Juan Antonio Ribera, entre otros.

Maestros extranjeros en la Corte

El protagonismo que tienen los pintores extranjeros en el círculo cortesano durante los dos primeros tercios del XVIII fue importante; en cierta forma, la presencia de estos artistas eclipsó a maestros españoles de menor valía. Los pintores de retratos Rang y Van Loo, el decorador Giaquinto y, especialmente, Tiepolo y Mengs, están entre los más destacados.

Jean Rang, discípulo de Rigaud, llega a España en 1723 rodeado de un gran prestigio, destacándose especialmente sus cualidades para el retrato; llegó a ser pintor de cámara de Felipe V. El Museo del Prado conserva una de las obras más representativas de su estilo cortesano a la manera francesa, el **Retrato ecuestre de Felipe V.**

Miembro de una familia de pintores de ascendencia holandesa enraizada en Francia, Louis Michel Van Loo hereda de su padre, Jean Baptiste, su especial disposición para el retrato. En 1735 era ya pintor de cámara de Felipe V; su obra maestra es el retrato de grupo de **La Familia de Felipe V** (Museo del Prado). Es un lienzo de monumentales proporciones en el que el pintor, con depurada técnica y gran sentido del color, plasma una escena oficial y solemne de la familia real.

Conrado Giaquinto es un decorador italiano formado en la última tradición barroca que encarna Lucas Jordán; a él se deben los murales de la **bóveda de la escalera del Palacio Real** de Madrid y algunas escenas de la Capilla.

Maestro de más personalidad artística es el veneciano Juan Bautista Tiépolo; decorador de poderosa imaginación y gran facilidad para componer, su pintura tiene la riqueza colorista típica de la escuela veneciana. Antes de venir a España dejó en Italia una importantísima producción, y había pintado también algunas **estancias del palacio de Wuzburgo.** Tiépolo llegó a Madrid en 1762 para trabajar en la decoración del Palacio Real; **Las Glorias de la Monarquía** y el **Triunfo de Eneas** muestran los rasgos esenciales de su estilo.

De extraordinaria belleza y fina sensibilidad cromática es la **Inmaculada** (Museo del Prado).

Antón Rafael Mengs, de origen alemán, hijo del director de la Academia de Dresde, fue uno de los grandes difusores del gusto clásico. Su pintura es de una rigurosa perfección; dibujo de gran finura y una sensibilidad exquisita para las gamas cromáticas, son las características de su estilo. Sus años en Roma fueron decisivos para su formación en el culto a la Antigüedad.

En 1761 llega a España llamado por Carlos III para participar en la decoración del Palacio Real; la **Apoteosis de Hércules,** el **Triunfo de la Aurora** y la **Apoteosis de Trajano,** escenas con las que pinta las bóvedas de tres estancias, justifican la armonía y belleza de la pintura de Mengs.

De entre sus cuadros de caballete destacan la **Adoración de los Pastores,** el **retrato de Carlos III** y el de la **Reina Ana María** (Museo del Prado).

El arte de Mengs influyó poderosamente sobre algunos pintores españoles en torno a la Corte; su obra es el más importante aliento clasicista que recibió la pintura española de la época.

Pintores españoles

Mariano Salvador Maella fue uno de los maestros españoles que más de cerca recibió la influencia de Mengs; colaboró con el maestro en algunos de sus trabajos, de ahí que su estilo refleje la admiración hacia el arte del pintor alemán. Su viaje a Italia y los contactos con la Academia de San Lucas completan y enriquecen su formación. La obra de Maella es extensa e importante, el **Palacio Real,** la **Casita del Príncipe** (El Escorial) y el **Palacio de El Pardo** guardan el fruto de su pintura. El **retrato de Carlos III** (Palacio Real) es también una de sus obras más importantes.

El aragonés Francisco Bayeu es otro de los maestros españoles que se acerca al clasicismo a través de la pintura de Mengs. En Zaragoza, ya despierta a nuevas posibilidades artísticas por influencia de Antonio González Velázquez,

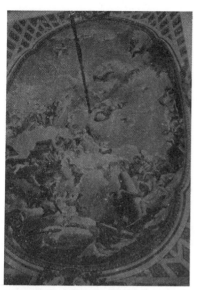

Juan Bautista Tiépolo: Bóveda
del Palacio Real (Madrid).

Antón Rafael Mengs: *Adoración
de los Pastores* (Museo del Prado).

Luis Meléndez: *Bodegón* (Museo
del Prado).

Luis Paret: *La tienda de cuadros* (Museo
Lázaro Galdíano, Madrid).

del que más tarde fue discípulo, que presenta sus bocetos para decorar la cúpula de la Capilla en la Basílica del Pilar. Más tarde, en Madrid, admiró la obra de Mengs. A pesar de tan privilegiada formación, Bayeu no abandonó totalmente las maneras barrocas. De su obra en Zaragoza, perdida casi totalmente, destacan sus **trabajos para la Cartuja del Aula Dei**; los murales del oratorio Real de Aranjuez, con escenas como **El Padre Eterno**, la **Adoración de los pastores** y **San Lucas**, y la **Epifanía y San Mateo**, son las obras más características de su estilo.

Menos conocida, pero de interés, es la obra de dos pintores muy ligados a la Real Fábrica de Tapices: Ramón Bayeu y José del Castillo; sin gran personalidad artística, su arte estuvo siempre tutelado por Mengs, Francisco Bayeu y Goya.

La figura de Luis Meléndez es de un especial interés dentro del panorama neoclásico español; cultivó el género de bodegón, que ya tenía una rica tradición desde la pintura barroca, pero que él interpreta a la manera de los bodegonistas del norte de Europa, especialmente los holandeses. En el Museo del Prado se hallan algunos de los más importantes bodegones del maestro; también es muy significativo de su estilo el conservado en el Museo de Boston.

Luis Paret es una personalidad compleja; formado en la Academia junto a Antonio González Velázquez, viajó posteriormente a Roma y París. Su estilo acusa importantes influencias de la pintura francesa, aunque algunos cuadros religiosos no son ajenos a ecos italianos y de Pedro Pablo Rubens. **Las Parejas Reales, Escena Galante** y **Baile de Máscaras** (Museo del Prado) y **Tienda de Cuadros** (Museo Lázaro Galdiano, Madrid) son, entre otras, obras representativas de su arte.

El valenciano Vicente López fue uno de nuestros más representativos maestros del neoclasicismo; recibe su primera formación en la Academia de San Carlos, donde ya muestra unas excepcionales cualidades para el dibujo; pasó más tarde a la de San Fernando, donde fue discípulo de Salvador Maella. Indirectamente, a través de Maella, recibe Vicente López la influencia de Mengs.

Destacó especialmente en el retrato; su disciplina técnica y unas importantes cualidades artísticas dan a sus lienzos una extraordinaria calidad. El **retrato de Goya** (Museo del Prado) está entre sus obras maestras; en el mismo Museo, los de **María Cristina de Borbón** y **don Antonio Ugarte y su esposa** son también de indudable valor. Como representativos de su estilo cabe citar, además, el de **Fernando VII**, el **canónigo Varela** y **Francisco I de Sicilia** (en la Academia de San Fernando) y el de **don Félix López** (Museo de Arte Moderno), entre otros.

José Aparicio, pintor alicantino nacido en 1773, es uno de los artistas españoles que acusan en su obra la influencia del maestro francés David; fue discípulo suyo en París, para establecerse más tarde en Roma. Su prestigio en España fue muy importante, llegando a ocupar el cargo de pintor de cámara de Fernando VII. De entre sus obras, **Hambre en Madrid** (Museo de Arte Moderno) y **Fernando VII desembarca en el Puerto de Santa María** (Museo Romántico, Madrid) son las más conocidas.

José Madrazo es el más preclaro representante de la pintura clasicista, a la manera de David y la escuela francesa, en España. Admirador de la obra de Mengs, inicia su formación con uno de sus seguidores, Gregorio Ferro. Madura su estilo junto a David y, más tarde, pasó a Roma; de regreso a España, en 1815, gozó de reconocimiento y fama. A él se confía la reordenación del Museo del Prado. Sus obras más significativas son la **Muerte de Viriato** y **Muerte de Lucrecia** (Museo del Prado); el **retrato ecuestre de Fernando VII** (Museo Romántico, Madrid) justifica también sus aptitudes para este género.

Goya

Francisco de Goya y Lucientes nació el 30 de marzo de 1746 en Fuendetodos (Zaragoza); no se conoce la influencia que pudo tener su padre, artesano dorador, en el despertar artístico de Goya. Tenía el pintor catorce años cuando trabaja como discípulo en el taller que tenía en Zaragoza José Luján.

En 1763 Goya está en Madrid; pretendía lograr una plaza como pensionado de la Academia en Roma; su estilo, que choca frontalmente con las normas de la institución y con las corrientes clasicistas, no gustó, y la plaza le fue denegada. Si la llegada a Madrid supuso el primer fracaso, el encuentro con los círculos artísticos madrileños y el poder conocer la obra de Juan Bautista Tiepolo y Antón Rafael Mengs, que trabajan allí, fue de gran importancia para el pintor.

En 1769 marchó Goya a Roma; durante dos años el pintor toma contacto con el rico legado italiano; a su regreso a España comienzan a producirse los primeros encargos: las **pinturas para la Bóveda del Coreto** (Basílica del Pilar, Zaragoza). o los **frescos para la Cartuja del Aula Dei** (Zaragoza). También comienza a introducirse en el ámbito madrileño; su cuñado Francisco Bayeu le facilita el acceso al puesto de pintor de Cartones para la Real Fábrica de Tapices. Comienza ahora una etapa brillante en el estilo de Goya; multitud de escenas costumbristas, de gran fuerza y fino colorido, muestran la facilidad creativa del maestro y su especial sensibilidad para los temas populares. **El Quitasol,** la **Gallina Ciega,** la **Boda,** la **Pradera de San Isidro,** la **Caza de la Codorniz,** el **Pelele** o los **Zancos** están entre los más conocidos.

En 1780 Goya fue nombrado miembro de la Real Academia de San Fernando: fue el primer éxito importante del maestro; de este momento es el **Crucificado** (Museo del Prado).

El **Retrato del Conde de Floridablanca** abre un importante ciclo de obras en esta línea; el **Carlos III** (Banco de España), con evocaciones velazqueñas, es también de estos años. En 1786, Carlos III nombra a Goya pintor del Rey; tres años más tarde, Carlos IV le hizo pintor de cámara; el maestro está ahora en el cénit de su prestigio.

En 1713 comienza Goya a sufrir los efectos de una grave enfermedad que le produjo la sordera, hecho que influyó, decisivamente, en la evolución del carácter del pintor, reflejándose en su obra. De estos años es también su encuentro con María Pilar Teresa Cayetana de Silva Alvarez de Toledo, la duquesa de Alba; en Sanlúcar, el pintor realizó un importante número de dibujos, base para su ciclo grabado **Los Caprichos.** De este momento* son también los magníficos retratos de la **Duquesa de Alba** (Palacio de Liria, Madrid, e Hispanic Society, Nueva York).

En torno a 1797, comienzan las crisis importantes en el maestro; reflejo de ellas son sus **Pinturas de Brujas** (Museo Lázaro Galdiano, Madrid). Un año más tarde inicia un importante ciclo de murales, la decoración de las **Bóvedas de la Ermita de San Antonio de la Florida.** En estas pinturas Goya muestra una técnica pictórica extraordinariamente suelta; el dibujo pasa a segundo término y es el color el que se expresa con gran intensidad, a través de una pincelada ágil. Las figuras se mueven con inusitada libertad; a veces, en violentos escorzos acentuados por el carácter excepcional de sus gestos y expresiones.

De esta época es su espléndido lienzo del **Prendimiento** (Catedral de Toledo); los estudios de las cabezas de los esbirros que rodean a Cristo, sus gestos y expresiones, logradas con una asombrosa soltura técnica, nos adentran en el torturado espíritu del maestro. Los graves momentos por los que atraviesa la

Vicente López: *Retrato de Goya*
(Museo del Prado).

Vicente López: *Francisco I de Sicilia*
(Academia de San Fernando).

Jose Madrazo: *La muerte de Viriato* (Museo
de Arte Moderno, Madrid).

Francisco de Goya: *La gallina ciega* (Museo
del Prado).

Francisco de Goya: Frescos para
San Antonio de la Florida (detalle)
(Madrid).

Francisco de Goya: *La familia de Carlos IV*
(Museo del Prado).

Francisco de Goya: *La maja vestida* (Museo
del Prado).

Francisco de Goya: *Fusilamientos
de la Moncloa* (Museo del Prado).

Francisco de Goya: *La romería de San Isidro*
(detalle) (Museo del Prado).

Francisco de Goya: *Perros al toro*
—pertenece a la *Tauromaquia*—
(Museo del Prado).

Francisco de Goya: *Ventura Rodríguez* (Museo de Estocolmo).

Francisco de Goya: *Prendimiento de Cristo* (sacristía de la catedral de Toledo).

política española, que Goya, pintor de cámara, conocía perfectamente, también desestabilizaron su carácter.

En estos años, el maestro desarrolla una gran actividad como pintor de retratos; significativos son los de **Juan de Villanueva, Jovellanos** o el **Arzobispo Compani** (Museo del Prado) y el de **Leandro Fernández de Moratín** (Academia de San Fernando, Madrid). Además retrató a miembros de la nobleza, el **Conde de Fernán Núñez** (Colección Fernán Núñez, Madrid) o la **Marquesa de Santa Cruz** (Museo del Prado). También pertenecen a esta época la **Maja vestida** y la **Maja desnuda** (Museo del Prado).

En 1800, Goya pinta el más importante de sus retratos, un gran retrato de grupo, la **Familia de Carlos IV** (Museo del Prado), donde hace gala de una gran sagacidad* para captar y reflejar en el lienzo la personalidad de cada uno de los componentes de la familia real.

Los años de la guerra tienen en la obra de Goya un documento excepcional: los dibujos y grabados conocidos como los **Desastres de la guerra** son crónica viva de ese duro acontecer diario de violencia que la confrontación produjo. Idéntico sentido, aunque reflejo de acontecimientos más conocidos, son los grandes lienzos de la **Carga de los Mamelucos y de la Guardia Imperial** y los **Fusilamientos de la Moncloa** (Museo del Prado).

El regreso de Fernando VII y la sospecha de poder verse inmerso en los procesos que se llevan a cabo para determinar actuaciones en la época de la invasión, sitúan a Goya en una situación difícil. En 1819 se retira a la Quinta

sagacidad: inteligencia.

del Sordo; y allí, solo, con la gravedad de los recientes acontecimientos aún en su retina, con toda la amargura de su situación y enfermedad, pintó las paredes de esta casa de campo con un ciclo de murales que se conoce como las **Pinturas Negras**, hoy en el Museo del Prado, que son el fruto de cinco años de profundo aislamiento y de amarga soledad.

Un estilo suelto, movido, desenfadado*, con pinceladas libres y grandes empastes cromáticos, produjo una serie de escenas de gran dramatismo, donde brujas, monstruos y seres deformes se mezclan con personajes de rostros torturados y llenos de patético expresionismo*.

De estos años son los dos retratos de **Fernando VII** (Museos del Prado y Santander) y sus **Autorretratos** (Museo del Prado y Academia de San Fernando).

En los años anteriores a 1816 debe fecharse el ciclo de grabados de **La Tauromaquia;** junto con **Los Disparates** forman parte de los últimos trabajos para grabar que realizó el maestro.

Con el pretexto de su enfermedad, Goya pide autorización al Rey para salir al balneario de Baqueres; es el inicio de su exilio*. Algún viaje a Madrid para resolver asuntos personales, como su jubilación como pintor de cámara, que obtuvo en 1826, y de nuevo regresa a su exilio en Francia.

En una de sus últimas obras, la **Lechera de Burdeos** (Museo del Prado), muestra su espíritu inquieto de búsqueda constante de nuevos planteamientos técnicos y pictóricos, esbozando* experiencias que años más tarde revolucionarán la pintura.

El 16 de abril de 1828 falleció Goya en Burdeos; tenía ochenta y dos años.

CUESTIONES

1. ¿Cuándo surge el neoclasicismo? ¿Qué causas favorecen el desarrollo de esa corriente estética?

2. ¿Quién fue Juan de Villanueva? ¿Cuáles son sus obras más importantes? ¿Qué papel jugó Francisco Sabatini en la arquitectura neoclásica española?

3. Enumerar ejemplos significativos que muestren la persistencia de la estética neoclásica en la arquitectura de la segunda mitad del XIX.

4. ¿Quiénes son los grandes maestros de la plástica neoclásica española? Señalar cuáles son las circunstancias que hicieron posible su formación. Enumerar algunas de sus obras.

5. Citar ejemplos de escultores y obras de la segunda mitad del XIX ligados a la estética del neoclasicismo.

6. ¿Cuáles son los más representativos pintores extranjeros en la corte? ¿Cómo influyeron en la pintura española de su tiempo? Enumerar lo más representativo de su producción.

7. ¿En qué etapas puede sistematizarse el arte de Francisco de Goya?

8. Enumerar los ciclos murales más importantes del maestro de Fuendetodos señalando su cronología y las características esenciales de los mismos.

desenfado: libre de norma.
patético expresionismo: dramatismo reflejado en rostros y actitudes.
exilio: destierro.
esbozando: ensayando

Arquitectura. De la revolución tecnológica del hierro a la década de los sesenta

Eclecticismo e historicismos*

La fundación de la Escuela de Arquitectura jugó un papel importante en el momento de transición de las formas clasicistas a la gran revolución que supuso la arquitectura del hierro. De sus aulas salieron los más significativos arquitectos del eclecticismo, hecho que se justifica en la procedencia de sus profesores, que fundamentalmente eran arquitectos formados en las experiencias del clasicismo.

Francisco Jareño y Alarcón fue uno de los máximos representantes de esta corriente; su carrera fue jalonada* por el éxito, en 1848 termina sus estudios de arquitecto y unos años más tarde ya dirige la Escuela. Las obras más representativas de su estilo son la **Biblioteca Nacional** y el **edificio del Tribunal de Cuentas** (Madrid).

Francisco de Cubas se formó también en la Escuela de Arquitectura; gozó de un importante prestigio, ostentó el título de marqués de Cubas y tuvo algunos cargos políticos significativos. Realizó las **casas de Avenzana** y **Alcañices,** en Madrid; más tarde, en un momento de admiración neogótica, proyectó la **Catedral de la Almudena,** de esta ciudad. De su traza es también el **Castillo de Butrón** (Vizcaya).

En Cataluña, el arquitecto más significativo del momento es Elías Rogent; su vida fue paralela a la de Jareño, también fue alumno de la Escuela de Arquitectura y recibió una formación semejante. La **Universidad de Barcelona** es su creación más representativa; la obra se concluye en 1871. El prestigio de Rogent no sólo le llevó a dirigir la Escuela de Arquitectura de Barcelona, sino que cristalizó también en abundantes encargos; proyectó un gran número de casas, de las que Barcelona conserva algunas de las más significativas, es el caso de la **Casa Boada.** De su faceta como restaurador* de obras medievales destaca la realizada en Santa María de Ripoll.

Otros arquitectos de estos años son: Juan de Madrazo, al que se debe el **palacio del Conde de la Unión de Cuba** (Madrid); Miguel Aguado de la Sierra, que proyectó la **Real Academia de la Lengua;** Enrique María Repullés, autor de la **Bolsa de Madrid;** Ricardo Velázquez Boscoso, que hizo el antiguo **Ministerio de Fomento,** ahora Ministerio de Agricultura (Madrid).

Por sus evocaciones hacia lo mudéjar destaca la antigua **Plaza de Toros de Madrid** (desaparecida), obra de los arquitectos Emilio Rodríguez Ayuso y Dimas Rodríguez Izquierdo. De este último son las Escuelas Aguirre (Madrid),

---

historicismo: movimiento estético que supone la recreación de formas pasadas.
jalonada: marcada, señalada.
restaurador: persona que se dedica a la consolidación y reparación de obras de arte.

en donde de nuevo muestra su neomudejarismo; estilo al que también evoca la **Iglesia de San Fermín de los Navarros** (Madrid), de Carlos Velasco y Eugenio Jiménez.

De Federico Aparici es la **Iglesia de Covadonga,** diseñada a la manera románica.

En Cataluña destacan, entre otros arquitectos, Tiberio Sabater, que hizo los planos del **Casino Mercantil** (Barcelona), y Juan Martorell, al que se debe la **Iglesia de las Salesas,** de esta ciudad.

De entre nuestras experiencias historicistas, la neoplateresca y la neobarroca muestran un retorno a estilos fuertemente imbricados en la tradición española. Cuando en 1900 José Urioste y Velada proyecta el **pabellón de España en la Exposición Universal de París,** lo hace a la manera renacentista plateresca; inspirándose en arquitectos y edificios castellanos. El éxito de la experiencia fue tan importante que posteriormente se trasladó a edificios. Urioste no fue el único arquitecto que ensayó el neoplateresco; algunos otros siguieron su ejemplo; de entre ellos destaca José López Sallaberry.

Juan Moya y Eduardo Reynals son los más genuinos representantes de las corrientes neobarrocas; en sus portadas hay un deseo de evocar los proyectos decorativos de algunos de los más importantes maestros de nuestro barroco; referencia importante fueron las obras del madrileño Pedro Ribera.

Proyectos urbanísticos

El desarrollo de las ciudades, el progresivo aumento del tráfico, el crecimiento de la población y la necesidad de ampliar el entramado urbano*, exigen importantes transformaciones urbanísticas. Significativos de estos años son: el

Francisco Jareño: Biblioteca Nacional (Madrid).

Plan urbanístico de Ildefonso Cerdá para Barcelona.

proyecto de **planificación de la Puerta del Sol de Madrid,** trazado en primer lugar por Juan Bautista Peyronnet, aunque realizado según diseño de Lucio del Valle, y el ensanche de Madrid que planifica Carlos María Castro.

En Barcelona se proyecta la **conexión de las Ramblas con la Plaza Real;** además de las ramificaciones de ésta hacia toda su periferia; y, sobre todo,

entramado urbano: trazado urbano, composición urbanística de una ciudad.

lo que se conoce como **Plan Cerdá,** presentado por Ildefonso Cerdá. Se trata de una creación urbanística de gran funcionalidad, con una base de calles en cuadrícula y amplias avenidas para favorecer los accesos.

Otras ciudades españolas de la época son objeto también de importantes remodelaciones urbanas; significativos son los proyectos de **ensanche para Tarragona** y **Valencia,** entre otros.

Muy importante entre los urbanistas del XIX fue Arturo Soria y Mata, que ya en 1892 defendió su **proyecto de Ciudad Lineal** para Madrid. Se trata de crear una ciudad nueva, no distante de la antigua, y de desarrollo lineal. Un gran eje (calle) es la referencia urbana por excelencia; a sus lados se proyectan las edificaciones con la presencia de jardines y espacios abiertos. La idea de vivienda ideal era la célula unifamiliar con huerta o jardín. El arquitecto también se preocupó de crear un medio asequible de comunicación entre las dos ciudades; un tranvía eléctrico que vinculaba Madrid con la periferia. El proyecto de Arturo Soria se comienza en 1895 y fue desarrollándose a lo largo de las primeras décadas del XX; más tarde ha sufrido intervenciones que nunca habría aprobado su creador, por desvirtuar su idea original y básica.

Primeras experiencias del hierro

El triunfo de la arquitectura del hierro se produjo hacia mitad del XIX; son los ingenieros franceses e ingleses y sus talleres los pioneros en el empleo de este material en proyectos en los que su utilización posibilitaba soluciones arquitectónicas y espaciales totalmente nuevas y revolucionarias. Puentes, viaductos*, estaciones de ferrocarril, tribunas voladas en plazas de toros, teatros, pabellones para exposiciones y mercados, adquieren ahora una configuración distinta, más diáfana, con amplios espacios hasta ahora imposibles.

Los ejemplos más antiguos en España son obra de arquitectos e ingenieros extranjeros; también, en los primeros momentos, la fundición del hierro y la preparación de piezas eran procesos que se realizaban en el exterior.

A los primeros proyectos españoles, hechos con materiales de importación, seguirá el nacimiento de industrias de transformación del hierro en España, de cuyos talleres saldrán los elementos necesarios; uno de ellos fue Jareño y Asins (Madrid).

Son numerosas las estaciones, mercados, puentes y otros edificios que se construyeron; de entre ellos cabe destacar, las **estaciones del Norte y Atocha** (Madrid), el **puente de Isabel II** (Sevilla), el **mercado del Borne** (Barcelona), el **palacio de Cristal del Retiro,** el **circo Price** y la **antigua Plaza de Toros** (Madrid).

Arquitectura modernista

En España se conoce como Modernismo al estilo artístico que se produce en toda Europa occidental como reacción al eclecticismo decimonónico*; en su gestación fueron de vital importancia las teorías de Ruskin y Morris, en las que se defendía el valor del trabajo artesanal.

«Liberty», «Modern Style», «Jungendstil», «Floreale» o «Secesión» son los nombres que identifican este movimiento estético en los distintos países europeos.

viaducto: especie de puente, sobre una depresión del terreno, para el paso de una carretera o ferrocarril.
decimonónico: relativo al siglo XIX.

Antonio Gaudí: Palacio Episcopal (Astorga).

Antonio Gaudí: Casa Milá, «*La Pedrera*» (Barcelona).

Entre sus más significativos arquitectos-decoradores están el español Antonio Gaudí, los belgas Victor Horta y Henry Van de Velde, el francés Hector Guimard, el alemán Richard Riemerschmid, el austríaco Otto Wagner, el escocés Charles Rennie Mackintosh y el italiano Giovanni Michelazzi.

La decoración es algo consustancial con la arquitectura modernista, de tal forma que llega a enmascarar la realidad estructural de la construcción. El arquitecto proyecta el edificio íntimamente ligado a ricos e imaginativos programas ornamentales basados en el arabesco*, el gusto por lo curvo y el capricho de las formas vegetales, convirtiéndose así en auténtico decorador. Su faceta creadora se proyecta, en muchos casos, en el diseño de muebles, lámparas, balaustradas para escaleras, puertas, rejas y otros elementos que de esta forma se identifican plenamente con los planteamientos estéticos que animan todo el proyecto.

En el diseño modernista es fundamental el concurso de variadas actividades artesanales, en ellas radica la originalidad y riqueza del programa decorativo.

El Modernismo es un estilo ligado esencialmente a Cataluña; la especial configuración social, política y económica de esta región, y sus conexiones con Europa, favorecen su nacimiento y desarrollo dentro del movimiento conocido como la Renaixença*. Los ensayos modernistas fuera de Cataluña sólo hallan justificación como desgajados de las experiencias catalanas.

arabesco: forma ornamental que evoca el arte árabe.
Renaixença: movimiento cultural, de carácter burgués, que surge en la Cataluña del último tercio del siglo XIX.

Antonio Gaudí y Cornet es el máximo representaste del Modernismo español; nacido en Reus en 1852, estudió en la Escuela de Arquitectura de Barcelona, en la que obtuvo el título de arquitecto en 1878. Su primera obra importante fue la **Casa Vicens,** 1882, donde todavía su estilo no se ha definido. En 1883 se hizo cargo de las obras de **La Sagrada Familia,** sucediendo al arquitecto Francisco Villar, que había diseñado un templo de carácter neogótico. Aunque es una obra no terminada, en ella se observa la imaginación creativa de Gaudí, que somete el proyecto de Villar a innovaciones sujetas a la estética modernista.

El **Palacio Episcopal de Astorga** (León), iniciado en 1889, experiencia de carácter historicista enraizada en la tradición gótica, no puede considerarse como obra representativa del estilo que define al arquitecto catalán.

En el **Parque Güell,** fechable entre 1900 y 1915, Guadí puso su arte e imaginación al servicio de un plan urbanístico que se adelanta a las creaciones inglesas de la ciudad-jardín. Inteligente adaptación al paisaje y libertad creativa en lo arquitectónico, que se identifica plenamente con la naturaleza del terreno, son las cualidades esenciales del proyecto. El pabellón-pórtico sustentado por columnas de un arcaizante gusto dórico, la terraza superior o la traza de la escalera, muestran experiencias significativas en esa línea. El programa ornamental, caracterizado por el protagonismo de la cerámica y elementos vidriados, enriquece y da personalidad al conjunto.

Las **Casas Batlló** y **Milá** —más conocida como «La Pedrera»—, iniciada en 1905, son las creaciones más plenamente ligadas al modernismo que creó Gaudí. Las chimeneas de la casa Milá están entre los diseños más geniales y dinámicos del gran arquitecto catalán.

Luis Doménech y Montaner fue uno de los más significativos arquitectos del movimiento modernista; profesor y director de la Escuela de Arquitectura de Barcelona, hombre de sólida formación cultural, estudioso de la arquitectura medieval, sintió una profunda admiración por el mudejarismo*, hecho que posteriormente se refleja en su obra.

A él se debe el **Restaurante en el Parque de Barcelona** para la Exposición Universal de 1888, curioso edificio de ladrillo con torreones de planta cuadrada y coronación de almenas. Obra suya es también la **Casa Thomas,** en la que emplea con profusión la decoración cerámica.

El **Palacio de la Música** de Barcelona, 1905-1908, es su creación más importante y la más íntimamente ligada al espíritu del modernismo; movimiento, imaginación desbordante y el concurso de numerosos recursos ornamentales —mosaicos, trabajos de forja, cerámicas, vidrios, labores en piedra— hacen de este edificio una de las más representativas muestras del Modernismo catalán.

Otra importante personalidad de la arquitectura modernista catalana fue José Puig y Cadafalch, autor de abundante número de publicaciones sobre la arquitectura medieval en Cataluña y profesor de la Escuela de Arquitectura de Barcelona, fue hombre de reconocido prestigio. Sus obras más significativas son las **Casas Amatller, Macaya** y **Martí.**

De entre los arquitectos modernistas catalanes cabe destacar además a Francisco Berenguer Mestres, cuya obra más importante son las **Bodegas Güel** (Garraf, Barcelona); José María Jujol, a quien se debe la **Casa Gisbert** (San Juan Despi, Barcelona), y Francisco Rogent, autor de la llamada **Cau Ferrant** (Sitges, Barcelona).

Fuera del ámbito catalán podría destacarse a un gran número de arquitectos: Francisco Mora Berenguer y Enrique Sagnier, en Valencia; Gaspar Bennazar

mudejarismo: relativo al Mudéjar.

José Grases Riera: Palacio Longoria (Madrid).

Antonio Palacios: Palacio de Telecomunicaciones (Madrid).

Antonio Flórez: Residencia de Estudiantes en la calle del Pinar (Madrid).

Miguel de los Santos: Facultad de Medicina (Ciudad Universitaria, Madrid).

y Francisco Roca, en Palma de Mallorca; Julio Galán y Antonio López, en Galicia; Ramón Cortázar y Luis Elizalde, en el País Vasco; Aníbal González y Francisco Hernández, en Andalucía.

En Madrid triunfa el catalán José Grases Riera, cuya obra más importante es el **Palacio Longoria;** también deben destacarse, entre otros, a los arquitectos Eduardo Reynals, Valentín Roca y Francisco García Calleja.

Eclepticismo, regionalismo y arquitectura monumentalista. Antonio Flórez y la arquitectura del ladrillo

Tras el Modernismo, la arquitectura española se encierra en sí misma y vuelve la espalda a los desarrollos de la arquitectura europea. Los arquitectos buscan las soluciones a sus planteamientos en la tradición, cayendo en la repetición y en la decadencia.

Hasta 1925 se suceden una serie de experiencias que tratan inútilmente de despejar nuevos caminos; un eclepticismo de diversa índole que no aporta novedad alguna es el testimonio más evidente de la ausencia de creatividad.

En ese desconcierto surgen los estilos regionalistas como proyección del concepto de arquitectura nacionalista defendido por Vicente Lampérez, director de la Escuela de Arquitectura de Madrid, académico y estudioso de la tradición arquitectónica española.

El más representativo de los estilos regionalistas es el montañés, que encarna el arquitecto Leonardo Rucabado. Durante varios años, Rucabado estudia la arquitectura santanderina de los siglos XVII y XVIII; a partir de esta experiencia crea el estilo montañés. Entre sus obras más características están la **Casa Allende** (Bilbao), de 1915, y la **Casa de la Plaza de Canalejas** (Madrid).

Cuando muere Leonardo Rucabado en 1918, el estilo creado por él ya había alcanzado un gran éxito. En este año se celebra la Primera Exposición Artística Montañesa, en la que participan, entre otros, los arquitectos Emilio Torriente, Lavin Casalis, Lavin del Noval, Pedro Cabello y González Riancho.

Cada región buscó en sus experiencias arquitectónicas pasadas lo más significativo, lo que a juicio del arquitecto era más peculiar y tradicional, que, casi siempre, no pasaba de ser algo popular y superficial. Esta experiencia dio lugar a construcciones que oscilan entre la gracia imaginativa y la torpeza de recreaciones caracterizadas por la tosquedad.

Un deseo de monumentalidad desmedida caracterizan las obras del arquitecto de origen gallego Antonio Palacios y Ramilo. Junto a Joaquín Otamendi proyectó el **Palacio de Telecomunicaciones** (Madrid), realizado entre 1903 y 1918; también se debe a la traza de Palacios el **Edificio del Círculo de Bellas Artes** de esta ciudad. Testimonio de la megalomanía* de Antonio Palacios es su **proyecto de reforma de la Puerta del Sol y del centro de Madrid,** 1940, que no se llevaría a cabo.

Por arquitectos de la generación de Palacios se construyen algunos de los más significativos edificios del centro de Madrid; en todos ellos, el proyecto está presidido por el deseo de monumentalidad; el **Edificio de la Asociación de la Prensa,** de Pedro Muguruza, y la **Telefónica,** de Manuel Cárdenas, están entre los más significativos.

En Barcelona, Francisco de Paula Nebot practica una arquitectura monumentalista* sin ningún valor creativo; sus obras más representativas son el **Cine Coliseum** y el **Palacio de Comunicaciones.**

Antonio Flórez representa el equilibrio, la sobriedad y la mesura arquitectónica frente a la megalomanía de Palacios y otros arquitectos de su tiempo. Los edificios de Flórez utilizan como material de base el ladrillo y podría decirse de ellos que tienen un inequívoco* carácter de arquitectura funcional; son representativos de su estilo la **Residencia de Estudiantes** (calle del Pinar, Madrid), terminada en 1913, y los **Grupos Escolares Concepción Arenal y Menéndez y Pelayo** (Madrid), concluidos en 1929, entre otros.

Renovación arquitectónica, la generación de 1925. CIRPAC, GATCPAC y GATEPAC. La arquitectura hasta la guerra civil

La renovación de la arquitectura española surge cuando nuestros arquitectos buscan su inspiración en las corrientes europeas, abandonando esa idea de vuelta a la tradición nacional que había atenazado a la arquitectura española desde el final del Modernismo. Es el momento en que surgen proyectos basados en la

megalomanía: deseo de grandeza.
monumentalista: que pretende la monumentalidad.
inequívoco: que no admite duda.

racionalidad, exentos de cualquier propuesta decorativa. Los protagonistas de estos planteamientos renovadores forman parte de una generación de arquitectos conocida como la de 1925; sus figuras más significativas son Casto Fernández Shaw, Rafael Bergamín, Luis Blanco Soler, Fernando García Mercadal, Carlos Arniches, Martín Domínguez, y los arquitectos de la Ciudad Universitaria de Madrid, Miguel de los Santos, Agustín Aguirre, Manuel Sánchez Arcas, Pascual Bravo Sanfeliú y Luis Lacasa. También debe incluirse dentro de esta generación a Bernardino Suazo.

A Fernández Shaw se debe la **Estación para Gasolinera** (calle Alberto Aguilera, Madrid), un **proyecto para el Aeropuerto de Barajas** y algunos diseños fantásticos de ciudades, aerostática, en espiral, helicoidal, etc.; Rafael Bergamín es autor de la **Casa del Marqués de Villova**, de las **Viviendas de la Colonia del Viso** (Madrid) y, junto a Blanco Soler, del proyecto del hoy desaparecido **Hotel Gaylord's;** García Mercadal diseñó el **Rincón de Goya** (Zaragoza); de Arniches y Martín Domínguez son la **Residencia de Señoritas** (calle Fortuny, Madrid) y el **Instituto Ramiro de Maeztu** de esta ciudad.

El gran proyecto de la **Ciudad Universitaria de Madrid,** creada en 1927 por Alfonso XIII, muestra algunas de las más importantes realizaciones de la nueva arquitectura. Miguel de los Santos diseña la **Escuela de Estomatología, Facultad de Medicina** y **Facultad de Ciencias;** Agustín Aguirre, la **Facultad de Filosofía y Letras** y la **Facultad de Farmacia;** Manuel Sánchez Arcas, el **Pabellón de Gobierno,** el **Hospital Clínico** y la **Central Térmica;** Bravo Sanfeliú construyó la **Escuela de Arquitectura,** y Luis Lacasa, la **Residencia de Estudiantes.**

La fundación del CIRPAC es de una significativa trascendencia para la arquitectura europea contemporánea; en 1928 se reúnen en el castillo suizo del Sarrac un grupo de arquitectos, allí surge el CIRPAC, Comité Internacional para la Resolución de Problemas de Arquitectura Contemporánea. Los fundadores del CIRPAC estaban en favor de un decidido racionalismo arquitectónico; en la afirmación de esta línea de actuación juegan un importante papel los CIAM, Congresos Internacionales de Arquitectura Moderna.

España va a integrarse a este movimiento vanguardista de la arquitectura europea; en 1930, Fernando García Mercadal, Juan de Zabala y José Luis Sert fundan el GATCPAC y el GATEPAC, Grupo de Arquitectos y Técnicos Catalanes para el Progreso de la Arquitectura Contemporánea y Grupo de Arquitectos y Técnicos Españoles para el Progreso de la Arquitectura Contemporánea, respectivamente; son las versiones catalana y española del CIRPAC.

El GATEPAC rompe definitivamente con cualquier vestigio de aislacionismo en la arquitectura española, para situarla dentro de las corrientes racionalistas europeas. Barcelona, Madrid y San Sebastián serán los centros vitales del nuevo movimiento arquitectónico, que tiene en la Revista A. C. su principal medio de expresión. Felipe López, Víctor Calvo, Sixto Illescas, Joaquín Labayen, Germán Rodríguez, José Torres, Pedro Armengou y Cristóbal Almanzora son, entre otros, arquitectos vinculados al GATEPAC desde su nacimiento.

El catalán José Luis Sert fue uno de los más prestigiosos arquitectos ligados al espíritu del GATCPAC; trabajó con Le Corbusier, madurando así su formación junto al gran maestro francés de ascendencia suiza. El carácter de Sert como arquitecto se refleja plenamente en el magnífico **proyecto de Urbanización de la Diagonal de Barcelona,** firmado en 1932 junto con Le Corbusier. Sus discípulos más importantes fueron Sixto Illescas, Germán Rodríguez, Francisco Fábregas y José Torres Calvé, entre otros. En colaboración con algunos de ellos hizo obras de notable interés, la **Casa de la Calle Muntaner,** el **Dispensario Central Antituberculoso** y las **Casas Garraf** (Barcelona), entre otras.

181

Un arquitecto de formación ecléctica, aunque de interesante personalidad creativa, fue el bilbaíno Secundino Zuazo. **El Palacio de la Música** (Madrid) puede señalarse como obra representativa de su primera etapa; una importante evolución hacia experiencias arquitectónicas renovadoras muestran ya el **Edificio Central de Correos** (Bilbao), 1927, y, muy especialmente, la **Casa de las Flores** (Madrid), 1930-1932. Su proyecto más ambicioso es la **Prolongación de la Castellana** y el complejo de los **Nuevos Ministerios.** La guerra civil interrumpe las obras en el edificio de Nuevos Ministerios, comenzado en 1933; los arquitectos que posteriormente dirigen el proyecto abandonan los planes de Zuazo, por lo que el monumental complejo, tal como se observa hoy, no es representativo del plan ideado por su creador.

José Manuel Aizpurúa, nacido en San Sebastián en 1904, fue otro de los más firmes valores surgidos del País Vasco; a pesar de que su carrera se vio truncada en plena juventud, tenía treinta y dos años cuando fue fusilado en 1936, ha dejado muestras de su personalidad como arquitecto. Trabajó en equipo con otros jóvenes arquitectos, de entre los que destacan Joaquín Labayen y Eduardo Lagarde. Su obra más importante es el **Club Náutico** de San Sebastián; de gran interés son también algunos de sus proyectos no realizados, el **Museo de Arte Moderno** (Madrid), el **Hospital** para San Sebastián y un **Instituto de Enseñanza** para Cartagena.

El ingeniero madrileño Eduardo Torroja es otra de las grandes personalidades de esta época; gran conocedor de las técnicas arquitectónicas y de los secretos de la utilización de materiales, los finos laminados de hormigón definen inequívocamente sus creaciones. En 1935 se concluye el **Mercado de Algeciras,** obra de Torroja y Manuel Sánchez Arcas; un inteligente diseño octogonal, coronado por una ligera solución cupular* que se adapta perfectamente a la configuración de la planta. De 1935 es también el **Frontón de Recoletos** (Madrid), que hizo junto con Secundino Zuazo.

El **Hipódromo de la Zarzuela** (Madrid), que diseña con Carlos Arniches y Martín Domínguez, es una obra maestra; las viseras que cubren las tribunas, de finísimo laminado y rítmica traza, son el adecuado contrapunto a la galería de arcuaciones del cuerpo bajo.

La arquitectura de postguerra

Los años de la guerra civil, 1936-1939, inciden muy negativamente en el devenir de la arquitectura española; el abandono de la actividad creativa de época de la contienda, se ve agravado por las consecuencias derivadas de la misma. La muerte de algunos arquitectos, el exilio de un importante número, de entre los más relevantes, la ruptura con Europa, la interrupción de la labor formativa de las Escuelas de Arquitectura, la urgente necesidad de reconstruir —más apremiante que la de crear— y una nueva mentalidad de corte imperialista que busca en la arquitectura su más evidente cristalización, son algunas de las razones que justifican los problemas a los que debió hacer frente la arquitectura española de postguerra; en un momento en el que la desorientación y la falta de perspectivas fueron la constante de una época que contrasta poderosamente con el novedoso programa de experiencias que caracterizó a la generación de arquitectos de los años anteriores a la guerra.

En estos años se retorna a planteamientos arquitectónicos ligados a la tradición, apoyados en la idea de un nacionalismo a ultranza; se consolida y restaura

cupular: en forma de cúpula.

con desigual fortuna, se replantean zonas urbanas destruidas y también se construyen pueblos siguiendo nuevas modulaciones urbanísticas.

La situación de aislamiento a que España se vio sometida después de la Segunda Guerra Mundial, imposibilitó aún más las relaciones con Europa, cerrando a las nuevas generaciones de arquitectos la posibilidad de conocer experiencias renovadoras. Además, los maestros que podían haberlos iniciado en ellas, enseñan arquitectura en sus países de exilio, México, Venezuela, Colombia, Cuba, Santo Domingo, Argentina, Francia, etc.

En Madrid se hallan algunos de los ejemplos más significativos de esa arquitectura ligada a la tradición; el edificio del **Ministerio del Aire,** obra de Gutiérrez Soto; el **Museo de América,** proyectado por Luis Moya y Luis Martínez Feduchi, y el **Arco de Triunfo,** que precede al campus universitario, diseñado por López Otero y Bravo Sanfeliú, son, entre otras, obras características de esta tendencia. Fuera de Madrid, cabe destacar la **Universidad Laboral** de Gijón, proyecto de Luis de Moya.

Los primeros ensayos renovadores, la generación en torno a la década 1940-1950

En estos años surge una interesante promoción de arquitectos que se revelan contra el adocenamiento*, apoyado en lo tradicional, y la falta de creatividad que habían caracterizado a la arquitectura española inmediatamente posterior a la guerra civil. Francisco Cabrero, Miguel Fisac, Alejandro de la Sota, Manuel Valls, Eugenio María Aguinaga, Jaime Ruiz, José Antonio Coderch, Rafael Aburto, son, entre otros, algunos de los más significativos.

A pesar del aislamiento a que están sometidos, buscan, estudian, experimentan y aprenden de sus propios errores, alcanzando logros realmente importantes. Tienen que hacer frente, en muchos casos, a la carencia de materiales de primera necesidad, como el hierro; para sustituirlos, idean recursos que, indudablemente, condicionan el proyecto.

Aguinaga, en el **Sanatorio Antituberculoso** (Vizcaya), 1943, apunta ya hacia formas de carácter racional. Francisco Cabrero, después de su experiencia en el **Grupo de Viviendas Protegidas «Virgen del Castañar»** (Béjar), 1942-1944, construyó la **Residencia San Rafael** y el **Grupo «Virgen del Pilar»,** ambos en Madrid; en estos proyectos realizados entre 1946 y 1949, prescinde de la armadura de hierro y emplea el ladrillo como material de base. La labor de Cabrero fue extensa e importante; junto a Rafael Aburto hizo el **Edificio de Sindicatos** (Madrid) y con la colaboración de Jaime Ruiz proyectó una de sus obras de más interés, el programa arquitectónico para la **I Feria Internacional del Campo** (Madrid), 1948; se trata, sin duda, de una de las experiencias más a la vanguardia de esta época y el testimonio evidente de que la arquitectura española abandona definitivamente el caos, la regresión y la falta de creatividad de los años de postguerra.

La **Casa Garrigá-Nogués** (Sitges, Barcelona), obra de José Antonio Coderch y José María Sostres, es otra importante iniciativa; su diseño, presidido por la funcionalidad, aporta interesantes experiencias arquitectónicas y de valoración espacial. En una línea semejante está la **Casa Bellver de Cerdaña** (Lérida), creación de José María Sostres.

adocenamiento: estado de mediocridad.

Muy importante fue la experiencia de planificación urbana de Alejandro de la Sota, que, en 1948, para el Instituto Nacional de Colonización, hizo el **pueblo de Esquivel** (Sevilla); la experiencia de Alejandro de la Sota tuvo continuidad en los proyectos de José Luis Fernández del Amo, que en la década de los cincuenta creó varios de estos pueblos.

Miguel Fisac, nacido en Daimiel en 1913, es una de las grandes personalidades de la arquitectura española contemporánea; aunque la maduración definitiva de su obra y lo más significativo de su producción corresponden a las décadas de los cincuenta y sesenta; ya en los proyectos de su primera etapa muestra unas extraordinarias dotes de arquitecto. El **Edificio del Consejo Superior de Investigaciones Científicas** (Madrid), 1942; la **Librería para el Instituto de Investigaciones Científicas** (Madrid), 1949, o la **Iglesia del Espíritu Santo** (Madrid), 1948, son ensayos de arquitectura civil y religiosa que avalan una indudable capacidad creativa junto a novedades arquitectónicas de interés.

La arquitectura española desde 1950 hasta la década de los sesenta

En estos años, los arquitectos españoles, en contacto con las corrientes dominantes en la arquitectura internacional, se incorporan progresivamente a las experiencias de vanguardia, la utilización de materiales, formas de construir y los diseños a los que han dado vida las más importantes personalidades de la arquitectura contemporánea como Le Corbusier, Mies Van Der Rohe, Frank Lloyd Wrigth, Oscar Neimeyer o Alvar Aalto, entre otros. Se abandonan las caducas tradiciones que durante muchos años habían atenazado a la arquitectura española, en favor de un racionalismo y funcionalismo que transforman definitivamente el sentido de las construcciones; la presencia, junto al hormigón armado, del cristal y el aluminio vitaliza y transforma la fisonomía de las nuevas creaciones.

Muchos de los arquitectos que comenzaron sus trabajos en la década de los cuarenta, maduran ahora sus proyectos más significativos, Francisco Cabrero, Alejandro de la Sota, José Antonio Coderch, Rafael Aburto, Miguel Fisac y José María Sostres, entre otros. A ellos debe agregarse la importante labor de las jóvenes generaciones formadas ya en una estética arquitectónica renovada, más acorde con las nuevas tendencias de la arquitectura.

Son años de gran actividad constructiva que favorecen el afianzamiento y la multiplicidad de experiencias; edificios de carácter religioso, nuevos pueblos, viviendas residenciales, zonas urbanas con grupos de casas multifamiliares, viviendas experimentales y protegidas, urbanizaciones en playas y zonas de recreo, institutos de enseñanza media, colegios, hoteles, polideportivos y estadios son, entre otros proyectos, muestra inequívoca del amplio abanico de posibilidades constructivas que se ofrece a los arquitectos españoles.

No sólo desbordaría totalmente el carácter y objetivos de este trabajo, sino que exigiría cientos de páginas reflexionar sobre las más importantes obras que en cada uno de los anteriores apartados crearon nuestros arquitectos; de ahí que, en apretado resumen, se citen solamente algunos ejemplos que pueden ser significativos.

Obra de Miguel Fisac son algunas de las más interesantes construcciones religiosas, la **Iglesia del Teologado de los Dominicos** (Alcobendas, Madrid), 1955; la de la **Coronación** (Vitoria), 1958, y la de **Santa Ana** (Moratalaz,

Secundino Zuazo y otros arquitectos:
Nuevos Ministerios (Madrid).

Manuel Sánchez Arcas: Mercado
de Algeciras.

Miguel Fisac: Iglesia del Teologado
de los Dominicos (Alcobendas, Madrid).

Miguel Fisac: Centro de formación
de profesores de Escuelas Laborales
(Puerta de Hierro, Madrid).

185

Madrid), 1965, muestran las especiales dotes creativas de Fisac para los proyectos religiosos. La **Iglesia Parroquial** que Joaquín Masramón hace en Gerona, 1953, y la **Parroquial de Vitoria,** de Javier Carvajal y José María García Paredes, son, además, entre otras muchas, ejemplo de cómo la construcción religiosa participa intensamente de los ensayos renovadores de la arquitectura.

A José Luis Fernández del Amo se deben los pueblos de nueva creación más significativos; entre 1953 y 1959 construyó los de **Albatanera** (Alicante), **Vegaviana** (Cáceres) y **Villalba de Calatrava** (Ciudad Real). Miguel Peña es el autor del interesante **Poblado** en las Palmas de Gran Canaria, de 1960, en el que el arquitecto adapta perfectamente las sencillas construcciones al paisaje y a las características climáticas del lugar. En este apartado pueden incluirse experiencias como el **Poblado Cañorroto** (Madrid), terminado a finales de la década de los cincuenta, obra de José Luis Iñiguez y Antonio Vázquez.

De gran interés y acentuado vanguardismo son las innumerables viviendas residenciales construidas. En 1958, José Antonio Coderch y Manuel Valls trazan las **Casas Camprodón** (Gerona) y **Catasús** (Sitges, Barcelona); José Luis Sanz Magallón, la **Casa Aznar** (Aravaca, Madrid), y José Luis Fernández del Amo crea para él una vivienda de extraordinaria funcionalidad en el Pantano de Alverche (Avila). Estas experiencias no son exclusivas de los años finales de la década de los cincuenta; ya en 1952 Francisco Cabrero construye para él en Puerta de Hierro (Madrid) una vivienda residencial caracterizada por su racionalismo, y, tres años más tarde, José María Sostres diseñó la **Casa Agustí** (Sitges, Barcelona), de atractivos perfiles vanguardistas.

Muy abundantes y de variada tipología son los proyectos para grupos de viviendas urbanas, el carácter social de muchos de ellos impone al arquitecto mediatizaciones de índole económica que tienen su reflejo en el edificio; los criterios de funcionalidad tienen en todas estas creaciones un incuestionable peso específico. Experiencias como el **Grupo de San Nicolás,** de Francisco Cabrero (Madrid), 1954, las viviendas que —en ese año— diseña Rafael Aburto para Villaverde (Madrid) o las que tres años más tarde hizo para Usera (Madrid), y las de tipo experimental que Luis Cubillo proyecta en Puerta Bonita (Madrid), en 1957, son muestra del importante número de construcciones en esta línea.

Sin los condicionantes derivados del carácter restrictivo de las edificaciones protegidas de tipo social, la arquitectura urbana dedicada a vivienda halla fórmulas de notable interés; las **Viviendas del Paseo Nacional** (Barcelona), de José Antonio Coderch y Manuel Valls, 1954; las que en 1958 proyecta Mariano García Benito para la calle General Pardiñas (Madrid); el Complejo que —en ese año— hace Antonio Lamela en la calle Roger de Flor (Barcelona); el **Grupo Inmobiliario del Paseo Maragall** (Barcelona), 1959, obra de varios arquitectos, de entre los que destacan José Alemany, Oriol Bohigas y José María Martorell; las **Viviendas de la calle Concha Espina** (Madrid), diseñadas por Luis Laorga y José López Zanón, o las **Torres del Parque de Bellas Vistas** (Madrid), proyectadas en 1960 por Luis Gamir, Antonio García Valdecasas, Fernando Dampierre y otros arquitectos, ejemplarizan, aunque sólo sea a manera de referencia, un importante apartado de nuestra arquitectura reciente.

De entre los centros dedicados a la enseñanza, en sus distintos niveles, destacan el **Instituto Laboral** (Daimiel, Ciudad Real), 1953, y el **Centro de Formación de Profesores de Escuelas Laborales** en Puerta de Hierro (Madrid), 1959, obras de Fisac, el **Instituto de Enseñanza Media** (Herrera del Pisuerga, Palencia), original proyecto que en 1955 realizan José Antonio Corrales y Ra-

Luis Fernández del Amo: Poblado de San Isidro de Albatanera (Alicante).

José Antonio Corrales, Ramón Vázquez: Pabellón español en la Exposición Universal de Bruselas.

César Ortiz Echagüe, Rafael Echaide: Edificio para la Seat (Barcelona).

Francisco Javier Sáenz de Oiza: Edificio Torres Blancas (Madrid).

món Vázquez; la **Facultad de Derecho** (Barcelona), de Guillermo Giráldez, Pedro López y Javier Subías, y la **Escuela Nacional de Hostelería** de Madrid, obra de Francisco Cabrero y Jaime Ruiz, construidas en el bienio 1958-1959.

Los complejos deportivos, caracterizados por la monumentalidad de su traza y las espectaculares voladuras de sus cubiertas —en las que Eduardo Torroja ya había conseguido creaciones de singular belleza—, tienen en el **Estadio de San Mamés** (Bilbao) —concluido en 1953—, de los arquitectos Carlos de Miguel, José Antonio Domínguez, Ricardo Magdalena y Carlos Fernández, y en el **Campo del Fútbol Club Barcelona,** que, en 1957, diseñan Lorenzo García Barbón, Francisco Mitjans y José Soteras, dos representativos ejemplos, punto de referencia para los que posteriormente se construyeron.

Al comenzar la década de los sesenta, la arquitectura europea acusa los efectos de una crisis de valores creativos que, en cierta forma, repercute en nuestro país; lo que no impide a la arquitectura española mantener su compromiso de avance y seguir en contacto con las corrientes vigentes en el panorama internacional. A pesar de algunos fracasos y experiencias de resultados desiguales, en cuanto a fortuna e interés, cristalizan ahora un importante número de proyectos que abren un sugestivo campo de posibilidades a las futuras generaciones de arquitectos.

Ya en el **Pabellón Español de la Exposición Universal de Bruselas,** 1957, obra de José Antonio Corrales y Ramón Vázquez, merece por su novedad y el interés de su diseño ser distinguido con la medalla de oro. Estos arquitectos, dos años más tarde, en el **Pabellón Español de la Feria Internacional del Campo** (Madrid), muestran una vez más la línea vanguardista de sus creaciones, que se afirma en el **Hotel Gaula** (Mar Menor, Murcia), de 1967.

También en 1958, César Ortiz-Echagüe y Rafael Echaide proyectan una obra de sugerente novedad, el **Edificio para la Seat** (Barcelona), donde el cristal y el aluminio triunfan plenamente.

Dentro de los sesenta, 1964-1965, Javier Carvajal diseña el **Pabellón de España en la Feria Mundial de Nueva York,** modelo de racional equilibrio de volúmenes; del mismo arquitecto son dos **Torres** —a manera de rascacielos— fuertemente contestadas por su implantación urbanística en la capital de España, pero de innegable interés, las de Madrid y Valencia.

Miguel Fisac, que sigue trabajando en una línea constantemente renovadora, proyecta en Madrid el **Edificio de la IBM,** 1967, y los **Laboratorios Jorba,** donde nos sorprende por lo ingenioso del diseño.

En estos años, José Antonio Coderch traza algunas de sus obras más novedosas, el **Edificio Trade** (Barcelona), 1969, personalizado por estilizadas torres acristaladas, o el **Edificio Girasol** (Madrid), en el que Coderch armoniza, con extraordinaria sensibilidad, la dinámica de los volúmenes que conforman el proyecto.

A Francisco Javier Sáenz de Oiza se debe uno de los edificios más sugestivos del Madrid reciente, el de **Torres Blancas** —Avenida de América—, dominado por el juego estructural y decorativo de los volúmenes cilíndricos.

Las experiencias de estas décadas son punto de referencia e importante fuente de sugerencias en la labor de los arquitectos españoles de la más reciente contemporaneidad.

Escultura. Del realismo de la época de la Restauración a las experiencias abstractas

Renovación realista del último tercio de siglo, la proyección hacia el XX

Son éstos, años de notables transformaciones en nuestra plástica; se produce el abandono definitivo de las formas escultóricas del neoclasicismo; el tema religioso, que había sido consustancial a la escultura española, pasa a ser casi un hecho anecdótico. Se inicia ahora un camino de marcado carácter realista, matizado, en muchas ocasiones, por experiencias eclépticas e historicismos de dispar valoración.

Adquiere gran protagonismo el monumento urbano de carácter conmemorativo, un tipo de escultura pública que, igual que en muchas urbes europeas, llenó las calles y plazas de las ciudades españolas de mármoles y bronces en los que se glorificaba a hombres ilustres en el campo de las ciencias, las letras y la política o a militares destacados.

Los más significativos escultores de este momento proceden del ámbito catalán que ahora adquiere un incontestable* protagonismo frente a otros círculos artísticos españoles, muy especialmente respecto a Madrid.

Aunque su arte esté más ligado a la etapa precedente, por matices cronológicos debe iniciarse este brillante capítulo de la plástica catalana reflexionando sobre la obra de los que serían los últimos escultores en cuya producción aún cuenta la plástica religiosa, los hermanos Venancio y Agapito Vallmitjana Barbany. El taller común, una línea escultórica semejante y abundantes trabajos en colaboración, dificulta, en muchos casos, la personalización de la obra de ambos maestros.

De Venancio, con tendencia a lo monumental y artificioso, cabe destacar, **Abel muerto,** tema con el que optó a la cátedra de modelado de la Escuela de Bellas Artes de Barcelona; las figuras de **Vives, Averroes, Lulio, Alfonso X el Sabio** y **San Isidoro** (Universidad de Barcelona); **Fígaro** (Museo de Arte Moderno, Barcelona), con la que participó en el concurso convocado por el diario francés «Le Figaro»; el **Nacimiento de Venus** (Parque de la Ciudadela, Barcelona); la **Virgen de la Paloma** (Museo de Arte Moderno, Barcelona), de notables ecos miguelangelescos, y la **Traición,** con la que obtuvo la primera medalla en la exposición nacional de 1890.

Fruto de la colaboración con Agapito son, entre otras obras, las alegorías de la **Industria,** el **Comercio,** la **Marina** y la **Agricultura** (Parque de la Ciudadela, Barcelona).

De entre la producción de Agapito, la figura ecuestre de **Jaime I el Conquistador,** realizada para la ciudad de Valencia, y, muy especialmente, el **Cristo yacente** (Casón del Buen Retiro, Madrid) y **San Juan de Dios** (Asilo de San Juan de Dios, Barcelona) son obras representativas en su estilo.

Además de los Vallmitjana, son numerosos los escultores catalanes que con sus obras enriquecen el panorama de la plástica española del último tercio de siglo. Al catedrático de la Escuela de la Lonja Andrés Aleu Teixidor se deben el **San Jorge** (Fachada de la Diputación, Barcelona) y la poco afortunada figura

---

incontestable: que no admite reparo alguno.

José Llimona: *Desconsuelo* (Museo de Arte Moderno, Barcelona).

Ricardo Bellver: *El ángel caído* (Parque del Retiro, Madrid).

Julio Antonio: *María la gitana* (Museo de Arte Contemporáneo, Madrid).

Pablo Gargallo: *El Profeta* (Museo de Arte Contemporáneo, Madrid).

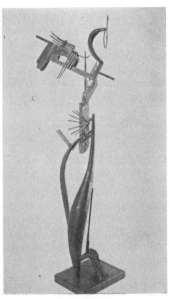

Julio González: *Mujer peinándose*
(colección privada, París).

Alberto Sánchez: *Mujer de Castilla*
(colección familia del artista).

Pablo Serrano: *Unidad-junta* (Museo
de Escultura Contemporánea, Paseo
de la Castellana, Madrid).

Eduardo Chillida: *Hierros de temblor*
(colección privada, Madrid).

ecuestre del **Marqués de Duero** (Paseo de la Castellana, Madrid). De Juan Roig es la bella **Dama de la sombrilla** (Parque de la Ciudadela, Barcelona), de atractiva gracia y elegante porte. Obras de José Alcoverro y Amorós son el **San Isidoro** y **Alfonso X** (Escalinata de la Biblioteca Nacional) y la figura de **Alonso Berruguete** (Museo Arqueológico Nacional). A la inspiración de Rosendo Nobas y Vallvé responden esculturas de la calidad de la **Campesina** y el **Torero herido** (Museo de Arte Moderno, Barcelona), o el **Aristóteles** y el **Santo Tomás de Aquino** (Universidad de Barcelona).

A la misma generación pertenecen también Juan Flotats y Lluciá, Manuel Oms y Canet, Manuel Fuxá y Leal, José Reynes y Gurgui, y Torcuato Tasso y Nadal, entre otros escultores.

De entre los maestros catalanes debe destacarse a Jerónimo Suñol y Pujol. La Escuela de la Lonja y el taller de los Vallmitjana fueron las etapas iniciales de su carrera; la búsqueda de nuevas experiencias en la plástica le llevarían a Italia, donde maduró definitivamente como escultor. Con su **Dante** (Museo de Arte Moderno, Barcelona), enviado desde Roma, concursó en la exposición de 1864; a pesar de la excepcional calidad de la obra, sólo recibe la segunda medalla. Tres años más tarde, **El Himeneo**, le vale el primer galardón y la pensión en Roma; de sus años romanos es el **Sepulcro de Leopoldo O'Donnell** (Salesas Reales, Madrid).

Cuando regresa a España, su actividad artística no se vio recompensada con los encargos que por su calidad merecía; de sus obras destacan **Neptuno** y **Anfitrite** (Parque de la Ciudadela), el **Colón** (Plaza de Colón, Madrid) y la figura de **José de Salamanca,** también en esta ciudad.

Muy significativa de este momento es la figura de Ricardo Bellver y Ramón, nacido en Madrid en 1845 de una familia de artistas originarios de Valencia. Escultor de gran facilidad técnica, madura su formación pensionado en Roma; en su producción tienen cabida los más variados géneros, incluido el religioso que practicó con acierto. Su obra imbricada en la tradición se debate entre las experiencias clasicistas y los ecos historicistas. En 1876 consigue la primera medalla de la Exposición Nacional con su **Angel Caído** (Parque del Retiro, Madrid), obra maestra que no volverá a lograr ni en la figura de la **Fama** (Panteón de Goya), ni en la de **Juan Sebastián Elcano** (Ministerio de Asuntos Exteriores).

Entre sus obras religiosas destacan el relieve que representa el **Entierro de Santa Inés** (San Francisco el Grande, Madrid), las barrocas figuras de **San Andrés** y **San Bartolomé,** para este templo, y la **Virgen del Rosario** de la iglesia madrileña de San José.

Poco interés tienen sus trabajos en Sevilla, tanto la participación en la portada de la catedral, como el **Sepulcro del cardenal Lastra y Cuesta.**

La escultura en la calle, el triunfo del monumento público. Los proyectos conmemorativos

Si el gusto por el monumento urbano fue una de las características de este período y casi todos los escultores ensayaron en alguna ocasión esta experiencia, hay maestros en los que ese tipo de plástica conmemorativa fue la razón de ser de su producción. Agustín Querol y Subirats está entre los más destacados; formado en el ambiente catalán de época, la Escuela de la Lonja y el taller de los hermanos Vallmitjana fueron los centros de su formación.

Pensionado en Roma, recibe la primera medalla en la Exposición Nacional de 1887 con su obra la **Traición** (Museo de Arte Moderno, Madrid), enviada desde Italia para este concurso; un éxito que renovaría años más tarde, en 1906, con su grupo **Sagunto** (Biblioteca Nacional) y en las numerosas exposiciones nacionales e internacionales en las que participó a lo largo de su vida.

Abrió taller en Madrid, en donde le acompañó un gran éxito; de su estudio salieron numerosos monumentos públicos destinados a las calles de ciudades españolas e hispanoamericanas; de entre ellos destacan el de **Quevedo y Claudio Moyano** (Madrid), los **Bomberos** (La Habana), **Méndez Núñez** (Vigo), **los Mártires y los Sitios** (Zaragoza), **Moret** (Cádiz), **Linares Rivas** (La Coruña), **General Urquiza** (Paraná) y **Colonia Española** (Buenos Aires), entre otros. De entre las obras del escultor deben recordarse además el **Frontón de la Biblioteca Nacional** y el **Sepulcro de Cánovas del Castillo** (Panteón de Atocha).

En esta faceta trabajaron también artistas como el sevillano Antonio Susillo Fernández, autor de algunos significativos monumentos sevillanos, como el dedicado a **Montañés** o **Daoíz y Velarde,** y otros muchos escultores de los que destacan Marcial Aguirre, Pablo Gibert, Elías Martín, Francisco Vidal, Cipriano Folgueras y Antonio Moltó.

Al madrileño Arturo Mélida y Alinari se deben algunos de los más significativos, aunque muchas veces desafortunados, monumentos conmemorativos de estos años. Su estilo se caracteriza por una intensa evocación de experiencias plásticas que, en alguna ocasión, se remontan varios siglos en la tradición escultórica; significativa en esta línea es la **Tumba de Cristóbal Colón,** hecha para La Habana y ahora instalada en la Catedral de Sevilla, inspirada en modelos borgoñones del círculo de Claus Sluter. A este maestro se debe también el **Sepulcro del Marqués del Duero** (Basílica de Atocha), ejemplo de proyecto ambicioso pero poco logrado.

La generación modernista

Con relaciones de dispar intensidad respecto a las corrientes estéticas modernistas, se desarrolló en Cataluña una significativa generación de escultores —puente entre dos siglos— que acusan también importantes influencias foráneas* en las que no faltan ecos de maestros de la significación de los franceses Rodin y Maillol, el alemán Barlach o el belga Meunier.

Uno de los maestros más sugestivos del momento es José Llimona y Bruguera, que después de sus años de estudio en el círculo de la Lonja y en el taller de los Vallmitjana marchó becado a Italia, donde completaría su formación; allí recibe la influencia de la plástica del Renacimiento; en su estilo no faltan además evocaciones al arte de Rodin, Maillol y Meunier. Sus obras, dominadas por un intenso sentido poético, despiertan una atracción extraordinaria.

Modestia y **Desconsuelo** (ambas en el Museo de Arte Moderno, Barcelona), el Monumento **al doctor Robert,** en esta ciudad, el **Cristo Resucitado** (Monserrat), **San Jorge** (Montjuich) y las obras de fuerte costumbrismo, el **Forjador** y el **Idilio,** son características de su estilo.

De entre los maestros modernistas deben destacarse también a Eusebio Arnau Mascort, Antonio Perea Saurina, Miguel Blay Fábregas, Dionisio Renart García y Lamberto Escaler Milá, entre otros.

---

foráneas: extranjeras, venidas de fuera.

Mariano Benlliure y los maestros de transición al siglo XX

El escultor valenciano Mariano Benlliure y Gil, 1862-1947, es el más representativo de los maestros que llevan hacia el XX las premisas estéticas de la centuria precedente y, sin duda, el miembro más destacado de entre los escultores de la Valencia de estos años de transición. Miembro de una familia de artistas, estudió en las Academias de San Carlos y San Fernando, completando su formación en París y Roma.

Durante toda su vida gozó de extraordinaria popularidad, cultivó numerosos géneros, siempre bajo una personalísima óptica marcada por el preciosismo*. Su estilo suma ecos clasicistas, realistas y modernistas, a los que el escultor une una peculiar habilidad para impregnar sus creaciones de un sentido anecdótico* y popular.

Sus obras, de carácter público, llenan los más significativos rincones urbanos de numerosas ciudades españolas e hispanoamericanas; por su especial interés, destacan los monumentos a **Isabel la Católica y Colón** (Granada), **Antonio de Trueba** (Bilbao), **Duque de Rivas** (Córdoba), **Bárbara de Braganza, Goya y Emilio Castelar** (Madrid), **Simón Bolívar** (Panamá) y **General San Martín** (Lima), entre otros.

De su taller salieron también importantes figuras ecuestres; la del **General Primo de Rivera** (Jerez de la Frontera, Cádiz) y las de **Alfonso XIII** y el **General Martínez Campos,** en el Retiro madrileño, son representativas de esta faceta del escultor.

Benlliure cultivó también el monumento funerario; los de **Sagasta y Canalejas** (Panteón de Atocha) muestran su capacidad creativa en este género de la plástica. De ascendencia costumbrista, aunque inspirado en los modelos del cenotafio borgoñón, es el **Sepulcro de Joselito.**

A estas obras de sentido monumental hay que agregar un gran número de piezas de carácter popular y costumbrista; significativas en esta línea son sus toreros, picadores y bailadoras.

En Cataluña destaca la figura de José Llimona, incluida en el apartado referente al modernismo catalán, debe recordarse aquí como uno de los más significativos maestros de transición hacia el XX.

De ascendencia bilbaína son dos escultores representativos de esta época, Francisco Durrio y Nemesio Mogroviejo y Abasolo. El primero, conocido como Paco Durrio, fue artista de personalidad y hombre de gran calidad humana y sólida formación cultural. Amigo de Unamuno, Gauguin y Picasso, a pesar de su dedicación a las artes menores dio muestras de su valía como escultor en obras como el **Monumento al compositor Arriaga** (Bilbao) y el proyecto de **Monumento a la Victoria,** por el que recibió en Francia la Legión de Honor.

Mogroviejo marchó con Paco Durrio a París, completando allí su formación; características de su estilo son las magníficas **figuras de Risueglio y Eva** (Museo de Bellas Artes, Bilbao) y el relieve de la **Muerte de Orfeo** del Museo bilbaíno.

El cordobés Mateo Inurria es otro de los escultores más representativos de los años de transición. De grandes dotes para la plástica, sus primeros pasos como escultor los da en el taller de su padre; aunque su verdadera formación se produjo en la Escuela de Bellas Artes de Madrid. En 1920 hizo su obra

preciosismo: que busca un esmerado refinamiento en las imágenes.
anecdótico: curioso, fortuito, poco significativo.

titulada **Forma,** bello torso femenino que le valió la medalla de honor en la Exposición Nacional de ese año. De sus obras en Córdoba destaca la **figura ecuestre del Gran Capitán;** en Madrid, el **Monumento a Rosales.** Inurria también hizo incursiones en la plástica religiosa, muestra de ellas son el **San Miguel** y el **Cristo del Perdón** del cementerio de la Almudena.

A la misma generación puente pertenecen otros escultores, Aniceto Marinas García, Lorenzo Coullaut-Valera, Miguel Angel Trilles Serrano y Lorenzo Fernández Viana y Ugarte, entre otros.

La experiencia clasicista catalana

Surge a partir de Llimona y su planteamiento del desnudo femenino de estirpe clásica. Esta corriente tiene uno de sus más genuinos representantes en el gerundense José Clará y Ayats. Nacido en 1878, fue uno de los más grandes maestros de la plástica catalana contemporánea. Discípulo de Rodin en París, su estilo acusa una importante influencia de Maillol. Muy características de su producción son esas figuras femeninas llenas de vitalidad y plenitud —concebidas en la línea del más puro naturalismo—, que plasma en la piedra recreando con sabiduría las cadenciosas* formas de la anatomía de la mujer. **La Diosa** —antes conocida como **Enigma**— (Museo de Arte Contemporáneo, Madrid), la figura alegórica de la **Industria,** para el monumento a Alfonso XIII en el Retiro, y **Juventud** (Plaza de Cataluña, Barcelona) son ejemplo de ese culto al cuerpo de la mujer.

De inequívoco porte clásico es la figura sedente conocida como **Serenidad,** Panteón de la familia Bermejillo del Rey (Cementerio de la Almudena, Madrid), y las del Monumento a los Caídos (Barcelona), de los primeros años de la década de los cincuenta.

Una línea semejante a la de Clará sigue la obra de Enrique Casanovas Roig: su gusto por el clasicismo maduró en sus viajes a Inglaterra e Italia. En Londres admiró los restos escultóricos del Partenón, Italia le ofreció su rico bagaje clásico.

Apoyado en una depurada técnica creó desnudos femeninos de acompasados volúmenes y acertado naturalismo de porte clásico, que acentúan su atractivo por la bondad y gracia de los rostros de mirada dulce y serena. **La Venus joven** es la obra que compendia, como ninguna otra, la esencia de su arte.

Otros escultores catalanes de tendencia clasicista son Joaquín Claret, Luciano y Miguel Oslé, Esteban Monegal y Rafael Solanich.

La corriente realista castellana: Julio Antonio, Victorio Macho y Emiliano Barral. La experiencia renovadora en otras regiones

La opción realista castellana, ligada tanto al talante de esta tierra como a la tradición plástica de la región, constituye a la vez que un interesante planteamiento renovador de las formas escultóricas, una experiencia distinta a las tendencias clasicistas del ámbito catalán.

Antonio Julio Rodríguez Hernández, Julio Antonio, escultor de origen catalán, es uno de los maestros más significativos del realismo castellano. En su formación destaca la influencia de Blay, con el que estudió en Madrid, y la

_____

cadenciosas: armoniosas.

de la plástica de Donatello, con cuya obra tomó contacto durante su estancia en Florencia. El realismo del retrato del siglo XV dejó una profunda huella en la sensibilidad del escultor.

De regreso a España se instala en Almadén y allí inicia la serie de los llamados bustos de raza, en los que pretende plasmar las características esenciales de los personajes que considera étnicamente representativos; **Minero de Almadén, Minera de Puertollano, Mujer de Castilla, Ventero de Peñalsordo** y, muy especialmente, **María la gitana** (Museo de Arte Contemporáneo, Madrid) son obras representativas de su estilo.

En el **Monumento a los Héroes de la Independencia** (Tarragona), Julio Antonio ensaya un grupo escultórico que evoca modelos relacionados con el primer clasicismo griego.

El palentino Victorio Macho Rogado es un escultor de un personalísimo realismo; su obra, presidida por el rigor y la sobriedad, busca la esencia de la figuración plástica, sin que por ello sacrifique vigor y capacidad de comunicación. Excelente dibujante, sus numerosos diseños participan de semejantes características.

Los monumentos a **Ramón y Cajal** y **Benito Pérez Galdós,** en el Retiro madrileño, o la **Fuente de Concha Espina** (Santander), evocan la dedicación del maestro a los proyectos de carácter conmemorativo. El realismo de Macho se identifica también plenamente en algunos de sus retratos; muy representativo es el de **Miguel de Unamuno** (Universidad de Salamanca).

Con la guerra civil se inicia el largo exilio del maestro en América, que concluyó con su retorno en 1952; su etapa americana es fructífera en obras; los Monumentos al **Almirante Grau** (Lima) y **Sebastián de Belalcázar** (Bogotá), y la escultura conocida como **Eva de América** (Casa Museo de Victorio Macho, Toledo), son ejemplo de una actividad ininterrumpida.

De regreso a España, se instala en Toledo, donde vive hasta su muerte en 1966. A este último período pertenecen obras como el **Sepulcro de Menéndez y Pelayo** (Catedral de Santander) y el **Monumento al escultor Alonso Berruguete** (Palencia).

Emiliano Barral es otra de las máximas figuras de las corrientes realistas en Castilla. Su viaje a Francia e Italia modeló definitivamente en escultor a ese cantero segoviano conocedor de los secretos de la piedra y de su talla.

Si en obras como **Regocijo de volúmenes** y **Mujer segoviana** (Museo de Arte Contemporáneo, Madrid) se pone de manifiesto su vocación realista, es en el retrato donde se plasma con más fuerza su profundo y sobrio concepto del realismo. Los retratos de **Antonio Machado** (Fernán Núñez, Burgos), **Daniel Zuloaga** (Segovia), **Romero de Torres** (Museo del Pintor, Córdoba), **Marqués de Valdecilla** (Santander), o los de **Pablo Iglesias** y su **Autorretrato,** son el testimonio más definitivo de una plástica de definidos y personales matices técnicos y un vigoroso lenguaje formal y expresivo.

Si el clasicismo catalán y el realismo castellano ocupan un lugar destacado en las búsquedas renovadoras de la plástica española, puede afirmarse que en todas las regiones los escultores se afanaron*, eso sí, con desigual fortuna, en el reto de buscar nuevos caminos a la experiencia escultórica. No faltaron regresiones* e historicismos desafortunados en la producción de maestros poco dotados; a pesar de ello, en muchos casos, el lenguaje plástico halló soluciones

afanaron: buscaron algo con anhelo.
regresiones: vuelta al pasado.

expresivas de notable interés tanto en la línea clasicista como en la del realismo.

En el País Vasco debe destacarse a León Barrenechea, Quintín de Torre y al imaginero Julio Beobide. En la zona de Levante, a Juan Adsuara, José Ortells, Ignacio Pinazo y Vicente Navarro. En la región gallega es especialmente significativa la figura de Francisco Asorey González, escultor íntimamente identificado con la idiosincracia* de su Galicia natal; junto a él deben destacarse a José Eiroa y a Santiago Rodríguez Bonome.

En el ámbito andaluz, la experiencia realista halla cauces de especial significación en la obra del escultor almeriense Juan Cristóbal González Quesada. Muy ligado a Granada, fueron las instituciones granadinas las que hicieron posible su estancia en Madrid. En 1922 obtuvo la primera medalla de la Exposición Nacional con su obra **Noche**.

Admirador del realismo donateliano*, su escultura sobria busca la verdad sin estridencias. De entre sus obras destacan los Monumentos a **Gabriel y Galán** (Salamanca), **Ignacio Zuloaga** (Madrid) y **Angel Ganivet** (Alhambra, Granada); por su carácter a un tiempo sobrio y monumental merece recordarse también la **Cabeza del pintor Francisco de Goya.**

Otros escultores andaluces que deben recordarse son Lorenzo Coullaut, Enrique Marín y Jacinto Higueras.

Revolución plástica y creación de una nueva escultura, Gargallo, Julio González, Alberto, Angel Ferrant. Picasso y Miró, dos pintores comprometidos en la experiencia escultórica

Con la obra de Pablo Gargallo y Julio González la plástica española se situó a la vanguardia de la escultura europea. El carácter innovador de la obra de estos maestros, la revolución estética y técnica que imponen y la utilización de nuevos materiales, especialmente el hierro, son, entre otras, razones que los sitúan entre las grandes personalidades de la escultura contemporánea. El hierro, su trabajo y las posibilidades plásticas que ofrece, no tuvo secretos para ellos; de ahí que sus experiencias hayan sido camino y punto de referencia obligada para otros muchos escultores.

El aragonés Pablo Gargallo nació en Maella, en 1881; hijo de un herrero, este hecho parece una premonición de la trascendencia que el hierro tuvo en su obra escultórica. Su primera formación está ligada a la tradición plástica del XIX; fue discípulo, en la Escuela de la Lonja, de Agapito Vallmitjana. Becado en París, allí toma contacto por primera vez con realidades estéticas distintas; a su regreso a Barcelona, trabaja en la decoración de edificios modernistas. Un nuevo viaje a París le abre a las experiencias cubistas; cuando vuelve a Barcelona, realiza **máscaras de hierro** y comienza a experimentar con chapas metálicas buscando junto a los efectos de los volúmenes los derivados de la dinámica de vacíos y oquedades* que con el concurso de la luz dan a la escultura una dimensión nueva. De este momento son obras como el **Violinista** o el **Hombre de la pipa.**

idiosincracia: carácter o peculiar forma de ser de una persona o colectividad.
donateliano: que evoca a Donatello.
oquedades: huecos en el interior de un cuerpo.

Aunque realizó también interesantes incursiones en la línea del naturalismo, Gargallo no dejó de investigar y experimentar en esa escultura especialmente valorada a través del juego de volúmenes, vacíos y ritmos de superficies cóncavas y convexas. Una nueva estancia en París afirma al escultor en la línea iniciada en 1912 cuando ensaya sus primeras máscaras.

Obras que muestran la plenitud de su arte son **Gitana bailando** (Museo de Arte Moderno, Barcelona), **Antinoo** (Colección Anguerra-Gargallo), **El Arlequín flautista** (Museo de Arte Moderno, París), **Bacante** (Museo de Arte Moderno, Barcelona) y **Retrato de Greta Garbo** y **El Profeta** (Museo de Arte Contemporáneo, Madrid), entre otras.

Julio González Pellicer, nacido en Barcelona en 1876, inicia sus contactos con el trabajo del metal en el seno de su familia; tanto su padre como su abuelo fueron orfebres; él mismo también practicó la orfebrería.

En 1900, Julio González se trasladó con su familia a París, hecho que tuvo capital importancia en la formación del artista. La plena dedicación a la escultura es tardía; los primeros años de actividad parisina estuvieron dedicados fundamentalmente a la pintura, influido por la obra de Degas y de Puvis de Chavannes. También su amistad con Picasso y Brancusi dejó una importante huella en Julio González.

En París conoce los secretos de la soldadura autógena, que le desvela un amplio campo de posibilidades para el trabajo del hierro; es en torno a 1926 cuando se inicia su auténtica carrera como escultor. Realizó sus primeras máscaras iniciando un camino que le llevaría a planteamientos plásticos muy próximos a la abstracción; **Máscara recortada de Pilar al sol** (Museo de Arte Moderno, París), **Rostro pensativo** y **Máscara japonesa** (en colecciones privadas de Estados Unidos), y algunas otras como **Roberta al sol** y **Cabeza de niña**, están entre las más significativas.

En los primeros años de la década de los treinta, partiendo de un esquematismo formal, somete las figuras a un intenso proceso de simplificación, a la vez que se plantea su inserción en el espacio, situándose así en la línea experimental de otros maestros contemporáneos; obras como **Mujer peinándose** (Museo de Arte Moderno, París), **Gran maternidad** (Tate Gallery, Londres), **Personaje llamado por Picasso «El Angel»** (Museo de Arte Moderno, París) y **Mujer peinándose** (Museo de Arte Moderno, Estocolmo) son representativas de este momento.

Fruto de las relaciones con los círculos constructivistas*, iniciadas en 1932, son esculturas como **Dapne** (colección privada, Suiza) y **Mujer sentada I.**

Entre 1937-1941, Julio González retoma sus peculiares creaciones entre el esquematismo y la abstracción; significativas de esta época son **Don Quijote** (Museo de Arte Moderno, París), **Hombre gótico** (Colección Hans Hartung, París), **Mujer con espejo** (Colección Roberta González, París) y **Hombre Cactus I,** entre otras.

Muestra de su inquietud y deseos de ensayo y renovación constantes, y de una vocación hacia lo figurativo que sus incursiones en la abstracción no lograron acallar es la **Monserrat** (Stedelijk Museum, Amsterdam); recia figura femenina, de majestuoso porte, en la que Julio González lleva a la categoría de símbolo las pulimentadas superficies del metal.

---

constructivistas: relativas al constructivismo. Movimiento vanguardista ruso, surgido hacia 1913, que pretendía la integración en el arte de los valores de espacio y tiempo en favor de una síntesis de las artes plásticas.

El escultor toledano Alberto Sánchez Pérez es también uno de nuestros más importantes maestros contemporáneos. Su obra, que nunca perdió totalmente su relación con el natural, austera y sencilla, fruto de una personalísima elaboración de experiencias cubistas* y surrealistas*, aproxima a la plástica española a las tendencias organicistas europeas.

De sus primeros ensayos de personajes populares musulmanes, realizados en Melilla durante su servicio militar, evoluciona, entre 1920-1926, a interpretaciones a partir del cubismo por influencia de Picasso; de este momento son **Mujer de Castilla** y **Maternidad** (ambas en la colección de la familia del artista).

En 1926 funda con Benjamín Palencia la escuela de Vallecas, es la época en la que su arte evoluciona en la línea del surrealismo, sin apartarse totalmente de la figuración natural; tendencia que ya fue predominante a lo largo de su obra. Las de Alberto son esculturas sencillas, no exentas en algunos casos de cierto trasfondo poético.

Cuando en 1938 fue enviado a Moscú para enseñar dibujo a los niños españoles, su actividad escultórica se paraliza durante algunos años; retomada posteriormente, mantiene esa línea de inspiración surrealista iniciada ya en España a mediados de la década de los veinte. De entre sus obras cabe destacar la **Perdiz del Cáucaso, Toro y paisaje, Mujer, Pájaro bebiendo;** las dos primeras fueron realizadas en madera policromada; las otras, en bronce. Todas pertenecen a la colección de la familia del escultor.

Angel Ferrant Vázquez, hijo del pintor madrileño Alejandro Ferrant, debe incluirse entre los escultores españoles de esa primera gran generación que rompió con ataduras de tradición figurativa para adentrarse en experiencias de carácter abstracto. Estudió en la Escuela de Bellas Artes de San Fernando, pasando después a París; compartió la labor artística con la docencia como profesor de escultura en La Coruña, Barcelona y Madrid. En 1926 fue galardonado con el premio nacional de escultura, en un momento en el que todavía no ha abandonado la figuración. Una etapa de ensayos abstractos, iniciada en torno a 1933, le llevó a la construcción de **figuras «collage»** con elementos de la más diversa índole. Hacia 1940, el ciclo de la **Tauromaquia** y las **cabezas de la Comedia humana** le reintegran hacia la figuración.

A mediados de la década de los cuarenta retorna a la plástica abstracta, creando figuras que, una vez más, son producto del «collage»*; a partir de ellas, y obsesionado con el movimiento, realiza los móviles siguiendo la línea del gran maestro Alexander Calder. Su **Estudio esterotómico de coyunturas estatuarias, Cosmogonía** y **Estáticos cambiantes** son obras evocadoras de su gusto por las formas móviles.

Entre 1945-1950, Angel Ferrant hizo sus **Grupos ciclópeos,** composiciones pétreas de carácter megalítico y acusado primitivismo; **Tres mujeres** y **Amantes** ejemplarizan esta faceta del maestro. En los trabajos de los últimos años, muere en 1961, utilizó el hierro para sus esculturas; componiendo sus creaciones a base de elementos metálicos.

cubistas: referentes al cubismo. Movimiento artístico que valora y plasma el universo sensible según esquemas y ritmos de carácter geométrico, sus pioneros más representativos fueron Picasso y Braque.
surrealistas: referentes al surrealismo. Movimiento artístico y literario que surge en Francia en torno a 1924, auspiciado por André Breton, que se caracteriza por creaciones no objetivas apoyadas en el universo irreal del subconsciente.
collage: técnica artística que consiste en la libre agrupación de elementos de índole diversa para conformar una figuración plástica.

El genio de Pablo Picasso y su constante deseo de experimentación artística le llevaron hasta la creación plástica en un camino que recorre etapas que, casi siempre, están relacionadas con su evolución pictórica. Su primera época está dominada por la influencia de Rodin, a ella pertenecen obras como **Cabeza de mujer, Mujer sentada** o la **Cabeza de payaso** (Philip Gallery, Washington).

El cubismo está plasmado, con todo su vigor, en la **Copa de ajenjo,** importantísimo manifiesto de esta faceta del artista. Picasso también buscó en el «collage» un medio de expresión plástica; algunos de la década de los cuarenta, **Cabeza de toro,** o posteriores ensayos como **Bodegón con cabeza de cabra, Botella y vela,** muestran sus incursiones en este género.

En torno a su estancia en Vallauris, iniciada en 1948, son algunas de sus obras escultóricas maestras; bronces como **El hombre del cordero** y la **Cabra** (ambas en colecciones particulares parisinas) muestran la vigorosa fuerza con la que el maestro es capaz de crear identificándose plenamente con las posibilidades plásticas del metal.

No concluye aquí la investigación escultórica de Picasso, planteamientos estéticos de índole diversa, reflexiones en la línea de la abstracción, experimentos de orden técnico y de empleo de materiales, asociados, en ocasiones, en interesantes simbiosis, forman parte de la inquietud de ese eterno inconformista y ávido buscador de novedades que fue Pablo Ruiz Picasso.

El pintor catalán Joan Miró Ferra, ligado al movimiento surrealista, elabora sus esculturas en la misma línea expresiva. Apoyado en una vigorosa imaginación, se sirve del «collage» para organizar los objetos en un intento de ofrecer un amplio abanico de opciones que parten del universo real para adentrarnos en otro nuevo y lleno de sugerencias.

En 1931, en la Galería Pierre de París, expone sus esculturas; a partir de esta importante muestra, seguirá haciendo incursiones constantes en el campo de la experiencia plástica a lo largo de su dilatada vida artística.

De entre sus obras cabe destacar **Pájaro lunar** (Museo de Arte Moderno, Nueva York), **Luna, sol y una estrella, Maternidad, Mujer y pájaro, Personaje de tres pies** o **Muchacha evadiéndose** (obras pertenecientes a la Fundación Joan Miró de Barcelona).

Las últimas décadas, el debate entre la figuración y la consolidación de la escultura abstracta

La intensidad con la que las corrientes abstractas intentan enraizarse en el panorama de nuestra plástica no apaga la pervivencia de la opción figurativa en la obra de un importante número de escultores españoles. El gusto por el naturalismo, con matices clasicistas o realistas, se ha mantenido como testimonio inequívoco de un culto a la tradición, no exento, en algunos casos, de falta de vigor creativo.

Nombres como los de Antonio Casamor, Martín Llauradó, Manuel Ramos González, Ramón Isern, Juan Luis Vassallo, Leonardo Martínez o Juan de Avalos, creador del colosal programa escultórico del Valle de los Caídos, son, entre otros, muestra del importante número de maestros que han seguido una línea escultórica, que, a pesar de variantes y peculiaridades personales, se mantiene dentro de los presupuestos estéticos de una figuración que evoca lo tradicional.

Otros artistas mantienen un tipo de compromiso figurativo a medio camino con la abstracción, ensayando decididamente una escultura que, en sus aspectos técnicos y matéricos, se identifica con la vanguardia, aunque sin abandonar totalmente el hecho figurativo. Venancio Blanco, Eleuterio Blasco, Ramón Lapayese, Oscar Estruga, José Espinós, Eduardo Carretero y Abel Vallmitjana son algunos escultores significativos de esta tendencia.

De entre los escultores vascos decididamente comprometidos con la abstracción destaca Eduardo Chillida Jáuregui, nacido en San Sebastián en 1924. Tres años en París le ponen en contacto con los movimientos de vanguardia; su vocación escultórica le hace abandonar sus estudios de arquitecto para dedicarse por entero a la plástica. El hierro es la materia base sobre la que trabaja Chillida; forja y elabora el metal respetando toda su pureza, manteniendo las cualidades de textura* que le son inherentes*.

Sus esculturas, apoyadas en una dinámica de carácter geométrico, oscilan entre las formas macizas y las que siguen fluidos ritmos aéreos que, con su sobrio vigor, conquistan el espacio que las rodea.

La adopción de volúmenes de hormigón armado para sus experiencias plásticas y la suspensión espacial de los mismos son un nuevo referente en la producción de un escultor que se enfrenta al material respetando sus valores esenciales más primarios, obteniendo así obras cuyo carácter de sobriedad ascética no exime, en muchos casos, evidentes valores monumentales. Obras como los **Hierros de temblor, Rumor de límites,** el ciclo **Yunque de sueños** o los programas conocidos como **Alrededor del vacío** y **Lugar de encuentros,** resumen la incansable actividad del maestro.

Otros escultores vascos comprometidos con la abstracción son Jorge Oteiza, Néstor Barrenechea, Remigio Mendiburu y Ricardo Ugarte.

Pablo Serrano Aguilar es otra de las grandes figuras de la plástica; escultor de compleja personalidad, fue constructivista abstracto y expresionista figurativo; su obra se desarrolla en España fundamentalmente a partir de 1954, después de haber pasado veinticuatro años en tierras suramericanas, especialmente en Argentina y Uruguay.

Escultor ligado al círculo madrileño, sus ensayos expresionistas han quedado plasmados en creaciones como el **Miguel de Unamuno** (Salamanca), **Pérez Galdós** (Las Palmas), **Ponce de León** (Palencia) o **Fray Junípero Serra** (Nueva York).

Su preocupación por la relación espacio-escultura y por los problemas del volumen es una constante en su obra. Sus **Ritmos en el espacio, Bóvedas para el hombre** y **Bóvedas lumínicas** muestran esa obsesiva búsqueda de correlaciones entre el hecho plástico y los valores espaciales.

La experiencia de sus **Unidades-junta,** módulos aislados, aunque perfectamente acoplados, de amplio contenido simbólico, vuelve a evocar la dinámica volumen-espacio. Representativa de esta faceta es la **Unidad-junta** del Museo de Escultura de la Castellana, Madrid.

Dentro del ámbito madrileño hay que insertar también a dos significativos escultores nacidos en las Islas Canarias: Martín Chirino y Juan José González.

Barcelona es también centro de una importante escuela de escultura abstracta de gran pujanza; artistas como Marcel Martín, José Canals, Moisés Villelia, José Marís Kaydeda y Salvador Aulestia, entre otros, prestigian con sus obras una ciudad que jugó un importantísimo papel en los desarrollos de nuestra plástica contemporánea.

textura: forma o disposición primaria de la superficie de un cuerpo.
inherentes: características.

Pintura. Del Romanticismo a las tendencias actuales

Dentro de las bellas artes fue la pintura la que con más fuerza, libertad e interés se adentró en el espíritu del Romanticismo. Un arte de connotaciones burguesas que pretende nutrirse de ideas renovadoras, aunque sin excluir evocaciones a la tradición, que se gestó en un momento en el que los aires del liberalismo* dominan el panorama político español.

La pintura romántica se identificó con las posibilidades expresivas de una fértil gama de géneros, el cuadro de historia, el retrato, el paisaje o las ricas sugerencias del costumbrismo* abren ante el pintor un amplio horizonte de experiencias estéticas.

Los primeros ensayos del costumbrismo* andaluz; romanticismo purista cortesano; el costumbrismo madrileño; los nazarenos* catalanes

En Andalucía, Sevilla fue centro de una importante escuela regional; en ella, el género costumbrista tiene en los Domínguez Bécquer uno de sus máximos exponentes. José Domínguez Bécquer, su hermano Joaquín y el hijo de éste, Valeriano Domínguez Bécquer, el más importante pintor de la familia, llenaron con sus obras un sugestivo capítulo del Romanticismo andaluz.

La obra de Valeriano muestra la identificación del artista con el espíritu romántico; en **Baile de campesinos sorianos** (Museo de Arte Moderno, Madrid) logra una personalísima creación de carácter costumbrista; **La familia** (Museo de Bellas Artes, Cádiz) y **Estudio de un pintor carlista** (Museo de Arte Moderno, Madrid) evocan con fuerza el ambiente doméstico y la intimidad del interior romántico. Una de sus más afortunadas experiencias como pintor de retratos es el de **Muchacha** (Museo Lázaro Galdiano, Madrid), donde capta la fuerte personalidad de una joven de negros ojos y mirada intensa.

Antonio María Esquivel, que nace en Sevilla en 1806, fue otro de los maestros destacados de esta generación; la capital andaluza y Madrid fueron destinatarias de su obra. Pintó algunos temas religiosos en los que no faltan ecos de Murillo —como el **David** (colección privada, Madrid)—, obras de género e interesantes retratos. A esta faceta pertenece una extensa producción, desigual en valor, en donde se halla desde el retrato individual —que tipificamos en el del niño **Manuel Flores Calderón** y en el de **Mendizábal,** ambos en el Museo de Arte Moderno de Madrid— hasta el retrato de grupo*, género en el que pintó una de las obras más representativas de la pintura romántica española, la **Lectura de Zorrilla en el estudio del pintor** (Museo Romántico, Madrid); extraordinario documento artístico en el que Esquivel retrata a las más importantes figuras literarias de nuestro Romanticismo que oyen atentamente los

---

liberalismo: doctrina política que surge en el siglo XVIII y tiene amplia vigencia en el XIX, en ella se consagra la libertad individual.

costumbrismo: corriente pictórica que busca sus fuentes de inspiración en las costumbres, actividades y aspectos más característicos de un pueblo o colectividad.

nazarenos: grupo artístico que nace en Alemania en el siglo XIX; su pintura armoniosa, atractiva y sugerente en diseño y color intenta una plasmación ideal de la vida cristiana.

retrato de grupo: pintura que representa un colectivo de personas.

Valeriano Domínguez Bécquer: *Baile de campesinos sorianos* (Museo de Arte Moderno, Madrid).

Antonio María Esquivel: *Lectura de Zorrilla en el estudio del pintor* (Museo Romántico, Madrid).

Federico Madrazo: *El pintor Eduardo Rosales* (Museo de Arte Moderno, Madrid).

Leonardo Alenza: *El gallego de los curritos* (Museo de Arte Moderno, Madrid).

versos de Zorrilla, la obra evoca el más genuino* ambiente romántico. Idéntico sentido inspira la **Reunión de artistas teatrales,** en el mismo Museo.

Otro maestro sevillano que desarrolló su obra entre su ciudad natal y la Corte fue José Gutiérrez de la Vega; estudioso y seguidor del arte de Murillo, sus temas religiosos muestran su profunda admiración por la pintura del gran maestro barroco. **La Santa Catalina** (Museo de Arte Moderno, Madrid) es muestra inequívoca de su devoción murillesca. También hizo el pintor interesantes incursiones en el campo del retrato; algunos, como el de las **Hijas del cónsul Brackenbury** (colección privada, Madrid), **Dama** (Museo Romántico, Madrid) e **Isabel II,** del mismo Museo, muestran su compromiso con este género pictórico.

Dentro del ámbito cortesano, la figura de Federico Madrazo y Kuntz constituye un hito único e irrepetible por las especialísimas circunstancias personales que jalonaron una vida marcada por el éxito, su formación y su misma trayectoria artística. Hijo de José Madrazo, nació en Roma en 1815; su padre y el círculo de la Academia van a tutelar los años de formación del pintor, de ahí parte una sólida práctica del dibujo, que fue una de sus significativas cualidades como pintor.

Completa su formación en París con Ingres y posteriormente en Roma con Overbeck y el círculo de los nazarenos alemanes. Cuando se instala en España gozó de un extraordinario prestigio y de numerosos honores, pintor de Cámara, director de la Academia de San Fernando y director del Museo del Prado son algunos de los más importantes.

Aunque en su juventud pintó algunos cuadros de historia, la faceta más característica de Federico Madrazo es el retrato; apoyado en unas excepcionales cualidades para el dibujo, hizo retratos de excelente calidad. El Museo de Arte Moderno de Madrid guarda algunos dibujos-retrato que el pintor hizo a personajes tan conocidos como **Larra, Bretón de los Herreros** y **Ponciano Ponzano,** entre otros, en los que hace gala de su facilidad de diseño*.

De entre sus numerosos retratos destacan los de **Doña Gertrudis Gómez, La condesa de Vilches** y el de **Carolina Coronado,** todos en el Museo de Arte Moderno de Madrid; en la misma línea están los del **General San Miguel** y el **Pintor Rosales,** del mismo Museo, o el retrato ecuestre del **Duque de Osuna** (colección privada, Madrid) y algunos deliciosos retratos de niños, como la **Condesita de París** y el de **Federico Flórez** (Museo de Arte Moderno, Madrid).

Otros significativos pintores de retrato, aunque de menor calidad y proyección que Federico Madrazo, son Carlos Luis Ribera, Luis de Madrazo —hermano de Federico— y el catalán Luis Ferrant y Llausas.

Pintor romántico en el más riguroso sentido, eminente y fiel narrador de escenas costumbristas, Leonardo Alenza y Nieto fue uno de los más representativos pintores de su época. Calificado como seguidor de Goya por unos, independiente y ajeno a la obra del gran maestro según otros; es incuestionable que Alenza creó una peculiarísima forma de evocar escenas populares del Madrid que conoció. Se trata, fundamentalmente, de vivencias extraídas de entre la gente de más deprimida condición social que el pintor evoca con gran crudeza tanto en sus dibujos —muchos de los cuales se conservan en la Biblioteca Nacional y el Museo Municipal de Madrid— como en sus pinturas de técnica viva, intensa y de gran soltura y riqueza cromática. A pesar de que murió joven, falleció en 1848 cuando sólo contaba cuarenta y un años, su obra posee la per-

genuino: auténtico.
diseño: trazo, dibujo.

sonalidad y el carácter de la de un pintor maduro y de cualidades artísticas definidas.

El gallego de los curritos, El veterano narrando aventuras, Escena siniestra y **El sacamuelas,** todas en el Museo de Arte Moderno de Madrid, **Sátira al suicidio por amor** y **Sátira al suicida** (Museo Romántico, Madrid) están entre sus obras más características.

El pintor romántico que sigue más de cerca el arte de Goya, en ocasiones tan fiel imitador que obras suyas se han atribuido al gran maestro de Fuentedetodos, es Eugenio Lucas y Padilla, nacido en Alcalá de Henares en 1824. Admirador de muchos de los temas que formaron el repertorio goyesco, Lucas va a recrearlos en versiones que, en muchos casos, denotan un paralelismo notable.

Pintor de fértil producción, abordó en sus obras un amplio abanico de géneros; el costumbrismo —en sus más amplias posibilidades—, el desnudo, el paisaje y el retrato muestran su inquietud y deseo de experimentación pictórica. De entre sus numerosas obras destacan **La Ronda, Aquelarre** y **La suerte de varas,** todas en el Museo de Arte Moderno de Madrid, o la **Plaza Partida** (Colección Castillo Olivares); retratos del más genuino gusto romántico como el de las **Hijas del pintor** (Colección March, Palma de Mallorca); representativo de sus vivencias marroquíes es el lienzo **Moros corriendo la pólvora** (Museo Lázaro Galdiano, Madrid). Además, aunque se han perdido, merecen recordarse sus trabajos para la decoración del techo del Teatro Real de Madrid.

Otro significativo pintor, de origen andaluz, ferviente admirador de Goya, que destacó muy especialmente por sus lienzos de temas marroquíes, fue Francisco Lameyer Berenguer; en obras como **Mujeres judías de Tánger, Mendigo de Tánger** y **Combate de Moros** (Museo de Arte Moderno, Madrid) pone de manifiesto la soltura e imaginación con que concibe estas escenas.

El contacto en Italia de algunos pintores catalanes con Johann Friedrich Overbeck y, a través de él, con el círculo de los nazarenos alemanes favoreció el que se formara en Cataluña un grupo pictórico que desarrolla una línea estética semejante. En muchos aspectos su pintura se vio enriquecida también por influencias francesas. El grupo de los nazarenos catalanes lo forman Joaquín Espalter y Rull, Pelegrín Clavé y Roquer y Claudio Lorenzale y Sugrañes.

Espalter nace en Sitges en 1809; tras sus primeros años de formación en Barcelona, estudió en París con el barón Gros, posteriormente en Roma toma contacto con la obra de Overbeck. Su lienzo más próximo a las tendencias pictóricas de los nazarenos es **La era Cristiana** (Museo de Gerona); realizó también significativos retratos como el de la **Familia de D. Jorge Flaquer** (Museo Romántico, Madrid) o el de **su esposa** (Museo de Arte Moderno, Barcelona). Ensayó además el cuadro de historia, en esta faceta destaca el conocido como **El suspiro del moro.**

Pelegrín Clavé estudió en Roma con una pensión* de la Junta de Comercio; en sus lienzos con escenas bíblicas muestra la influencia del círculo Overbeck. Pintó también algunos cuadros con temas de historia, mostrando además buenas aptitudes para el retrato, testimonio de ellas es su **Autorretrato** (Museo de Arte Moderno, Barcelona).

La trayectoria artística de Claudio Lorenzale se inicia como alumno de la Escuela de la Lonja, madurando como pintor junto a Overbeck. De regreso a Barcelona, en 1844, enseña en la Escuela de la Lonja, de ahí la proyección que su arte tuvo entre los jóvenes pintores del momento. Su dibujo, fácil y lleno

---

pensión: tipo de beca o ayuda que concedían Academias e instituciones públicas a los artistas para estudiar fuera de España.

de armonía, da a sus obras un poderoso atractivo; destacó como pintor de retratos, siendo uno de los más significativos el de **Dama con sus hijos** (Museo de Arte Moderno, Barcelona). Otra de sus obras más conocidas es la **Alegoría del invierno,** de este Museo.

Pérez Villaamil y el nacimiento del paisaje romántico

Con Pérez Villaamil se inició un proceso que lograría para el paisajismo español la consideración artística y la atención que reiteradamente le había sido negada. El Romanticismo va a consolidar en España el prestigio del género de paisaje en un esfuerzo que en aspectos técnicos y estéticos condujo a nuestra pintura de paisaje hasta las cotas que otras escuelas europeas habían alcanzado a través de experiencias que maduraron ya en la centuria precedente.

El paisaje de Pérez Villaamil está lleno del más puro espíritu romántico; la arqueología medieval, el costumbrismo, el gusto por lo anecdótico y pintoresco, un innegable sentido poético y evidentes dosis de fantasía —que nunca desconectan totalmente el entorno de la realidad— son los ingredientes que conforman los paisajes del pintor. La presencia en casi todos ellos de esos tipos populares, de gentes que bullen en los interiores o exteriores de sus creaciones, dan ese calor humano, rompiendo, en cierta forma, el sentido arqueológico de iglesias, edificios y entornos.

Genaro Pérez Villaamil nació en El Ferrol en 1807; su padre era profesor de dibujo y topografía del colegio militar de Santiago de Compostela; allí cursa el pintor sus primeros estudios, siguiendo después la carrera militar. Su precocidad para el dibujo fue realmente extraordinaria. Una vida aventurada y dinámica le llevó hasta San Juan de Puerto Rico.

En 1833 conoció en Sevilla a David Roberts, pintor escocés que influyó poderosamente en su arte. La producción pictórica de Villaamil es muy extensa, igual que sus innumerables bocetos y dibujos; de entre ella cabe recordar **El castillo de Gaucín** (Museo de Bellas Artes, Granada), **Interior de la catedral de Toledo** (Museo de Arte Moderno, Madrid), **San Pablo de Valladolid** (Museo Romántico, Madrid), **Ayuntamiento de Bruselas, Interior de la Catedral de Burgos** y **Paisaje fantástico,** todos en colecciones privadas madrileñas, y **Torreón en la roca** (Museo Lázaro Galdiano, Madrid).

Discípulos y seguidores del pintor son su hermano Juan Pérez Villaamil, José María Avrial y Flores, Antonio Rotondo y Rabasco, Pablo Gozalvo y, muy especialmente, Cecilio Pizarro.

La pintura de historia, la primera generación de pintores, la segunda generación y la proyección hacia el XX

Aunque el llamado cuadro de historia no supone el ocaso de los demás géneros que enriquecieron el panorama de nuestra pintura romántica, fue una de las facetas más significativas del Romanticismo pictórico tanto por la pertinaz* insistencia con que los pintores se plantearon estos temas como por su vigencia cronológica; se hicieron cuadros de historia cuando aún tenían vigor las corrientes neoclásicas y el gusto por el lienzo histórico se proyecta hacia los primeros decenios del XX. Esta prolija faceta de la pintura española decimonónica

---

pertinaz: constante, obstinado, reiterativo.

ha sido objeto de rigurosísimas críticas; impuesta la necesaria ponderación, hay que valorar adecuadamente un género, que se identificó con la estética romántica, en el que un significativo grupo de artistas hallaron la forma de recrear momentos especialmente significativos de nuestra historia pasada.

Uno de los pioneros de esa generación de pintores fue Eduardo Cano de la Peña; formado en Sevilla dentro del costumbrismo de los Domínguez Bécquer, estudió más tarde en Madrid y París. De entre sus lienzos destacan especialmente **Regreso de la guerra de Africa** (Museo Romántico, Madrid) y **Colón en la Rábida,** lienzo pintado en París por el que en 1856 obtuvo la primera medalla de la Exposición de Bellas Artes.

Entre los grandes maestros del género destaca el palentino José Casado del Alisal; madura como pintor en la Academia de San Fernando y posteriormente durante una estancia en Roma, ciudad a la que viajó pensionado en 1855. Gozó de gran éxito y prestigio recibiendo premios y medallas. De su producción deben recordarse **La capitulación de Bailén** (Museo de Arte Moderno, Madrid), composición inspirada en **Las lanzas,** de Velázquez; **Los últimos momentos de Fernando IV El Emplazado,** y **Juramento de las Cortes de Cádiz en 1810** (Palacio de las Cortes). Además de estos temas históricos, entre otros géneros, Casado del Alisal pintó un buen número de retratos.

Antonio Gisbert nace en Alcoy en 1835; después de estudiar en la Academia de San Fernando, vivió pensionado en Roma, pasando más tarde a París. Gisbert es un pintor de excelentes recursos técnicos, buen dibujante y colorista de gran sensibilidad; el **Fusilamiento de Torrijos** (Museo de Arte Moderno, Madrid) y **Los comuneros en el patíbulo,** del mismo Museo, son las obras más características de su estilo.

Otro importante artista de esta primera generación de pintores de historia fue Vicente Palmaroli y González; sigue la línea de formación marcada por la enseñanza oficial —la Academia y más tarde pensión en Roma—. En 1871 consigue una primera medalla con su obra titulada **El 3 de mayo de 1808** (Ayuntamiento de Madrid). Pintó también algunos retratos, el más interesante es el de **Conchita Miramón** (Museo de Arte Moderno, Madrid), y lienzos en los que capta con vigor costumbres y ambientes característicos de la época como **En la playa** y **El concierto** (Museo de Arte Moderno, Madrid).

A pesar de su muerte prematura, cuando sólo contaba treinta y seis años, Eduardo Rosales es uno de los grandes genios de nuestro Romanticismo pictórico. Nace en Madrid en 1836; su niñez fue difícil al quedar huérfano a causa de una epidemia de cólera. Su afición y facilidad para el dibujo, que se despiertan muy pronto, serán determinantes en su carrera. Discípulo de Federico Madrazo y amigo de Palmaroli —que le prestó siempre un decidido apoyo—, sus estancias en Italia y Francia terminan de madurar su personalidad artística.

En 1864 y 1871 obtuvo primeras medallas por obras tan significativas en su producción como **El testamento de Isabel la Católica,** del que se conservan bocetos y dibujos preparatorios, y la **Muerte de Lucrecia,** ambas en el Museo de Arte Moderno de Madrid. Otro de sus temas de historia más conocido es **La presentación de D. Juan de Austria a Carlos V,** del mismo Museo.

La producción de Rosales es amplia y desborda con creces su actividad como pintor de historia; hizo incursiones en la pintura religiosa, **Tobías y el Angel** (Museo de Arte Moderno, Madrid) puede ejemplarizar esta faceta del maestro; sus retratos son de una excepcional finura y calidad, muy significativos son los de **Concha Serrano** o el de la **Condesa de Santovenia** (Museo del Prado). Su genialidad se plasma una vez más en algunas obras que aparentemente son de tono menor, pero que proyectan el arte de Rosales hacia experiencias pictóricas

José Casado del Alisal: *Rendición de Bailén* (Museo de Arte Moderno, Madrid).

Eduardo Rosales: *El testamento de Isabel la Católica* (Museo de Arte Moderno, Madrid).

Mariano Fortuny: *La Vicaría* (detalle) (Museo de Arte Moderno, Barcelona).

Ramón Martí Alsina: *La siesta* (Museo de Arte Moderno, Barcelona).

de vanguardia; significativos en esta línea son lienzos como **Mujer al salir del baño** (Museo de Arte Moderno, Madrid) y **Paisaje urbano** (colección privada, Bilbao).

La segunda generación de pintores de historia —con desigual fortuna en cuanto a valoración artística— mantiene la vigencia del género y lo proyecta hacia el XX, en un intento de perpetuar una de las más genuinas facetas de nuestra pintura romántica.

Francisco Pradilla (1841-1921) es uno de los más significativos pintores de este momento, a él se deben lienzos tan conocidos como la **Rendición de Granada** o **Doña Juana ante el féretro de Felipe el Hermoso** (Museo de Arte Moderno, Madrid).

Otros artistas significativos son José Moreno Carbonero, fallecido en 1942, al que se debe el cuadro **La conversión del duque de Gandía** (Museo de Bellas Artes, Granada), o Ignacio Pinazo, que, aunque destacó más en otros géneros, es autor del lienzo **Muerte de Jaime I el Conquistador.** Junto a ellos hay una extensa nómina de pintores que fallecieron en las primeras décadas del XX, en su mayoría de poca personalidad artística, que mantuvieron en manifiesta decadencia el gusto por este género. Manuel Domínguez, Alejandro Ferrant, Emilio Sala, Ricardo de Villodas, Salvador Martínez Cubells y Justo Ruiz Luna son algunos de ellos.

Fortuny y la pintura de género

Mariano Fortuny y Marsal nació en Reus el verano de 1938; tras educarse en la Escuela de la Lonja y el taller de Claudio Lorenzale obtuvo una pensión para ir a Roma. Obras de juventud son algunos cuadros de historia, el más conocido es **San Pablo en el Areópago.** Cuando se instala en la capital italiana, a diferencia de otros pintores, elude la entrada en el círculo de Overbeck.

Durante el conflicto bélico entre España y Marruecos, Fortuny es enviado allí por la Diputación de Barcelona para pintar una gran obra sobre la Batalla de Tetuán; el artista quedó fuertemente impresionado de la luz y el colorido africano, los tipos humanos, los escenarios y ambientes interesan y cautivan* la sensibilidad del pintor.

Fruto de sus estancias en el norte de Africa, que alternó con un viaje a París, son la **Batalla de Tetuán** y **Odalisca** (Museo de Arte Moderno, Barcelona), la **Batalla de Wad-Ras** (Museo de Arte Moderno, Madrid) o **Marroquíes** y otros lienzos, donde plasma esas vivencias norteafricanas que tanto le interesaron.

En estos años pueden fecharse algunas obras que deliberadamente se alejan de la elocuencia y monumentalidad de los temas marroquíes; por su finura y extraordinaria ejecución cabe recordar su acuarela **Il Contino** (Museo de Arte Moderno, Barcelona).

De 1870 es una de sus obras maestras, **La Vicaría** (Museo de Arte Moderno, Barcelona), bello lienzo, vibrante de color y sorprendente libertad técnica, en el que el pintor, con una narrativa rica y grandes dosis de casticismo, evoca los largos trámites documentales previos a la boda. Una línea semejante anima otros lienzos del artista como **El aficionado a las estampas** (Museo de Arte Moderno, Barcelona).

Fortuny murió joven, sólo contaba treinta y seis años; esta circunstancia no impidió que el pintor de Reus hubiera producido ya obras que pueden calificarse de maestras y gozado de fama y prestigio. Sin embargo, su personalidad artística y excepcionales dotes para la pintura, de no haberse truncado su vida en plena juventud, hacían esperar del pintor consecuciones estéticas que sólo quedaron esbozadas.

En la línea estética de Mariano Fortuny están Tomás Moragas y José Tapiró. Otros pintores de género son Eduardo Zamacois, Joaquín Agrasot, Bernardo Ferrándiz, José Jiménez Aranda y Francisco Domingo.

La pintura realista. Realismo y paisaje

El realismo pictórico catalán tiene en Ramón Martí Alsina a su más genuino representante. Nacido en Barcelona en 1826, la Escuela de la Lonja y sus viajes a Francia, Bélgica y Holanda conformaron una recia personalidad artística. En la definición como pintor de Martí Alsina son de capital interés sus vivencias parisinas que le pusieron en contacto con la escuela realista francesa.

---

cautivan: atraen con fuerza.

Artista de fértil producción, los problemas económicos le incitan a pintar continuamente, de ahí la disparidad de su legado pictórico. Cultivó todos los géneros, destacando muy especialmente como paisajista, faceta que se contempla en el capítulo dedicado al paisaje realista.

De entre sus lienzos cabe destacar la **Campesina** (colección privada, Barcelona) y muy especialmente **La Siesta** (Museo de Arte Moderno, Barcelona) y **Desnudo** (colección privada, Barcelona), obras todas de extraordinaria calidad. Su **Autorretrato** (Museo de Arte Moderno, Barcelona) es ejemplo significativo de la actividad del pintor en este género.

Discípulos y seguidores del arte de Alsina son, entre otros, Jaime Pahissa, José Armet, José Luis Pellicer y Simón Gómez.

Raimundo de Madrazo Garreta encabeza el círculo madrileño; hijo de Federico Madrazo, nace en Roma en 1841. Su abuelo y su padre le iniciaron como pintor, de ellos obtuvo ese rigor técnico que caracteriza a la familia; más tarde en París consolidó su formación. Raimundo Madrazo destacó especialmente en la pintura de retratos, el de la **Duquesa de Alba** (Palacio de Liria, Madrid) y el de **Aliné con mantilla** (Museo de Arte Moderno, Madrid) —uno de los que hizo a su modelo Aliné Masson— muestran su capacidad para el género.

Por su falta de personalidad pictórica sólo recordaremos a Ricardo de Madrazo, hermano de Raimundo, cuya obra carece de interés.

En Valencia destacaron dos pintores de notables cualidades, Francisco Domingo Marqués e Ignacio Pinazo Camarlench. Francisco Domingo se inicia en la pintura de historia, pero su faceta más importante es el retrato; el **Zapatero viejo** y su **Autorretrato** (Museo de Arte Moderno, Madrid) son prueba de sus extraordinarias dotes.

Gran interés tiene la figura de Ignacio Pinazo, al que podemos señalar como preimpresionista*; obras como **Lección de memoria, Niño, Estudios de desnudo femenino, Autorretrato** y **Barca en la playa,** del Museo de Arte Moderno de Madrid, y **Rincón de jardín** (Museo de Bellas Artes, Valencia) justifican por su técnica y la sabia concepción de la luz y el color el calificar a Pinazo como preimpresionista.

El belga, posteriormente nacionalizado español, Carlos de Haes, que sucedió como catedrático de paisaje en la Escuela de San Fernando a Pérez Villaamil, va a ser el gran innovador del paisajismo español y la cabeza de una escuela de pintores de paisaje en la que se afirma ya, definitivamente, el cuadro tomado del natural. Se abandonan los aspectos pintorescos, imaginativos y hasta fantásticos que, en cierta forma, dominan el paisaje romántico, para buscar con fuerza la verdad de la experiencia viva, la realidad de la naturaleza.

Precisión, vigor, fidelidad a la vivencia directa y, en ocasiones, minuciosos estudios de entornos naturales observados por el artista presiden las creaciones de los nuevos paisajistas. Haes, con su actividad docente, ejerció una poderosa influencia en toda una generación de pintores de paisaje. De entre su fértil producción, **Los picos de Europa** (Museo de Arte Moderno, Madrid), **Paisaje campesino, Patio del Monasterio de Piedra** y las **Marinas,** del Museo de Bellas Artes de Granada, o el **Paisaje** (Museo de Málaga) muestran los nuevos derroteros estéticos a los que se orienta el paisajismo español.

En la línea de Carlos de Haes están otros paisajistas discípulos del maestro o seguidores de su arte; Jaime Morera, Agustín Riancho y Casimiro Sainz son algunos de ellos.

preimpresionista: anterior al impresionismo.

Aureliano de Beruete: *El Manzanares* (Museo de Arte Moderno, Madrid).

Carlos Haes: *Los Picos de Europa* (Museo de Arte Moderno, Madrid).

Darío Regoyos: *El gallinero* (Museo de Arte Moderno, Madrid).

Joaquín Sorolla: *Niña saliendo de la playa* (Museo de Arte Moderno, Madrid).

Especial mención, por su personalidad e independencia, merece Martín Rico Ortega. Discípulo de Villaamil, a lo largo de su carrera fue recibiendo influencias que enriquecieron y matizaron su paleta. Completó estudios en París dejándose ganar por la riqueza de sugerencias que le brindaban las escuelas francesas; un viaje a Inglaterra le descubre la obra de Turner, que le impresiona vivamente; más tarde, el estilo colorista y de intensas iluminaciones de su amigo Fortuny le influirá durante su estancia en Granada, de ahí surge la fuerza luminosa de algunos de sus rincones naturales. Las posibilidades estéticas que le brindaron todas estas experiencias dan a la obra de Martín Rico una rica variedad y sugestión. De entre sus cuadros merecen recordarse **Lavanderas junto al río, Desembocadura del Bidasoa, Paisaje del Ebro** y **Vista de Venecia,** del Museo de Arte Moderno de Madrid.

El paisaje realista en Cataluña tiene en Ramón Martín Alsina a uno de sus pintores más representativos. Ya en el apartado del realismo pictórico quedó valorada la personalidad artística del maestro catalán. Sus paisajes son tan novedosos que, muchos de ellos, técnicamente evocan ya las experiencias impresionistas. **La plaza del Borno** (Museo de Arte Moderno, Barcelona) o el **Boulevard de Clich** (colección particular, Barcelona) son obras maestras del género.

Discípulos de Alsina son Modesto Urgell y Francisco Torrescasana; otros notables representantes del paisajismo catalán de este momento son además el gerundense Joaquín Vayreda —que encabezó la escuela de Olot— y los maestros de la escuela de Sitges, Roig Soler y Mas Fondevilla.

Impresionismo, neoimpresionismo* y luminismo* en la pintura española de transición al XX. Los pintores del modernismo y otras corrientes catalanas del primer tercio del XX*

Si a Goya en algunas de sus últimas obras, muy especialmente en la **Lechera de Burdeos,** se le considera ya como precursor del impresionismo y algunos maestros del XIX como Fortuny, Ignacio Pinazo, Martín Rico y Martí Alsina, entre otros, se hallan muy próximos a él, el pintor español cuyo arte se identifica más con las premisas estéticas impresionistas es Aureliano de Beruete y Moret.

Nace en Madrid en 1845, fue abogado y diputado en Cortes, pero su verdadera pasión es la pintura. Profundo conocedor de la obra de Velázquez y Goya, sintió una gran admiración por estos dos grandes pintores españoles de cuyo arte supo extraer valiosas enseñanzas. Aureliano de Beruete se formó con Carlos de Haes, aunque su magisterio fue pronto superado por el pintor. Una poderosa inquietud artística le incitó a realizar frecuentes viajes a Europa; en ellos halló su formación definitiva.

El pintor se enamora de la luz y el paisaje de la Meseta que plasma en sus cuadros de los arrabales de Madrid; al elegir un entorno natural, el artista no busca ambientes especialmente sugestivos, cualquier paisaje, por humilde y sencillo que sea, se potencia y adquiere dimensión estética en la paleta del pintor; técnica, luz y color se alían para ofrecer creaciones de singular belleza. Lienzos

---

impresionismo: corriente pictórica que surge en Francia en torno a 1872 ensayando en el cuadro una analítica de la dinámica color-luz.

neoimpresionismo: corriente pictórica que se basa en la teoría del divisionismo.

luminismo: técnica pictórica basada en el estudio de la luz y sus alternancias en el cuadro.

como **Afueras de Madrid, El Manzanares, Espinos en flor** y **Paisaje de otoño,** de los Museos de Arte Moderno y Arte Contemporáneo de Madrid, ponen de manifiesto la sabiduría pictórica de Beruete.

Aunque de menos personalidad artística, en el ámbito catalán debe reseñarse la actividad de dos pintores: Francisco Gimeno Arasa y Eliseo Meifrén Roig. De la producción de Gimeno destacaremos su **Autorretrato** (Museo de Arte Moderno, Barcelona) y algunos de sus paisajes resueltos con extraordinaria libertad técnica.

La pintura del asturiano Darío Regoyos Valdés ha de incluirse dentro de la estética neoimpresionista, ya que evoluciona desde el impresionismo hasta el divisionismo*. El arte de Regoyos está en la línea de las formulaciones que llevaron a Georges Seurat, Paul Signac y otros pintores de la Sociedad de Artistas Independientes a romper con el naturalismo precedente para elaborar la figuración pictórica mediante la técnica divisionista. A través de ella, los colores se fragmentan a manera de mosaico matizado por la luz, con lo que la pintura parece vibrar.

Después de estudiar con Haes, Regoyos marchó a París y más tarde a Bruselas, donde pasó a formar parte de grupos vanguardistas como «L'Essor» y «Les Ving». Recorre gran parte de España con sus compañeros belgas; fruto de estos viajes es su libro «La España negra». Reiteradamente muestra su interés por la cornisa cantábrica —Asturias, Santander, Vizcaya—, que recorre con minuciosidad para recrearla posteriormente en sus lienzos. **Fiesta vasca en la bahía de San Sebastián** (Museo de Arte Moderno, Barcelona), **El gallinero** (Museo de Arte Moderno, Madrid), **Redes secándose** (colección privada, Madrid), **Deshielo y humo** (colección privada, Barcelona) y **Paisaje aldeano** (Museo de Bellas Artes, Bilbao) son obras características de su estilo. A su mano se debe también el gran friso con temas regionales españoles que decora la biblioteca de la Hispanic Society en Nueva York, comenzado en 1911 y concluido ocho años más tarde.

El valenciano Joaquín Sorolla y Bastida es el máximo representante del luminismo mediterráneo. Nace en 1863, iniciándose artísticamente en la tradición pictórica de ese siglo, incluso llegó a disfrutar de una pensión en Roma. Desde sus primeras obras mostró una firme personalidad; su lienzo **Y aún dicen que el pescado es caro** (Museo de Arte Moderno, Madrid) —con un marcado acento de reivindicación laboral para el pescador— apunta ya cualidades técnicas y estéticas muy significativas.

Valencia, el mar y su amplia gama de temas, el sol, la luz del Mediterráneo intensa y cegadora que incide sobre el agua creando un universo de brillos y reverberaciones, las matizaciones luminosas sobre cuerpos y objetos y los empastes cromáticos —de intensas calidades matéricas— aplicados con pinceladas vigorosas y técnica suelta, dan a sus lienzos un atractivo singular.

Sorolla gozó pronto del triunfo y el reconocimiento internacional, como lo demuestran sus exposiciones en Europa y Estados Unidos, además de la importante cotización que alcanzaron sus obras. De entre su abundante producción, **Salida del baño** y **Niños en la playa** (Museo de Arte Moderno, Madrid), **El baño del caballo, La bata rosa** y **Calle del Albaicín** (Museo Sorolla) son, entre otros, lienzos donde se define plenamente el estilo del maestro.

---

divisionismo: técnica pictórica que aplica colores puros en pequeños toques de pincel o puntos; la fusión de los colores se produce en el ojo del expectador que mira el cuadro.

Entre los pintores del modernismo destacan Ramón Casas, Santiago Rusiñol e Isidoro Nonell. Ramón Casas Carbó, después de su aprendizaje con Juan Vicens, marchó a París en 1882 y allí se entusiasma con la obra de Manet; sin embargo, fue durante su segunda estancia parisina, iniciada en 1890, cuando madura como pintor en obras evocadoras del Montmartre que vivió que han hecho recordar la figura de Toulouse-Lautrec. **Moulin de la Galette** (Museo Cau Ferrat, Sitges) y **Plein air** (Museo de Arte Moderno, Barcelona) son lienzos significativos de este momento.

De regreso a Barcelona, Casas es testigo de los acontecimientos de una época de profundos problemas sociales que el pintor va a reflejar en algunas de sus obras, **Garrote vil** (Museo de Arte Contemporáneo, Madrid) o **La carga** (Museo Olot, Gerona) muestran al pintor comprometido con los problemas de este momento. También pintó escenas festivas que reflejan vivencias cotidianas, **Baile de tarde** (Liceo de Barcelona) y **Procesión del Corpus en Santa María del Mar** (Museo de Arte Moderno, Barcelona) son algunas de ellas. Hábil dibujante, dejó un importante número de retratos al carbón de personajes ilustres, **Pío Baroja, Jacinto Verdaguer** y **Miguel de Unamuno** (Museo de Arte Moderno, Barcelona) son diseños cualificados de esta faceta del maestro catalán.

Santiago Rusiñol y Prats nace en Barcelona en 1861; artísticamente se inició en una línea prerrafaelista*, aunque su estilo se definirá plenamente como pintor de jardines; **Jardín de Aranjuez** y **El fauno viejo** (Museo de Arte Moderno, Madrid), **Jardín** (colección privada, Madrid) y **Patio de Montmartre** (Museo Cau Ferrat, Sitges) definen su personalidad artística.

Bohemio, aficionado a la literatura y hombre conocido, Rusiñol es uno de los fundadores de la cervecería «El Quatre Gats», centro de reunión de artistas que jugó un importante papel en su época.

La pintura de Isidoro Nonell Monturiol está marcada por la independencia más absoluta; a pesar de haber muerto prematuramente —cuando sólo contaba treinta y ocho años— dejó una obra de caracteres personalísimos. Sus fracasos para acceder a la Escuela de la Lonja no quebrantan su vocación de pintor. En 1895 hizo amistad con Picasso; más tarde, los viajes a París enriquecieron su formación pictórica.

Pronto abandonó el género de paisaje para dedicarse monográficamente a dibujar y pintar a personas desheredadas* de la fortuna, gitanos y personajes de la calle. Su pintura vigorosa y libre, de marcadas siluetas, de intensos empastes cromáticos, llenó de dignidad a esos protagonistas sencillos de severa expresión y humildes vestidos; **Juana** (Museo de Arte Contemporáneo, Madrid), **Florinda** y **Grupo de pobres,** en colecciones privadas de Barcelona; **Gitana, Mujer pensativa** y **Mujer acostada,** todas en el Museo de Arte Moderno de Barcelona, encarnan con fidelidad el sentir estético de Isidoro Nonell.

La escuela de paisajistas catalanes de primer tercio de siglo mantuvo con dignidad la vigencia de este género; a ella pertenecen Joaquín Mir Trinxet, Mariano Pidelasserra y Nicolás Raurich, entre otros. Mir, el de más calidad, apoya su obra en la vehemencia del color y de la luz, en una personalísima recreación del impresionismo. Pidelasserra, artista de paleta desigual, pasó por un curioso período divisionista, sin duda el más sugestivo de su carrera.

prerrafaelista: que pertenece al movimiento artístico que surgió en Inglaterra en el siglo XIX, tomando como modelo de inspiración a los pintores italianos anteriores a Rafael.
desheredadas: pobres, sin fortuna.

Isidoro Nonell: *Juana* (Museo de Arte Contemporáneo, Madrid).

Ignacio Zuloaga: *Hilandera* (colección Zuloaga).

Aureliano Arteta: *Bañistas* (Museo de Arte Contemporáneo, Madrid).

Juan de Echevarría: *Don Miguel de Unamuno* (Museo de Arte Contemporáneo, Madrid).

Las conexiones con Francia refuerzan la línea vanguardista de los círculos pictóricos en Cataluña, que en las primeras décadas de siglo acogen la actividad de un importante número de artistas; Xavier Nogués fue uno de sus más cualificados representantes. Caricaturista de mordaz ingenio satírico, destacó además como decorador; sus **murales para la Bodega de las Galerías Layetanas** o los que pintó para el Ayuntamiento de Barcelona muestran la fortuna de esta faceta del pintor.

Joaquín Sunyer fue otro destacado miembro de esa generación; elaboró un estilo propio, de tintes intimistas, apoyado en una pintura llena de equilibrio, armonía y extremada delicadeza; el retrato de la **Señora de Carlés** (Museo de Arte Moderno, Barcelona) o **Niños con gato** (Museo de Arte Moderno, Madrid) muestran su especialísima personalidad artística.

A las figuras de Nogués y Sunyer podíamos agregar una amplia nómina de pintores, de entre los que recordamos a Feliú Elías, Francisco Galí y José Obiols.

Atención especial merece Hermenegildo Anglada Camarasa; se inició como pintor en la Escuela de la Lonja, pasando más tarde a París. En el paréntesis 1898-1930 se gesta su triunfo a nivel internacional, como lo demuestran sus continuas exposiciones en las más significativas capitales europeas. Su meteórica carrera se trunca cuando el pintor se recluye en Palma de Mallorca y abandona la sugestiva pintura de los años parisinos, rompiendo con una línea estética que le había deparado importantes éxitos. En la fuerza plástica y cromática de sus cuadros del París del Moulin Rouge o de los que evocan escenas características del folklore español está el alma de su arte; el retrato de **Sonia Klamery** (Museo de Arte Contemporáneo, Madrid), **Desnudo** (Museo de Bellas Artes, Bilbao) o **Flamenco** (colección privada, Madrid) muestran la libertad técnica y ese peculiar universo de color que Anglada Camarasa lleva a sus lienzos.

Regionalismo, fauvismo* y expresionismo* en la pintura española del primer tercio del siglo XX, la pintura mural*

El regionalismo pictórico se acerca a vivencias de carácter regional planteando prioritariamente la búsqueda de la identidad de cada uno de nuestros ámbitos territoriales. Se trata de adentrarse en la diversidad e idiosincrasia del mosaico español que en este momento responde a esquemas sociales, motivaciones políticas, planteamientos de índole económica y valores culturales específicos y peculiares.

El guipuzcoano Ignacio Zuloaga —sin remitirse exclusivamente al ámbito castellano, ya que su pintura aborda aspectos que son consustanciales con el talante español— se identifica con la tradición de Castilla; nació en 1870; Roma y París enriquecen su definida y recia personalidad artística. En un dibujo preciso y riguroso apoya Zuloaga una pintura en la que se imbrican los ritos, costumbres y la religiosidad de los pueblos castellanos. Tipos humanos de serena frialdad y esteriotipadas y solemnes actitudes protagonizan las figuraciones del

regionalismo: corriente artística que se inspira en los valores y usos de cada región.
fauvismo: corriente pictórica que emplea colores puros obteniendo en el cuadro una intensa agresividad cromática.
expresionismo: movimiento artístico del siglo XIX que plasma en la obra de arte con violencia y crudeza expresiones y sentimientos del hombre.

pintor. Muy característicos de su paleta son lienzos como **El Cristo de la Sangre** (Museo de Arte Contemporáneo, Madrid), **Hilandera** y **San Francisco** (Colección Zuloaga); de su actividad en el campo del retrato destacaremos el del **Dr. Gregorio Marañón** (colección privada, Madrid) y su **Autorretrato** (Colección Zuloaga).

De entre los pintores andaluces, Julio Romero de Torres es el más conocido; nace en Córdoba en 1880 y se inicia como pintor junto a su padre Rafael Romero Barros. En 1915 su **Musa gitana** (Museo de Arte Moderno, Madrid), obra que resume la esencia de su arte, le vale el galardón de una primera medalla. Preciso en el dibujo, su paleta es ajena a las alegrías coloristas, optando por gamas de tonos apagados. Su pintura, de connotaciones simbólicas, tiene como protagonistas a esas mujeres jóvenes de negros ojos, mirada intensa y rostros reflexivos dominados por la frialdad y la tristeza; el **Retablo del amor** (Museo de Arte Moderno, Barcelona) compendia con precisión las líneas que caracterizan su estilo.

En Granada destaca el costumbrismo de José María Rodríguez Acosta, la pintura de propuestas realistas de José María López Mezquita y los lienzos de evocación morisca de Gabriel Morcillo; **La hora de la siesta, Cuerda de presos** y **Cabeza de moro,** todas en el Museo de Bellas Artes de Granada, son lienzos que definen la personalidad de los tres pintores.

El regionalismo gallego se encarna en la figura de Alfonso Rodríguez Castelao, hombre polifacético, de acrisolada formación —pintor, literato y político—, es sin duda el más significativo forjador de la conciencia y el sentir gallegos.

Asturias y las peculiaridades de su ser se identifican en la producción de tres pintores: Luis Menéndez Pidal, Alvarez Sala y Evaristo Valle.

Si obras como **Los remeros vencedores de Ondárroa** y **El marino Santi Andía,** del Museo de Arte Contemporáneo de Madrid, del pintor Ramón Zubiaurre, y algunos lienzos de su hermano Valentín pueden considerarse representativas del regionalismo vasco, el pintor que protagonizó este movimiento regional fue Aureliano Arteta y Errasti. Nació en Bilbao en 1879 en el seno de una familia humilde; Bilbao, Madrid, Francia e Italia son etapas que marcan su formación. Sus figuras, de sólida contextura y manifiestos valores plásticos, se caracterizan por ese vigor contenido —ciertamente idealizado, en ocasiones con tintes de intencionado lirismo— que las hace poderosamente atractivas. Los **Murales para el Banco de Bilbao** (Madrid), **Campesinos vascos** (Museo de Bellas Artes, Bilbao) y, la más sugestiva, **Bañistas** (Museo de Arte Contemporáneo, Madrid), son hitos en la producción de Arteta.

El fauvismo —movimiento pictórico caracterizado por un agresivo protagonismo cromático— tuvo en España como figuras destacadas a dos maestros nacidos en su ámbito septentrional, el montañés Francisco Iturrino González y el vasco Juan Echevarría.

Iturrino, de innatas dotes para la pintura, halló en París la respuesta a muchas de sus inquietudes; allí conoce a Picasso y también traba amistad con Matisse, que fue elemento catalizador en su maduración definitiva. Iturrino viajó por el sur de España y el norte de Africa llenándose de su luminosidad y colorido, identificándose con sus tipos humanos para más tarde llevar estas experiencias a sus obras. Las gamas cromáticas del maestro, intensas, caprichosas y sugerentes le ponen en la línea de los más ilustres representantes del fauvismo europeo; **Andaluzas** (Museo de Arte Contemporáneo, Madrid), **Jinete** (Museo de Bellas Artes, Bilbao) o **Grupo de mujeres,** del mismo Museo madrileño, son testimonio de la calidad de su paleta.

José Gutiérrez Solana: *Muchachas del arrabal* (Museo de Bellas Artes, Bilbao).

José Gutiérrez Solana: *La tertulia del café Pombo* (Museo de Arte Moderno, Madrid).

Otra figura del fauvismo hispano es Juan de Echevarría, que encarna unas propuestas estéticas más reflexivas y acompasadas* que las asumidas por Iturrino. Su talante distinto, una sólida formación cultural y la amistad con algunos significativos intelectuales y figuras literarias de su época —Unamuno, Valle Inclán, Pío Baroja y Azorín— conforman una personalidad distinta a la del pintor santanderino. Los bodegones de naturaleza muerta muestran la refinada sensibilidad del artista; el del Museo de Arte Contemporáneo de Madrid es de los más bellos. **La mestiza desnuda —homenaje a Gaugin—,** del mismo Museo, es una de sus obras maestras. Especial interés tienen los retratos hechos a sus amigos, de entre ellos destacan el de **Valle Inclán, Unamuno, Azorín y Francisco Iturrino,** todos en el Museo de Arte Contemporáneo de Madrid.

José Gutiérrez Solana es uno de los más cualificados cultivadores del expresionismo hispano; su estancia en la Escuela de Bellas Artes de San Fernando formó posiblemente al Solana dibujante. Muy pronto rompe con cualquier atadura para encaminarse hacia personalísimas formas de figuración pictórica. Problemas de índole familiar pudieron influir en Solana, que personaliza una pintura con fuentes de inspiración en temas generalmente desechados por otros pintores; ambientes míseros, prostitutas y personajes de la calle, carnavales de inquietantes máscaras y esqueletos son, entre otros, motivos que llevará a sus lienzos.

Su pintura —ambientada en Madrid y las ciudades portuarias del norte de España— se enraíza en los aspectos y matices más duros, desabridos* y negativos del acontecer diario; el predominio del color negro, los ocres y una amplia gama de terrosos acentúa el rigor, la frialdad y la amargura de muchos de sus temas. **Muchachas del arrabal** (Museo de Bellas Artes, Bilbao), **Las Coristas** (Museo de Arte Moderno, Barcelona), **Lavanderas** (colección privada, Madrid), **La vuelta de la pesca** o **La procesión de la muerte** (Museo de Arte Contemporáneo, Madrid) están dentro de la línea estilística del artista. Pintó algunos retratos de grupo, el más conocido es **Tertulia en el café Pombo** (Museo de Arte Contemporáneo, Madrid); en una línea semejante está el titulado **La visita del obispo,** del mismo Museo.

acompasadas: equilibradas, armónicas.
desabridos: de poco gusto, ásperos.

La pintura decorativa en los primeros decenios del XX está protagonizada por la ingente labor del catalán José María Sert. Pasados los años de formación en las instituciones catalanas tradicionales, Sert marchó a París; es en la capital francesa donde consagra su estilo y deja vigencia de sus extraordinarias facultades pintando **murales para el Pabellón de «L'Art Nouveau»**, de la Exposición Universal de París. Su éxito fue vertiginoso; paradójicamente, su arte fue más valorado en el extranjero que en España, varios países europeos y americanos guardan un importante número de sus creaciones. Este hombre, entusiasta y vital, de poderosa imaginación creativa, soñó con acercarse a la obra de los grandes decoradores italianos de las dos centurias precedentes; Goya fue además para Sert punto de referencia importante. José María Sert no se identificó con la técnica del fresco, de ahí que pintara sobre grandes superficies de lienzo que más tarde eran adosadas al muro. De sus trabajos en España deben recordarse los realizados en el Palacio de Justicia y Ayuntamiento de Barcelona o los proyectos decorativos para la catedral de Vich.

París y los pintores de la vanguardia española, Picasso, Juan Gris, María Blanchard, Joan Miró, Salvador Dalí y Oscar Domínguez*

Pablo Ruiz Picasso encabeza la nómina de pintores que se erigieron en la vanguardia de la pintura española en París. Nace en Málaga en 1881; su padre era profesor de dibujo de la Escuela de Artes y Oficios; este hecho es un factor a tener en cuenta, ya que el artista en los años de su niñez halló en su padre no sólo la comprensión a sus inquietudes artísticas, sino además el apoyo necesario para su desarrollo. Está a punto de cumplir los diez años cuando debe abandonar Málaga para dirigirse a La Coruña, ciudad a la que ha sido destinado su padre como profesor de la Escuela de Artes y Oficios. Las pinturas de estos años muestran las cualidades del joven Picasso y el despertar de una vocación que José Ruiz Blasco, su padre, encauzó y fomentó.

El año de 1895 fue providencial para Picasso; el traslado de su familia a Barcelona le pone en contacto con el ambiente artístico catalán que favorecerá el despertar del pintor a experiencias estéticas desconocidas. Un breve paso por la Escuela de la Lonja —donde enseñaba su padre— será previo a su entrada en la Escuela de Bellas Artes de San Fernando de Madrid.

De regreso a Barcelona se integra en un grupo de vanguardia que se reunía en el café «El Quatre Gats», de este momento es su primera exposición. En 1900, Picasso llega a París, allí tomó contacto con Isidoro Nonell y otros artistas españoles. La experiencia parisina favorece el que Picasso elabore una de sus primeras propuestas estéticas, el llamado período azul, 1901-1904; su conocimiento del postimpresionismo es un factor decisivo en este hecho. Algunas de las obras de la etapa azul descubren un inesperado lirismo en los cuadros del pintor; **Niño con paloma** (colección privada, Londres) o **La planchadora** (colección privada, Nueva York) evocan este momento.

En 1904 Picasso se instala en París y su paleta sufre un importante giro que dio lugar entre 1904-1906 al período rosa que no sólo lleva consigo el predominio de esta gama de color, sino que además supone un interesante replanteamiento espacial en las composiciones; **Familia de saltimbanquis*** (National

vanguardia: idea o tendencia progresista o avanzada.
saltimbanquis: gentes que se dedican a representaciones circenses.

Gallery, Washington) es uno de los lienzos más representativos de este momento.

Entre 1907-1914 el arte de Picasso pasó por un período cubista no uniforme, ya que dentro del marco del cubismo el pintor recorrió varias etapas. En la identificación de Picasso con la estética del cubismo jugaron un significativo papel varios hechos: su amistad con Braque, Derain y Matisse, y además la celebración en 1907 de una exposición que recogió la obra de Cezanne. El cuadro conocido como **Las señoritas de Avignon** (Museo de Arte Moderno, Nueva York) señala el inicio de un importantísimo ciclo de obras del maestro; **Mujer con abanico** (Museo del Ermitage, Leningrado), **El depósito de Horta de Ebro** (colección privada, París) y **Hombre con pipa**, también de una colección privada parisina, son obras características de este período.

1914 no significa el abandono total de la estética del cubismo; en años sucesivos Pablo Picasso retornaría a ella; ahora, el maestro hace interesantes incursiones en el realismo o se ocupa de actividades que le son especialmente sugerentes, como la preparación en 1917 de ambientaciones y escenografías para representaciones de balet en Roma.

Después de curiosas experiencias imbricadas en el clasicismo, en 1924 inicia Picasso una serie de bodegones que se enraízan en recuerdos de su etapa cubista; **Mandolina y guitarra** (The Salomon R. Guggenheim Museum, Nueva York) es uno de los más importantes.

En torno a 1929 debe fecharse el llamado «período de los monstruos»; en las pinturas de este momento, el artista encarna todas esas preocupaciones que atenazaban a Europa; **Bañista sentada** (Museo de Arte Moderno, Nueva York) evoca y simboliza esta experiencia.

En 1930 Picasso se instala en el castillo de Boisgeloup; allí trabajó en un importante ciclo de ilustraciones con temas de la metamorfosis de Ovidio y de la mitología.

Después del bombardeo de Guernica, el 28 de abril de 1937, Pablo Picasso pinta la que será una de sus obras maestras, un gran mural inspirado en el horror producido por el bombardeo, **El Guernica,** destinado al Pabellón de la República Española en la Exposición Universal de París. En la misma línea dramática está la **Mujer llorando** (colección privada, Londres).

Los años de la Segunda Guerra Mundial vuelven a ensombrecer el horizonte artístico de Picasso; angustias, preocupaciones y a veces una sátira mordaz se dejan adivinar en las obras de este momento; así, **La mujer con pescado en el sombrero** (Stedelijk Museum, Amsterdan) satiriza los racionamientos. En la producción de este período deben incluirse también algunos lienzos de naturaleza muerta.

Desde el final de la contienda hasta el inicio de la década de los cincuenta son años felices para el pintor; goza de un enorme prestigio y el reconocimiento a su labor artística es ya internacional; obras como **Bacanal** o **La alegría de vivir** (Museo Grimaldi, Antibes) transcriben el estado de ánimo del pintor. Picasso deja constancia una vez más de su honda preocupación por los acontecimientos bélicos del mundo cuando enterado de la guerra en Corea pinta **Matanza en Corea** (colección familia del pintor), durísima crítica al horror que la contienda lleva consigo.

En la producción de la última etapa artística de Picasso, que se trunca con su muerte en 1973, destacan muy especialmente las recreaciones que hace de las obras de los grandes maestros, **Las mujeres de Argel** (colección familia del artista), donde evoca a Delacroix; **Las Meninas** (colección familia del pintor), que son un sentido homenaje a Diego Velázquez, y **Almuerzo campestre,** tam-

Pablo Picasso: *Niño con paloma* (colección privada, Londres).

Pablo Picasso: *El depósito de Horta de Ebro* (colección privada, París).

Pablo Picasso: *El Guernica* (Museo de Arte Moderno, Madrid).

Pablo Picasso: *Matanza de Corea* (colección familia del pintor).

Pablo Picasso: *El pintor y la modelo* (Museo de Arte Contemporáneo, Madrid).

Joan Miró: *Huerto con asno* (Museo Nacional de Estocolmo).

bién propiedad de la familia del maestro, versión de la obra de Manet, son testimonio del interés que en Pablo Picasso despertaron las grandes creaciones de los maestros que le precedieron.

La figura artística de Pablo Ruiz Picasso tiene proyección universal; ese genio inquieto e incorformista que gozó experimentando en el campo de las artes plásticas ha legado a la humanidad una obra rica, diversa, auténtica y creativa, que no es otra cosa que el fruto de la labor de un hombre comprometido con su época que supo elevar a la categoría de lenguaje artístico el ancho universo de humanidad y genio que llevaba dentro.

José Victoriano González —Juan Gris— fue el pintor hispano que supo interpretar con más vigor las premisas estéticas del cubismo. Su auténtica formación se inicia cuando en 1906 viaja a París; allí conoce a Picasso, que finaliza su etapa rosa e inicia las primeras experiencias cubistas; la obra del gran maestro, todavía muy joven, deslumbra a Juan Gris.

En sus primeros años parisinos no cesa la actividad de Gris como dibujante; muy pronto se sintió atraído por las corrientes cubistas; **El libro** (colección privada, París), obra fechable en 1911, es ya un manifiesto decididamente en la línea del cubismo. Cuando en 1912 firma su **Homenaje a Picasso** (colección privada, Chicago), Juan Gris es ya un firme practicante del cubismo.

En las fechas inmediatamente anteriores a la guerra mundial, el artista ya ha definido plenamente su estilo, en una línea que guiará su producción hasta el inicio de la década de los veinte. La principal innovación a reseñar es la utilización de elementos adheridos que reforzarán la dinámica de planos.

Con el colapso de las tendencias cubistas, Juan Gris tuvo que abandonar esa línea pictórica igual que lo hicieron los demás maestros de su generación, si bien es verdad que, como muchos de ellos, no olvidó totalmente el cubismo. Hasta su muerte en 1927 practicó una pintura basada en la contextura geométrica que no es otra cosa que una personalísima vivencia neocubista* que no le permitió nunca abandonar aquellas vivencias juveniles que le fascinaron. De entre sus obras deben recordarse **Frutero y periódico** (colección privada, París), **Naturaleza muerta y paisaje** (Museo de Filadelfia) y **Botella de Banyuls** (colección privada, Estados Unidos).

María Gutiérrez —María Blanchard—, que nace en Santander en 1881, se adentra en el cubismo por influencia de Picasso y Juan Gris. Pintora de una sensibilidad y lirismo extraordinario, de su paleta salieron —en la etapa plenamente cubista— algunas de las más deliciosas obras de este movimiento, **Mujer del abanico** (Museo de Arte Contemporáneo, Madrid) es obra de singularísima belleza.

Posteriormente abandonó el cubismo puro entrando en un proceso que le devuelve a una figuración que no pierde las evocaciones cubistas, en una línea neocubista en la que produce obras de enorme interés dominadas por su personal poética; **Maternidad** (Museo de Arte Moderno, París) o **La convaleciente** (Museo de Arte Contemporáneo, Madrid) definen con nitidez el estilo de este segundo momento.

Uno de los patriarcas del surrealismo español fue Joan Miró Ferrá; nace en Barcelona en 1893 en el seno de una familia de artesanos, desde muy niño se sintió poderosamente atraído por el dibujo. En torno a 1915 sus primeras obras se caracterizan por un gusto fauvista; **El campesino** y **La reforma,** ambas en la Galería Maeght de París, encarnan este momento.

---

neocubista: corriente artística que evoca las características del cubismo.

Joan Miró: *El bello pájaro que descifra lo desconocido a una pareja de enamorados* —del ciclo *Constelaciones*— (Museo de Arte Moderno, Nueva York).

Salvador Dalí: *La Madonna de Portlligat* (colección privada, Canadá).

Daniel Vázquez Díaz: *Escena de los murales de la Rábida* (Monasterio de la Rábida, Huelva).

Francisco Mateos: *El angustiado* (colección privada, Madrid).

Los viajes de Miró a París en 1919 y 1920 fueron de vital importancia para la posterior evolución de su obra.

Después del período fauvista, la pintura del artista se torna minuciosa y analítica, sorprendiéndonos por su paciente amor al detalle; **Huerto con asno** (Museo Nacional, Estocolmo) y **Mont-roig, la iglesia y el pueblo** (colección privada, París) muestran esta curiosa faceta del artista.

En 1923 se imbrica en el movimiento surrealista; un año más tarde firma ya sus primeros lienzos en su línea estética; **Carnaval de Arlequín** (Galería de Arte, Buffalo) y **Tierra labrada** (The Solomon R. Guggenheim Museum, Nueva York) evocan este momento. En 1937 su pintura obtuvo una amplia aceptación en el Pabellón de España en la Exposición Internacional de París, esta fecha marca el inicio de su reconocimiento a nivel internacional.

Sin abandonar el surrealismo, Miró inicia un camino de simplificación matizado por una profunda poética. En torno al inicio de la década de los cuarenta comienza en Varengeville su ciclo de las **Constelaciones; Mujeres rodeadas por el vuelo de un pájaro** (colección privada, París) y **El despertar del día** (colección privada, Nueva York), pertenecientes a ese programa, muestran la madurez que ya ha alcanzado la paleta de Joan Miró. Con las **Constelaciones** se fija definitivamente el tipo de figuración que caracteriza la obra del maestro; un lenguaje pictórico lleno de personalismos que transcribe el universo del pintor en una bellísima sinfonía cromática de signos y símbolos no exenta de una poderosa fantasía.

Las líneas maestras que conforman el estilo de Miró se mantienen a lo largo de toda su obra, de tal manera que sus últimos lienzos no son más que la proyección —matizada por el análisis, el estudio y la experimentación— de ese lenguaje estético que maduró en torno a la década de los cuarenta. Obras como **Mujer pájaro frente al sol** (colección privada, Madrid), **Mujer delante del sol** (Fundación Miró, Barcelona) o **Mujer en la noche** (Museo de la Diputación Foral de Alava, Vitoria) son muestra de ello.

Salvador Dalí nace en Figueras en 1904; ante sus facultades y facilidad para la pintura, su padre le envió a la Escuela de Bellas Artes de San Fernando; Dalí no llegó a concluir en ella sus estudios; su peculiar carácter y lo especial de su personalidad le enfrentan a la institución teniendo que abandonar el prestigioso centro.

Salvador Dalí mostró desde niño unas cualidades para el dibujo poco comunes, precisamente en ellas radica mucho de la esencia de su obra. Ya en las pinturas anteriores a 1929 —fecha en la que comienza su compromiso con el surrealismo— muestra la rigurosa perfección de su arte; **Muchacha sentada** y **Muchacha en la ventana** (Museo de Arte Contemporáneo, Madrid) y el **Retrato del padre del pintor** (Museo de Arte Moderno, Barcelona) son testimonio inequívoco de perfección y madurez técnica.

Es a partir de 1929 cuando Dalí se decide plenamente por la estética surrealista; el contacto con André Breton y el grupo francés es factor decisivo para esta determinación. El pintor se entregó de lleno a la corriente pictórica; su inquietud le lleva a grabar, con la colaboración del cineasta Luis Buñuel, dos películas significativas para el devenir del surrealismo, «Un perro andaluz» y «La Edad de Oro».

La propuesta surrealista de Dalí se basa en lo que el pintor llama «actividad de la paranoia crítica» o «método paranoico crítico». El artista plasma en el lienzo lo que le dicta el subconsciente, toda clase de imágenes, las que provienen de los sueños o las que son fruto de cualquier otro tipo de actividad de ese universo oscuro o de experiencias visionarias.

Desde el punto de vista técnico, la pintura de Dalí es irreprochablemente perfecta, un proceso de auténtico laboratorio en el que el pintor compromete toda su sabiduría, para crear obras rigurosamente terminadas; ahí radica en gran medida esa fascinación* que despierta en el espectador la pintura del maestro de Figueras.

Las décadas de los treinta y los cuarenta suponen la proyección a nivel internacional del arte y la figura polifacética de Dalí; de estos años son obras como **Símbolo agnóstico** (Museo de Filadelfia), **El ángelus de Gala** (Museo de Arte Moderno, Nueva York), **El caballero de la muerte** (colección privada, París) o **Mercado de esclavas con la aparición del busto invisible de Voltaire** (Museo Dalí en San Petesburgo, Florida).

En 1944 Dalí dedica una atención preferente a la puesta en escena de obras como «El café de Chinitas», «Coloquio sentimental» o «Tristán loco»; el pintor puso al servicio de esta actividad escenográfica su poderosa imaginación con resultados realmente sorprendentes. Unos años después realizará la ambientación y decorados para «Salomé» en la Opera de Londres.

Exposiciones por Europa y América, conferencias, actividades literarias y sus trabajos pictóricos llenan la actividad del maestro catalán.

La investigación del pintor no cesa; fruto de su encuentro con el Renacimiento son obras tan sugerentes como **Cabeza rafaelesca estallando** (colección privada, Inglaterra) o **La madonna de Portlligat** (colección privada, Canadá). Más recientemente, su **Atleta cósmico** (del patrimonio español), **Cuadro estereoscópico inacabado** (Museo Dalí, Figueras) o **Ruggiero liberando a Angélica,** del mismo Museo, son testimonio de un continuado compromiso de Salvador Dalí con el universo del surrealismo.

Salvador Dalí es el último representante de una generación de grandes maestros; a sus ochenta y dos años es uno de los más importantes mitos del arte de la contemporaneidad.

El canario Oscar Domínguez fue también cualificado pintor surrealista y miembro destacado de la vanguardia española en París. Su arte adquiere verdadero sentido cuando llega a la ciudad y toma contacto con los círculos surrealistas; en torno a 1929 es cuando surgen en su producción las primeras figuraciones en esta línea.

Sus **Paisajes cósmicos** son creaciones llenas de fantasía en las que el subconsciente y lo onírico se expresan con libertad. La fecha de 1935 marca el inicio de la definitiva madurez.

Al final de su vida somete la figuración a un importante proceso esquemático por influencia de Picasso; también sus últimas obras acusan una radicalización de sus propuestas estéticas.

La pintura vanguardista en España. Las corrientes de postguerra hasta 1948

Las tendencias neocubistas tienen en la pintura de Daniel Vázquez Díaz uno de sus más egregios representantes. Nace en Nerva (Huelva) en 1882; el rico legado pictórico sevillano fue su primer y excepcional referente artístico. Los reiterados intentos de abrirse paso en los ambientes madrileños fueron baldíos, por lo que decide viajar a París, en donde trabará amistad con artistas como Picasso, Modigliani, el poeta Rubén Darío o el escultor Bourdelle.

fascinación: encanto, hechizo, fuerte atracción.

Cuando regresa a España en 1918 ya es un artista maduro que ha tenido importantes éxitos en París; se inicia ahora una etapa de incansable actividad. En 1930 comienza el ciclo de **murales con temas del Descubrimiento** para el monasterio onubense de Santa María de la Rábida, que, sin ser su obra maestra, compendian el espíritu de esa pintura de rigurosos perfiles, contexturas pétreas y fríos tonos para las gamas cromáticas.

De entre sus numerosas obras destacan, además, **La fábrica dormida** (colección privada, Madrid) y **Alegría del campo vasco** (Museo de Arte Contemporáneo, Madrid), dos de sus más firmes manifiestos neocubistas, **Los monjes blancos** (Museo de Bellas Artes, Bilbao) y un importantísimo conjunto de retratos, **Rubén Darío en hábito cartujo** (colección particular, Madrid), **Unamuno** (Museo de Bellas Artes, Bilbao), **Manuel de Falla** (Conservatorio, Madrid) y **Juan Belmonte** (Museo Taurino, Madrid).

De la misma preocupación neocubista participa Francisco Gutiérrez Cossío —Pancho Cossío—, que maduró su estilo en los círculos de la vanguardia parisina en torno a 1923. Apoyado en un sabio dominio de la luz, crea una pintura de ricos y generosos empastes de color; **Dos mesas** (Museo de Arte Contemporáneo, Madrid), **Bodegón con dominó** (colección privada, Madrid) y **Retrato de Huarte,** también en colección privada madrileña, muestran las vertientes más características de su producción.

En la generación neocubista deben incluirse además Gabriel García Maroto y José María Ucelay, entre otros.

El sevillano Francisco Mateos encarna un expresionismo de rasgos muy personales, sumamente atractivo, en el que un dibujo preciso, de trazo grueso y una riquísima gama cromática son el alma de una figuración en la que los tipos humanos —muchas veces grotescos y estereotipados— no empañan el sentido agradable y sugerente de sus creaciones; **Los ciegos** (colección privada, Barcelona) y **El angustiado** (colección privada, Madrid) son ejemplos característicos de la pintura de Mateos.

Aunque fuera de la línea estética de Francisco Mateos, en la nómina de pintores expresionistas pueden incluirse también a Gregorio Olmo y Luis García Ochoa.

El surrealismo hispano, que tiene en Miró, Dalí y Oscar Domínguez, ya estudiados, a sus figuras más sobresalientes, se proyecta en la labor de un importante número de artistas, de valía desigual, que en muchos casos no pueden considerarse estrictamente surrealistas si nos atenemos con rigor a las premisas que definen la estética del surrealismo. Maruja Mallo, Benjamín Palencia, Miguel Climent, José Moreno Villa, Arturo Rodríguez Luna y Miguel Prieto están entre los más significativos. En la misma línea debe destacarse la labor del «Grupo de Arte Constructivo», al que pertenecen Joaquín Torres, Maruja Mallo, Benjamín Palencia y Luis Castellanos. Un importante número de estos pintores tienen una decidida inclinación por los temas del paisaje, especialmente Benjamín Palencia, Maruja Mallo y Miguel Climent.

Es el momento de reflexionar sobre la actividad de una importante escuela de paisajistas encabezada por Benjamín Palencia, Godofredo Ortega Muñoz y Joaquín Vaquero Palacios, en la que por las características de su pintura se incluye generalmente a Zabaleta. Punto de partida de esta nueva corriente de paisaje es la llamada «Escuela de Vallecas», de la que Palencia fue miembro destacado.

Aspecto significativo en la obra de estos paisajistas es la utilización agresiva del color, razón por la que algunos especialistas han visto en ellos una renovada recreación del gusto fauvista.

Benjamín Palencia evoca los paisajes de Castilla en creaciones de poderoso vigor que nos adentran en la realidad misma de sus campos. Las profundas perspectivas valoradas con sabiduría a través de un rico lenguaje de sugestivas calidades cromáticas, la adecuación entre celaje y tierra y esa especialísima paz y grandiosidad que rezuman los hace sumamente atractivos; **Rosas** (colección privada, Madrid), **Paisaje** (Museo de Bellas Artes, Bilbao), **Cesta en el campo** (Museo de Arte Contemporáneo, Madrid) y **Paisaje** (colección privada, Caracas) son significativos de su estilo.

El extremeño Ortega Muñoz plasma en sus paisajes el rigor de su región natal, esa naturaleza apacible y austera es el alma de la obra del pintor. **Paisaje** (colección privada, Madrid), **Castaños** (Museo de Arte Contemporáneo, Madrid) o **Paisaje extremeño** (Museo de Bellas Artes, Bilbao) se identifican plenamente con su talante pictórico.

Joaquín Vaquero está en la línea de ese paisaje en el que la dinámica intensa de las entonaciones de color es el alma y elemento esencial que lo conforma; textura y vocación de plasticidad son también cualidades de sus entornos de naturaleza; **Granito de Avila** y **Lavanderas indias,** ambos en colecciones privadas madrileñas, son compendio de la personalidad artística de Vaquero.

Un fuerte sentido fauvista preside la obra del catalán Miguel Villá; sus **Paisajes de Pobla de Segur,** muy especialmente el conservado en una colección privada catalana, es prueba de ello.

En una línea estética semejante están otros paisajistas como Jaime Mercadé, José Mompou, Manuel Capdevila o Francisco Lozano.

Una más reposada valoración del fauvismo se observa en la obra de un grupo de pintores que se encuadran en la llamada escuela madrileña. Francisco Arias, Cirilo Martínez Novillo y Agustín Redondela son sus miembros más cualificados.

Redondela es posiblemente el más representativo; en obras como **Feria** (Museo de Arte Contemporáneo, Madrid), **Finca** (Museo de Bellas Artes, Bilbao) y **Olivar** (colección privada, Madrid) muestra esa más reflexiva valoración del fauvismo.

El expresionismo, que ya tiene en la obra de José Gutiérrez Solana una personalísima interpretación y, más tarde, en la de Francisco Mateos una de sus más atractivas evocaciones, vuelve a ofrecer en la producción pictórica de Rafael Zabaleta un sugerente universo de posibilidades. Bien es cierto que el pintor jiennense no es exactamente expresionista, pero su pintura no está exenta de matices en esa línea.

Los cuadros de Zabaleta están presididos por una rigurosa ordenación en la que participan todos y cada uno de los elementos del entramado compositivo. Su temática es siempre la misma, el campo, sus actividades y las gentes que en él viven; el tema rural es obsesión para el artista.

La pintura de Zabaleta es sencilla, pero a la vez es hierática y fría; objetos y personajes son tratados por el pintor con idéntico sentido, a manera de elementos petrificados. Un dibujo riguroso atrapa como una red a las figuras inmovilizándolas. Sus viejos, de piel curtida y llena de arrugas, de severa mirada y graves figuras, parecen tener pasaporte de eternidad. La intencionalidad última de la obra se refuerza con el empleo de un cromatismo sencillo que acentúa la intemporalidad y el sentido objetual de las imágenes. **Viejo y vieja** (colección privada), **Vieja y niña** (Museo Zabaleta, Quesada), **Maternidad, Las dos mujeres, La pareja en el carro** y **El cazador,** todos en colecciones privadas, son, entre otras, obras que se identifican plenamente con el estilo de Rafael Zabaleta.

Nuevas propuestas figurativas en la pintura española, las experiencias renovadoras
—de 1948 a las tendencias actuales—

La renovación de la pintura española de postguerra pasa por diversas e interesantes experiencias. En Barcelona, junto a los Salones de Octubre —el primero es de 1948—, se funda «Dau al Set», la creación en Zaragoza del grupo «Pórtico» y el nacimiento de la llamada «Escuela de Altamira» son, entre otras, experiencias en una línea decididamente vanguardista a la que no fueron ajenos movimientos pictóricos de otros ámbitos españoles.

El grupo «Dau al Set» lo forman escritores —Arnaldo Puig, Juan Brosa y Juan Eduardo Cirlot— y pintores —Juan José Tharrats, Antoni Tapies, Modesto Cuixart y Juan Ponç— comprometidos con ideas vanguardistas. La edición de una revista que lleva el nombre del grupo fue de capital importancia en la difusión de sus propuestas. Los pintores de «Dau al Set» se imbrican en corrientes surrealistas; éste será el punto de partida para su intento renovador; de todos ellos, Cuixart es el más ligado al surrealismo y Tapies el más significativo y el de mayor proyección. Un acentuado deseo de búsqueda, fruto del inconformismo, favoreció una deseada evolución en la obra de los maestros de «Dau al Set»; este proceso permitió que Tapies, Cuixart y Tharrats se adentraran en el informalismo.

El grupo «Pórtico» —cuya pintura es ya decididamente abstracta— inició sus exposiciones en Zaragoza en 1947; los más genuinos representantes de este movimiento son Santiago Lamas, Fermín Aguayo y Pablo Palazuelo.

En este proceso renovador están implicados los pintores españoles de la llamada «Escuela de París», Antonio Clavé, Joaquín Peinado, Manuel Angeles Ortiz y Francisco Bores, entre otros.

La fecha de 1957 es clave para la pintura española que, una vez más, se dota de elementos vitalizadores; la formación de los grupos «El Paso» —de clara imbricación en el informalismo*—, «Equipo 57» y «Equipo Córdoba» —de tendencias hacia lo analítico y experimental— constituyen los acontecimientos más significativos.

Sin embargo, las más tempranas tendencias informalistas están ligadas a pintores de «Dau al Set», Cuixart, Tharrats y, muy especialmente, Tapies; los tres artistas son la clave para el informalismo en Cataluña.

Antoni Tapies, que nace en Barcelona en 1923, parte de un personalísimo surrealismo que concluyó con la negación de lo figurativo; ahí surgen sus propuestas en la línea informalista en la que el pintor no ha dejado de experimentar. **Relieve marrón, gris y rojo** (colección particular, París), **Relieve marrón y negro** (colección particular, Barcelona), **La mujer** y **Puerta** (Galería Maeght) o **Pintura** (Ayuntamiento de Barcelona) definen el talante artístico del maestro catalán.

Al grupo «El Paso» pertenecen Antonio Saura, Manuel Millares, Rafael Canogar, Manuel Viola y Luis Feito, entre otros.

Una rigurosa selección cromática —blanco, negro y rojo, preferentemente—, la más decidida libertad en la técnica de ejecución y fuertes dosis de simbolismo son las cualidades más significativas de la pintura de Saura. Figura sus personajes con atormentado expresionismo y rasgos deformes, de tal manera que parecen haber ido sometidos a inexplicables martirios; **Retrato de Felipe II**

informalismo: corriente artística que rechaza la tradición buscando la expresión matérica.

Benjamín Palencia: *Rosas* (colección privada, Madrid).

Rafael Zabaleta: *Viejo y vieja* (colección privada).

Antoni Tapies: *Rectángulo y óvalo* (colección privada, Madrid).

Antonio Saura: *Retrato de Felipe II* (colección privada, Madrid).

Manuel Viola: *Base* (colección privada, Madrid).

Rafael Canogar: *Soldado* (colección privada, Madrid).

Juan Genovés: *El grito* (Galería Malborough-Gerson, Nueva York).

Equipo Crónica: *Occidente* (colección privada, Madrid).

(colección particular, Madrid) y **Crucifixión** (Galería Stadler, París) son muestra inequívoca de su estilo.

La pintura del canario Manuel Millares se basa en su acción sobre las telas a las que adhiere otros elementos; como Saura, remite prácticamente a tres gamas el horizonte cromático. Sus **Homúnculos** dan la dimensión exacta de esta faceta del pintor. En línea experimental, otras obras significativas en el contexto de su arte son **Guerrillero muerto** y **Personaje** (colección privada, Madrid).

Rafael Canogar evolucionó desde el informalismo hasta una peculiarísima forma de realismo crítico; **Soldado** (colección privada, Madrid), **El tumulto** y **La familia** (Galería Mordó, Madrid) justifican ese proceso hacia la figuración del pintor.

La pintura de Manuel Viola es poderosamente atractiva, sus intensas entonaciones cromáticas tamizadas por la luz abren el lienzo a evocaciones inconmensurables* en las que espacio y tiempo tienen valores infinitos; **Base** (colección particular, Madrid) es obra representativa de su estilo.

En esta línea informalista debe incluirse también a otros maestros como Fernando Zobel y Gustavo Torner o los pintores españoles en Nueva York José Guerrero y Esteban Vicente.

«Equipo 57» y «Equipo Córdoba» encarnan las tendencias de carácter analítico y geométrico, siendo evidentes sus conexiones con la plástica analítica y experimental. Para estos grupos fue definitiva la influencia de José Oteiza.

A «Equipo 57» pertenecieron, entre otros, Duart, Duarte, Cuenca y Serrano. Del «Equipo Córdoba» formaron parte Mesa, Castro, Pizarro, Arenas y González.

El deterioro de la estética informalista produjo en la pintura española contemporánea un deseo de retorno a la voluntad figurativa, en cuyo proceso el grupo «Hondo» tuvo un importante papel; José Paredes Jardiel, Juan Genovés o Gastón Orellana son, entre otros, los artífices más significativos de la recuperación figurativa. **Afueras** —de Paredes Jardiel— (Museo de Arte Contemporáneo, Madrid) o **El grito** —Juan Genovés— (Galería Malborough-Gerson, Nueva York) son ejemplos significativos de la nueva estética.

Realismo social, hiperrealismo* y Pop Art* son experiencias asumidas por la vanguardia que se enraízan en esa voluntad de retorno a la expresión figurativa. En este cúmulo de ensayos, el llamado realismo crítico es uno de los más significativos.

Aunque con especificidades, diferencias a veces notables y personalismos, Genovés, Canogar, el «Equipo Crónica» —Solbes y Valdés— y Alfredo Alcaín forman parte de esa corriente figurativa que se conoce como realismo crítico. Se trata de una valoración del realismo que está en una dimensión nueva y distinta, que consigue sus objetivos a través de un lenguaje pictórico orientado en una línea ajena a las propuestas enunciadas por la tradición. **La captura** y **Caminos diferentes** —Genovés— (Galería Molborough-Gerson, Nueva York), **El tumulto** —Canogar— (Galería Mordó, Madrid) y **Occidente** —«Equipo Crónica»— (colección privada, Madrid) suponen peculiares propuestas de esa pintura que se ha definido como realismo crítico.

---

inconmensurables: no sujetos a medida alguna.
hiperrealismo: movimiento artístico contemporáneo que desborda los presupuestos estéticos del realismo en una búsqueda analítica de la realidad.
Pop Art: tendencia artística surgida en Estados Unidos en el siglo XX partiendo de propuestas del surrealismo y dadaísmo.

1. ¿Cuáles son los principales proyectos urbanísticos del XIX? Esbozar brevemente sus planteamientos generales.

2. ¿Qué es el Modernismo? ¿Cuáles son las características generales de su arquitectura? Antonio Gaudí es el más significativo de nuestros arquitectos modernistas. Citar algunas obras representativas de su estilo.

3. ¿A qué generación debe asignarse la construcción de la Ciudad Universitaria de Madrid? ¿Cuáles son los arquitectos más significativos de la misma?

4. ¿Qué significan las siglas CIRPAC, GATCPAC y GATEPAC?

5. ¿Quiénes son los arquitectos más importantes de la década 1940-1950? Citar algunas obras representativas de cada uno de ellos. ¿Cuáles son sus aportaciones a la arquitectura española de ese momento?

6. En los Pabellones españoles de las Exposiciones Universales, Ferias Internacionales o Mundiales están algunos de los más importantes logros de nuestra arquitectura del XX. Citar los más significativos y los arquitectos que los crearon.

7. ¿Cuáles son las características de la renovación realista en la plástica del último tercio del XIX?

8. ¿Qué escultores encarnan la corriente clasicista catalana? Enumerar alguna de sus obras.

9. Julio Antonio, a pesar de su origen catalán, es uno de los máximos exponentes del realismo castellano del siglo XX. ¿Qué significan en su producción los llamados bustos de raza? Citar alguno de ellos. ¿Qué otros escultores pueden incluirse en esta corriente estética?

10. ¿Cuáles son las aportaciones de Pablo Gargallo y Julio González a la plástica española contemporánea? Significar agunas de sus obras. ¿Qué escultores españoles destacaron en la línea de la abstracción?

11. Enumerar las características esenciales de la pintura romántica.

12. ¿Qué es la pintura de historia? ¿Cuál es su cronología? Citar pintores y obras representativas de esta tendencia.

13. Significar las diferencias entre el paisaje romántico que encarna Pérez Villaamil y el realista que se afirma en la paleta de Carlos de Haes.

14. Aclarar el significado de: impresionismo, neoimpresionismo y luminismo. ¿Qué maestros españoles deben incluirse en cada una de estas corrientes pictóricas?

15. La pintura española del primer tercio del XX está dominada por el regionalismo, fauvismo y expresionismo. ¿Qué premisas estéticas definen a cada una de estas corrientes? ¿Quiénes fueron los pintores más representativos de ellas?

16. ¿Cuál es la cronología de la etapa cubista de Pablo Picasso? Citar algunas obras de ese momento. ¿Qué otros pintores españoles se hallan dentro de las tendencias cubistas?

17. En la producción de la última etapa de Picasso destacan las evocaciones en su obra a las de grandes maestros de la pintura. ¿Cuáles son estas recreaciones picassianas?

18. ¿Por qué etapas discurrió el arte de Joan Miró? ¿Qué son Las Constelaciones?

19. La propuesta surrealista de Dalí se basa en lo que el pintor llama «actividad de la paranoia crítica» o «método paranoico crítico» ¿Cómo deben interpretarse estas premisas?

20. ¿Qué importancia tiene para la pintura española del XX «Dau al Set»? ¿Con qué pintores se identifica? ¿Qué artistas pertenecen al grupo «El Paso»? Citar algunas de sus obras más representativas.